中等职业教育教材（活页式教材）

药物分析

王炳强　谢美育　邹小丽　主编

化学工业出版社

·北京·

内容简介

《药物分析》是中等职业教育教材,内容包括药物分析检验标准及程序认知、取样与留样、药物的性状检查与物理常数测定、药物的鉴别、药物的杂质检查、药物制剂的常规检查、药物的含量测定和典型药物分析等八个模块。每个模块中包括情境描述、学习目标、任务分组、信息获取、工作实施、相关知识、评价考核和巩固提高等板块,便于师生教学。

本书在编写过程中,依据国家标准、《中华人民共和国药典》(2025 年版)、《中国药品检验标准操作规范》(2019 年版),适当增加新分析方法,适当吸收交叉学科新成果和应用。本书突出中等职业教育特色、行业特点,凸显专业针对性、理论实践一体化特征,突出人才需求。内容上衔接岗位知识和技能要求,形式上体现项目化、模块式编排。

本书可供中等职业学校生物制药工艺、生物药物检验、药品食品检验专业学生学习使用,也可作为工具书供其他专业师生和药物检验技术人员参考。

图书在版编目(CIP)数据

药物分析 / 王炳强,谢美育,邹小丽主编 . — 北京:
化学工业出版社,2025. 1. —(中等职业教育教材).
ISBN 978-7-122-47461-2

I. R917

中国国家版本馆 CIP 数据核字第 2025RP0032 号

责任编辑:毛一文 蔡洪伟   装帧设计:关 飞
责任校对:王鹏飞

出版发行:化学工业出版社
        (北京市东城区青年湖南街 13 号   邮政编码 100011)
印   装:中煤(北京)印务有限公司
787mm×1092mm 1/16   印张 15   字数 276 千字
2025 年 9 月北京第 1 版第 1 次印刷

购书咨询:010-64518888   售后服务:010-64518899
网   址:http://www.cip.com.cn
凡购买本书,如有缺损质量问题,本社销售中心负责调换。

定   价:49.00 元   版权所有   违者必究

编写人员名单

主　编　　王炳强　安溪华侨职业中专学校特聘教授、

　　　　　　　　　　山东药品食品职业学院特聘教授

　　　　　　谢美育　安溪华侨职业中专学校

　　　　　　邹小丽　山东药品食品职业学院

参　编　　（按姓氏笔画排序）

　　　　　　丁艳华　山东新华制药股份有限公司

　　　　　　李明雪　安溪华侨职业中专学校

　　　　　　李淑静　天津海关动植物与食品检测中心

　　　　　　林小红　安溪华侨职业中专学校

　　　　　　曾　莉　江西工业职业技术学院

　　　　　　潘　莹　滨州职业学院

　　　　　　潘月桂　安溪华侨职业中专学校

前言

  药物分析是中等职业学校生物制药工艺、生物药物检验、药品食品检验等专业的核心课程。2024年我们组织部分高职院校、中职学校的老师对目前中职《药物分析》教材进行调研。调研中发现由于教材缺乏，部分学校使用高职教材或校本教材，造成了学生对教材的接受度不高、教学内容与教材脱节等不良效果。为了满足生物制药工艺、生物药物检验、药品食品检验等专业的教材建设，以及专业教学对教材的需求，我们组织部分高职和中职教师共同编写了这本教材。

  本书内容包括药物分析检验标准及程序认知、取样与留样、药物的性状检查与物理常数测定、药物的鉴别、药物的杂质检查、药物制剂的常规检查、药物的含量测定和典型药物分析等八个模块。每个模块中包括情境描述、学习目标、任务分组、信息获取、工作实施、相关知识、评价考核和巩固提高等板块，便于师生教学。

  本书编写始终坚持以习近平新时代中国特色社会主义思想为指导，教材中融入党的二十大精神。教材突出知识的完整性和应用规范性。在检测方法中强调安全、高效观念，以《中华人民共和国药典》（以下简称《中国药典》）为主线的理论联系实际的思维方式；在操作素养的培养中，秉持追求知识、勤于钻研、一丝不苟、严谨求实、勇于创新的科学态度。培养学生敬业爱岗、吃苦耐劳、严格遵守操作规范的职业道德。

  本书有以下几个特点。

  ① 教材按照教学规律和特点顺序展开，具有较好的可教性和可学性。

  ② 教材以《中国药典》（2025年版）为依据，体现教材的科学性、实用性，具有一定的特色。整本教材内容贯彻最新国家标准和法定计量单位要求。

  ③ 教材紧密对接药物检验岗位，引入国家标准规范，按照药品检验岗位工作流程重构教学内容，实现专业教学内容与企业岗位技能需求无缝对接。

  ④ 教材立足药品生产行业新知识、新技术、新标准、新规范、新设备、新要求，紧扣药品检验岗位工作内容，全面融合劳动教育、行业标准、职业素养等思政案例，渗透药品检验职业素养教育，产教高度融合。

  ⑤ 教材力求文字叙述流畅、严谨，详略得当，前后照应，整体性强。

  本书由王炳强、谢美育、邹小丽主编。王炳强编写模块一；谢美育编写模块二；曾莉、李明雪编写模块三；谢美育、林小红编写模块四；王炳强、潘月桂编写模块五；邹小丽、潘月桂编写模块六；潘莹、丁艳华编写模块七；邹小丽、李淑静编写模块八。王炳强、谢美育、邹小丽对全书统稿和整理。

教材在编写过程中参考了有关专著、教材、论文等资料，在此向有关专家、老师、作者致以衷心的感谢。由于时间和水平所限，书中疏漏在所难免，欢迎广大读者提出宝贵意见。

编者
2025 年 1 月

目 录

模块一
药物分析检验标准及程序认知

任务 1-1 药物分析检验认知

⊃【情境描述】

药物不同于一般产品,是用于防病、治病、诊断疾病、增强机体抵抗力的特殊商品。为了保证用药的安全、合理和有效,在药品的研制、生产、供应以及临床使用过程中都应该执行严格的科学管理制度,并采用各种有效的分析方法,如物理学的、化学的、物理化学的、生物学的乃至微生物学的方法等,对药品进行严格的分析检验,从而保证在各个环节实现对药品的全面质量控制。

⊃【学习目标】

(1)了解药物分析检验的性质与任务。

(2)了解《中华人民共和国药典》(简称《中国药典》)中有关药品分析检验的基本术语和概念。

(3)熟悉药物分析检验工作的基本程序以及全面控制药品质量及其科学原理的有关内容。

⊃【任务分组】

班级		日期		组号		教师	
组长		组员					
任务分工							

问题1：查阅文献，药物分析检验的性质与基本任务是什么？

问题2：《中国药典》中有关药品分析检验的基本术语和概念有哪些？

问题3：查阅文献，了解药物分析检验工作的基本程序以及药品质量控制有关内容。

◑【工作实施】

（1）资料准备《中国药典》（2025年版）、《中国药品检验标准操作规范》（2019年版）。

（2）找出药品分析检验的概念和基本术语，写出：①概念；②3～5条术语。

（3）写出药物分析检验的性质与基本任务（可以查看相关知识部分）。

（4）写出药物分析检验工作的基本程序（可以查看相关知识部分）。

（5）归纳总结。

◑【相关知识】

药物分析主要是研究化学合成药物和化学结构已经明确的天然药物及其制剂的质量问题，同时亦涉及生化药物、中药制剂的质量控制。

1. 药物分析课程的性质

药物分析是药学专业教学计划中的一门专业课程，是一门综合性的应用学科，是药学领域中一个重要的组成部分，是在有机化学、分析化学、药物化学等课程的基本理论和基本方法的基础上进行教学的。

药品不同于一般产品，是用于防病、治病、诊断疾病、增强机体抵抗力的特殊商品。为了保证用药的安全、合理和有效，在药品的研制、生产、供应以及临床使用过程中都应该执行严格的科学管理制度，并采用各种有效的分析方法，如物理学的、化学的、物理化学的、生物学的乃至微生物学的方法等，对药品进行严格的分析检验，实现药品的全面质量控制。因此药品质量的全面控制不是某一个单位或部门的工作，所涉及的整个内容也不是一门课程可以单独完成的，而是一项涉及多方面、多学科的综合性工作。药物分析是药品质量控制的一个重要方面，它主要运用化学、物理化学或生物化学的方法和技术研究化学结构已经明确的合成药物或天然药物及其制剂的质量控制方法，也研究有代表性的中药制剂和生化药物及其制剂的质量控制方法。因此，药物分析是一门研究与发展药品质量控制的"方法学科"。

2. 药物分析的任务

药物分析学，通常是指研究药物及其制剂的组成、理化性质，辨别药物的真伪、检查药物的纯度和测定药物的含量。随着科学的发展，学科间互相渗透，药物分析已由单纯的质量监督检验工作转向药物质量的全面控制，从而更好地保证药品质量。因此，它应与生产单位紧密配合，积极从事药物生产过程的质量控制，从而发现问题，促进生产、提高质量；也应与供应管理部门协作，注意药物贮存过程的质量考察，从而研究改进药物的稳定性，采取科学合理的管理条件与方法，以保证与提高药物的质量。应该强调的是，药物质量的优劣，使用时剂量、方式是否合理，使用后是否安全有效，这些还应以临床征象和实际疗效来决定。所以，配合医疗需要，开展临床药物分析，研究药物进入生物体内的吸收、分布、代谢、排泄等过程，研究药物的作用特性和机制等，从而达到合理用药并更好地发挥药效的目的。这一工作已越来越值得重视。

综上所述，药物分析的基本任务是检验药品质量、药物生产过程的质量控制、药物贮存过程的质量考察及临床药物分析工作。这些都为确保用药安全、合理、有效，促进新药研发等工作提供科学的依据。

●【评价考核】

药物分析检验认知评分表

项目	内容	分值	得分
接收工作任务	明确工作任务	5	
收集信息	药物分析检验的性质与基本任务	10	
	《中国药典》中有关药品分析检验的基本术语和概念	5	
	药物分析检验工作的基本程序以及药品质量控制	5	
制订计划	独立制订计划	5	
	制订计划完整性	5	
实施计划	资料准备	10	
	找出药品分析检验的概念和基本术语	10	
	找出药物分析检验的性质与基本任务	10	
	写出药物分析检验工作的基本程序	10	
	归纳总结	5	
质量检查	完成任务,养成自我学习的良好习惯	10	
评价反馈	能对自身表现情况进行客观评价	5	
	在任务实施过程中发现自身问题	5	
总分		100	

简答题

药物分析检验，通常是指研究药物及其制剂的组成、理化性质，辨别药物的真伪，检查药物的纯度和测定药物的含量。你觉得叙述是否全面？如不全面请补充。

任务 1-2 药物质量标准认知

【情境描述】

药品是用于防病、治病、诊断疾病、改善体质、增强机体抵抗力的物质。因此药品质量的优劣，直接影响预防和治疗的效果，密切关系到人民健康与生命安危，必须对药品质量进行全面的控制。为了保证药品质量，应该遵循国家规定的药品质量标准进行药品检验和质量控制工作。国家设有专门负责药品检验的法定机构，即各级药品检验所。药厂、医药公司以及医院药房等单位也应设立药品质量检查部门。

【学习目标】

（1）了解法定药品质量标准。
（2）了解药品质量标准的主要内容。
（3）了解国内外主要的药典和内容。

【任务分组】

班级		日期		组号		教师	
组长		组员					
任务分工							

【信息获取】

问题 1：国家药品质量标准有哪些？
问题 2：药品质量标准的主要内容有哪些？
问题 3：国内外主要的药典有哪些？
问题 4：《中国药典》的内容涉及哪些方面？

问题5：《中国药典》（2025年版）有多少部？每部所涉及药物种类是什么？

【工作实施】

1. 阅读相关知识，找出下列药品质量标准的类别

①《中国药典》；②《国家药品监督管理局　国家药品标准》；③《药品注册管理办法》；④省级药品标准；⑤企业药品质量管理规范。

2. 阅读相关知识，找出下列药品质量标准的主要内容

①名称；②性状；③鉴别；④检查；⑤含量测定；⑥贮藏。

3. 国内外药典认知

①《中国药典》；②《美国药典》；③《英国药典》；④《日本药局方》；⑤《欧洲药典》；⑥《国际药典》。

4. 药典的内容认知

①凡例；②正文；③附录；④索引。

> 【小提示】 注意药品和药物的区别。药品和药物的区别主要包括定义不同、审批不同、范围不同等，但要在医生的指导下用药。
>
> （1）定义不同　药品指用于预防、治疗、诊断疾病，有目的地调节生理机能并规定有适应症、用法和用量的物质。药物指的是能影响机体生理、生化和病理过程，用以预防、诊断、治疗动植物疾病和计划生育的物质。
>
> （2）审批不同　药品是经国务院药品监督管理部门批准的商品，能上市销售，有批准文号。药物不一定经过国务院药品监督管理部门批准，不一定是市面上有售的化学物质。
>
> （3）范围不同　药物比药品涵盖的范围大。药物适用范围比较全面，适宜各类人群服用，药品适用范围比较狭窄，只适宜疾病类人群服用。
>
> 除此之外，说明书和广告宣传等方面也存在区别。用药需严格遵医嘱，如果用药后出现头晕、头痛、皮疹等症状，要立即停止用药，并到正规医院就诊治疗，以免对身体造成不必要的损害。用药期间可以吃水果蔬菜，补充营养。

【相关知识】

一、药品质量标准的类别

国家设有专门负责药品检验的法定机构，即各级药品检验所。药厂、医药公司以及医院药房等单位也设立药品质量检查部门。

1. 国家药品标准

（1）《中国药典》 是我国用于药品生产和管理的法典，由国家药典委员会编纂，经国务院批准后，国家药品监督管理局颁布执行。《中国药典》收载的品种为疗效确切、被广泛应用、能批量生产、质量水平较高、有合理的质量控制手段的药品。

（2）局颁标准 由原食品药品监管总局和国家药监局颁布的药品标准，简称局颁标准或局标准。局标准通常用于疗效较好、在国内广泛应用、准备今后过渡到药典品种的质量控制标准。

（3）部颁标准 由原卫生部组织颁布的原药品标准（简称部颁标准），最早于1963年颁布第一部，收载了当时药典中未收载的部分化学药品，现行的部颁标准均为1986～1998年收载。现有中药成方制剂1～20册、中药材标准、化学药品分册、抗生素分册、生化药品分册、蒙药分册、藏药分册、维吾尔药分册、药品标准二部（1～6册）、新药转正标准第1册至第15册等。

2. 药品注册标准

经药品注册申请人提出，由国务院药品监督管理部门药品审评中心核定，国务院药品监督管理部门在批准药品上市许可、补充申请时发给药品上市许可持有人的经核准的质量标准为药品注册标准。

3. 地方标准

（1）省级中药标准 包括省级药品监管部门制定的国家药品标准没有规定的中药材标准、中药饮片炮制规范和中药配方颗粒标准。

（2）医疗机构制剂标准 是指医疗机构根据本单位临床需要而常规配制、自用的固定处方制剂，经省级药监部门负责审批的药品标准。

4. 企业标准

由药品生产企业自己制定并用于控制相应药品质量的标准，称为企业标准或企业内部标准。企业标准仅在本厂或本系统的管理中有约束力，属于非法定标准。

二、药品质量标准的主要内容

凡是有药品生产、销售、使用，就必须有质量标准的监测和保证。药品质量标准主要由以下项目组成。

1. 名称

包括中文名称、英文或拉丁名、化学名。其中中文名称一般与外文名相对应，即音对应、意对应；英文名主要采用世界卫生组织编订的国际非专利药名（international nonproprietary names for pharmaceutical substances，简称 INN）；化学名称则是根据中国化学会编写的、科学出版社出版的《化学命名原则》（1984 年），并参考国际纯粹与应用化学联合会（International Union of Pure and Applied Chemistry，简称 IUPAC）公布的有机化学命名原则"Nomenclature of Organic Chemistry"命名。

2. 性状

药品的性状是药品质量的重要表征之一。性状项下记述了药品的外观、臭、味、一般稳定性情况、溶解度以及物理常数等。其中，外观指药品存在状态、颜色。臭、味是药品本身固有的气、味，非指因混入残留有机溶剂而带入的异臭和异味。一般稳定性指药物是否具有引湿、风化、遇光变质等与贮藏有关的性质。溶解度、物理常数一定程度上反映了药品的纯度。药品的物理常数指溶解度、熔点、比旋度、晶型、吸收系数、馏程、折射率、黏度、相对密度、酸值、碘值、羟值、皂化值等，是采用临床用药品并严格按照有关的规定方法测定的，因此可用以评价药品质量。有关的规定方法通常收载于现行版《中国药典》或国外药典的凡例或附录中。

3. 鉴别

药物的鉴别试验是依据化学结构和理化性质进行某些化学反应，测定某些理化常数和光学特征，来证明已知药物的真伪，而不是对未知物作定性分析。所用鉴别方法应侧重具有一定的专属性、再现性和灵敏度，操作应简便、快速。由于性状项下的物理常数也能协助鉴别药物的真伪，因此用于鉴别试验的条目一般仅2～4 条，以能证明供试品的真实性为度。常用的药品鉴别方法有：呈色法、沉淀法、呈现荧光法、生成气体法、衍生物制备法、特异焰色法、薄层色谱法、纸色谱法、高效液相色谱法、紫外光谱法及红外光谱法等。放射性药物还可采用 γ 谱仪法。此外，国外药典收载的鉴别方法还有核磁共振光谱法（NMR）、质谱法（MS）、原子吸收光谱法（AAS）、X 射线衍射法、热分析法、氨基酸分析法等。生物检定法，如肝素生物检定法、胰岛素生物检定法、洋地黄生物检定法等，虽具有特殊性和局限性，但在生物样本的鉴别中却必不可少。

4. 检查

药品的检查项包括了有效性、均一性、安全性与纯度要求四个方面。有效性是指检查与药物疗效有关，但在鉴别、纯度检查和含量测定中不能控制的项目；均一性是指检查生产出来的同一个批号药品的质量，如含量均匀度、溶出度、重量差异等，是否均一；安全性是指对药物中存在的某些痕量的、对生物体产生特殊生理作用、严重影响用药安全的杂质的检查；纯度要求主要指对药物中杂质的控制，如酸碱度、溶液的澄清度与颜色，无机阴离子、有机杂质、干燥失重或水分、炽灼残渣、有害残留溶剂、金属离子或重金属、硒和砷盐的检查等。

5. 含量测定

含量测定是指对药品中有效成分的测定。药品的含量是评价药品质量、保证药品疗效的重要方面。含量测定必须在鉴别无误、杂质检查合格的基础上进行，否则没有意义。可用于药品含量测定的方法有许多种，选用原则详见本书各章节有关讨论。

6. 贮藏

药品的贮藏条件是药品能否有效用于临床的重要因素之一。药品是否需要低温贮藏，温度、湿度、光照等贮藏条件对药物存在形式有无影响等，通常通过药品稳定性试验来确定。药品的稳定性试验包括如下几方面：①影响因素试验；②加速试验；③长期试验。上述各项目应采用专属性强、准确、精密、灵敏的分析方法进行，并需对方法进行验证，以保证测试结果的可靠性。

三、药典

1.《中国药典》

《中国药典》的全称为《中华人民共和国药典》，英文简写 ChP。其后以括号注明是哪一年版，如《中国药典》（2025 年版）。新中国成立以来，我国已经出版了十二版药典（1953 年版、1963 年版、1977 年版、1985 年版、1990 年版、1995 年版、2000 年版、2005 年版、2010 年版、2015 年版、2020 年版和 2025 年版）。《中国药典》配套资料有《中药彩色图集》《中药材薄层色谱彩色图集》《临床用药须知》《中国药品通用名称》及《药品红外光谱集》等。药典的内容一般分为凡例、正文、附录和索引四部分。

（1）凡例　凡例是解释和使用《中国药典》，正确进行质量检定的基本原则，它把与正文品种、附录及质量检定有关的共性问题加以规定，有关规定具有法定的约束力。

为了便于查阅和使用，《中国药典》将"凡例"按内容归类，并冠以标题，包括：总则，通用技术要求，品种正文，名称及编排，项目与要求，检验方法和限度，对照品、对照药材、对照提取物、标准品，计量，精确度，试药、试液、指示剂，动物试验，说明书、包装、标签等，总计四十八条款。

① 关于密度、黏度的单位，溶解度、水浴温度等的定义。《中国药典》凡例规定：密度单位为 kg/m^3 和 g/cm^3；动力黏度的单位有 $Pa·s$ 和 $mPa·s$；运动黏度单位有 m^2/s 和 mm^2/s。药品的溶解度定义为：当 1g 或 1mL 溶质在不到

1mL 溶剂中溶解时，为极易溶解；当 1g 或 1mL 溶质在 100～1000mL 溶剂中溶解时，为微溶。通常试样所用的"水浴温度"是指 98～100℃；"室温"是指 10～30℃；"冷水"是指 2～10℃；"冰浴"是指约 0℃ 等。"溶液的滴"是指在 20℃ 时，以 1.0mL 的水为 20 滴进行换算。溶液后记示"(1→10)"等符号，系指固体溶质 1.0g 或液体溶质 1.0mL 加溶剂使成 10mL 的溶液。

② 关于标准品、对照品与试药。标准品、对照品与试药是药典中具有不同含义的三个名词。标准品是指用于生物鉴定、生化药品或抗生素效价测定的标准物质，以国际标准品进行标定，用效价单位或（g）计。对照品除另有规定外，均按干燥品（或无水物）进行计算后使用的标准物质。对照品含量以绝对值（g）表示，用化学方法标定或与其他的对照品比较确定。对照品可用于药物的含量测定、纯度检查和鉴别试验。药典所用的标准品和对照品均由国家药品监督管理部门指定的单位制备、标定和供应，并附有使用说明、质量要求、使用期效和装量等。试药则是指符合国家标准或国家有关规定标准的不同等级的化学试剂。

实验中，除效价测定采用标准品，某些检查或含量测定采用对照品外，要尽可能不用标准物质，以减少其对测定的限制。

③ 关于取样量的精密度。药典规定：试验中的供试品与试液等"称重"或"量取"的量，均以阿拉伯数字表示，其精密度可根据数值的有效数字来确定。如"精密称定"是指称取质量应准确至所取质量的千分之一；"称定"是指称取质量应准确至所取量的百分之一；"精密量取"是指量取的体积的准确度应符合国家标准中对该体积移液管的精密度要求。

④ 关于恒重、按干燥品（或无水物，或无溶剂）计算以及空白试验。药典方法中，为保证试验的精密度，常涉及"恒重"、"按干燥品（或无水物，或无溶剂）计算"以及"空白试验"等规定。除另有规定外，"恒重"是指供试品经连续两次干燥或炽灼后的质量差异在 0.3mg 以下的状态。"按干燥品（或无水物，或无溶剂）计算"，除另有规定外，是指取未经干燥（或未去水，或未去溶剂）的供试品进行试验，测得干燥失重（或水分，或溶剂），再在计算时从取用量中扣除。"空白试验"是指试验中不加供试品，或以等量的溶剂替代供试品溶液，或试验中不加有关试剂，按供试品溶液同样方法和步骤操作。

⑤ 关于含量表示。原料药的含量（%），除另有注明外，均按质量计。如规定的上限在 100% 以上时，是指采用该药典规定的分析方法测定时可能达到的数值。该数值为药典规定的限度或允许偏差，并不是真实含有量；若无具体的上限值，则表示上限不超过 101.0%。制剂的含量限度范围，是根据主药含量的多少、测定方法、生产过程和贮存期间可能产生的偏差或变化而制定的。

《中国药典》的标准中还规定了各种纯度和限度数值以及制剂的质（装）量

差异，它们用上限、下限或中间数值表示。这些数值不论是百分数还是绝对数字，其最后一位数字都是有效位。

（2）正文　《中国药典》正文部分收载的具体药物或制剂的质量标准，又称各论。根据品种和剂型的不同，《中国药典》每一品种项下按顺序可分别列有：品名（包括中文名、汉语拼音名、英文名或拉丁名）；有机药物的结构式；分子式与分子量；来源或有机药物的化学名称；含量或效价规定；制法；性状；鉴别；检查；含量测定或效价测定；类别；规格；贮藏；制剂等。

药物制剂的质量标准编排在相应药物质量标准之后，所含项目与原料药质量标准相近，但不列出有效成分的分子式和分子量，同时在检查项下增加制剂的检查项目。

应指出的是，药典质量标准所涉及的分析方法并不一定采用同一时期药品质量控制的最新技术和仪器，其质量要求也不是最完备的，而是根据所在国的生产工艺、检验条件和水平以及综合国力等多方面的因素来选择和建立。

（3）附录　《中国药典》的附录部分包括制剂通则及检查法，生物制品通则及检查法，一般鉴别试验，一般杂质检查方法，常见物理常数测定法，通用分析方法、试剂、试药、试液、原子量等信息。

（4）索引　《中国药典》（2025 年版）采用"汉语拼音索引"和"英文名称索引"。这两个索引与药典正文前的"品名目次"相配合，可快速查询有关药物品种的质量标准。

2. 常用的国外药典

目前世界上已有数十个国家编订了国家药典。另外尚有区域性药典（《北欧药典》、《欧洲药典》和《亚洲药典》）及世界卫生组织（WHO）编订的《国际药典》。在药物分析工作中可供参考的国外药典主要有：

①《美国药典》（United States Pharmacopoeia，缩写为 USP），2024 年 12 月份出版 47 版，2025 年 5 月 1 日生效。《美国国家处方集》（National Formulary，缩写为 NF），2024 年为 42 版。USP（47）与 NF（42）合并为一册出版，缩写为 USP(47)-NF(42)。

②《英国药典》（British Pharmacopoeia，缩写为 BP），目前版本为 2025 年版，2024 年 8 月出版，2025 年 1 月生效。本书以 BP（2025）表示。

③《日本药局方》，目前为第 18 版药局方，2021 年 6 月 7 日生效。本书缩写为 JP（18）。

④《欧洲药典》（European Pharmacopoeia，缩写为 Ph. Eup），目前版本为第 11 版，2020 年 7 月出版，2021 年 1 月生效。

⑤《国际药典》（The International Pharmacopoeia，缩写为 Ph. Int），目前为

第 4 版，2006 年出版，2008 年对其进行第一次增补，2011 年又对其进行了第二次增补。分为三卷，第一卷（1977）为一般分析方法，第二卷（1981）和第三卷（1988）均为质量标准规格。

➔【评价考核】

药物质量标准认知评分表

项目	内容	分值	得分
接收工作任务	明确工作任务,了解药品质量的基本程序	10	
收集信息	掌握药品质量控制的基本内容	5	
	掌握药品质量控制的操作规范及操作要点	5	
制订计划	按照药品质量控制流程,制订合适的实验计划	5	
	能协同小组成员安排任务分工	5	
	能在实施过程中了解试剂和仪器的用途	5	
实施计划	查阅药典和相关资料	10	
	找出药品质量控制程序的组成	10	
	找出控制药品质量控制的方法	10	
	找出药品质量控制具体操作	10	
质量检查	操作过程规范,养成爱岗敬业、低碳环保的职业素养及遵守行业规范的良好习惯	10	
评价反馈	能对自身表现情况进行客观评价	10	
	在任务实施过程中发现自身问题	5	
总分		100	

➔【巩固提高】

1. 单项选择题

（1）中国药典规定，室温是指（   ）。

A. 20℃   B. 25℃   C. 10～30℃   D. 15℃   E. 5～30℃

（2）原料药含量百分数如未规定上限，系指不超过（   ）。

A. 100.1%   B. 101.0%   C. 100.0%   D. 100%   E. 110.0%

2. 配伍题

A.《日本药局方》   B.《英国药典》   C.《美国药典》   D.《国际药典》 E.《美国国家处方集》

①BP   ②NF   ③USP   ④JP   ⑤Ph. Int

诺贝尔生理学或医学奖获得者——屠呦呦

屠呦呦1930年出生于浙江省宁波市，她自幼耳闻目睹中药治病的奇特疗效，立志探索它的奥秘。1951年，屠呦呦考入北京大学医学院药学系，选择了生药学专业，在专业课程中，她对植物化学、本草学和植物分类学最感兴趣。大学毕业后分配到中国中医研究院（今中国中医科学院）工作。建院之初条件艰苦、设备简陋，在连基本通风设施都没有的工作环境中，经常和各种化学溶剂打交道，屠呦呦一度患上中毒性肝炎，但她心无旁骛，埋头从事中药研究。

疟疾是一种严重危害人类生命健康的世界性流行病。20世纪60年代初，全球疟疾疫情难以控制，大量科研人员加入这项研究，却未找到理想的抗疟新药，防治疟疾成为各国医药界攻克的难题。我国从1964年重新开始抗疟新药的研究，从中草药中寻求突破是整个工作的主流，但是，通过对数千种中草药的筛选，科研人员却没有任何重要发现。在国内外都处于困境的情况下，1969年屠呦呦出任该项目的科研组长。她从整理历代医籍着手，四处走访老中医，搜集建院以来的有关群众来信，编辑了以中药为主的《抗疟单验方集》。然而，筛选的大量样品，抗疟结果却不尽如人意。她并不气馁，在200多种中药的380多个提取物中进行筛选，最后将焦点锁定在青蒿上。但大量实验发现，青蒿的抗疟效果并不理想。她又系统查阅文献，特别注意在历代用药经验中提取药物的方法。当她再一次转向古老中国智慧时，东晋名医葛洪《肘后备急方》中称："青蒿一握，以水二升渍，绞取汁，尽服之。"可治"久疟"。琢磨这段记载，她认为很有可能在高温的情况下，青蒿的有效成分被破坏了。于是她改用乙醇冷浸法，所得青蒿提取物对鼠疟的效价显著提高。随后，用低沸点溶剂提取，效价更高，而且趋于稳定。终于，在经历了近200次失败后，青蒿素诞生了，这剂新药对疟原虫的抑制率达到100%。鉴于屠呦呦对抗疟的贡献，2015年10月5日，屠呦呦获得诺贝尔生理学或医学奖。

任务 1-3　药物分析检验程序认知

⊃【情境描述】

　　药品检验工作是药品质量控制的重要组成部分，其检验程序一般分为取样、性状观测、鉴别、检查、含量测定，并写出检验结果和检验报告书。

　　药物分析工作能培养学生具备强烈的药物质量观念。学生学习药物分析的过程，应该围绕药物质量问题，通过对药物的鉴别、检查和含量测定，全面地控制药物的真伪优劣。同时也应全程地控制原料、中间体、成品和制剂的质量，以确保药物的研究、生产、供应和使用。

⊃【学习目标】

　　（1）了解药品质量的全面控制，掌握运用化学的、物理化学的以及其他必要的手段与方法进行药品质量分析的基本规律与基本方法。

　　（2）掌握药物杂质检查的基本规律与基本方法。

　　（3）《中国药典》中常用药物的分析原理（鉴别、检查和含量测定）、操作方法以及操作技能，应能正确理解、准确执行。

⊃【任务分组】

班级		日期		组号		教师	
组长		组员					
任务分工							

⊃【信息获取】

　　问题1：药品检验工作的意义是什么？

　　问题2：检验程序一般分为几个部分？

问题 3：如何通过检验过程全面地控制药物的真伪优劣？

问题 4：如何全程地控制药物质量？

【工作实施】

（1）查阅《中国药典》和相关资料。

（2）找出检验程序的组成。

（3）找出控制药物的真伪优劣方法。

（4）找出全程地控制药物质量具体操作。

【相关知识】

药品检验工作是药品质量控制的重要组成部分，其检验程序一般分为取样、性状观测、鉴别、检查、含量测定，并写出检验结果和检验报告书。

1. 取样

分析任何药品首先要取样。要从大量的样品中取出能代表样本整体质量的少量样品进行分析。要考虑到取样的科学性、真实性和代表性，否则就失去了分析的意义。

2. 性状观测

药物的性状是药品质量重要表征之一。它包括这些药品应具有的外观（如色泽、臭味、溶解度、黏稠度等）以及各项物理常数（如熔点、沸点、密度、折射率、比旋光度、吸收系数等），也就是该药品应有的物理性质。因此，测定药品的物理性质，不仅具有鉴别意义，也在一定程度上反映药品的纯度及疗效。

3. 鉴别

药物的鉴别是利用其分子结构所表现的特殊化学行为或光谱、色谱特征，来判断药品的真伪。当进行药物分析时，首先应对供试品进行鉴别，必须在鉴别无误后，再进行检查、含量测定等分析，否则是没有意义的。选用鉴别方法的原则，必须准确、灵敏、简便、快速，能准确无误地作出结论。在鉴别时，对某一药品不能以一个鉴别试验作为判断的唯一根据，同时须考虑其他有关项目的试验结果，全面考察，才能得出结论。

4. 检查

药物的性状和鉴别结果符合规定后，按照药品质量标准规定的检查项目逐一进行试验。《中国药典》检查项下包括药物的有效性、均一性、纯度要求和安全性四个方面。本教材中所述检查是指纯度要求，即药物的杂质检查。通过试验判断药物所含的杂质是否符合限量规定要求，故亦可称纯度检查。

药品中杂质的检查是利用药品与杂质间物理、化学性质的不同，选择适当有效的方法进行测定。药典中规定的杂质检查均为限度检查。杂质限量是指药物中所含杂质的最大允许量，通常不测定其准确含量。只要药物中含有的杂质在一定限度内，不致对人体有害，不影响疗效和稳定性就可供医疗保健使用。

药品中存在的杂质分为一般杂质与特殊杂质。一般杂质的检验方法收载于药典附录中，特殊杂质列入该药物的检查项下。

5. 含量测定

药物在通过鉴别无误、检查项合格的基础上，进行含量测定。它是控制药物中有效成分的含量、保证疗效的重要手段。

药物含量测定的方法应以药典、局颁标准为依据。如药厂自定的质量标准，须有比较实验数据，并要在允许的相对偏差内，方可应用。仲裁时仍以药典、局颁标准为准。在含量测定时所用的化学试剂、供试品量、计量单位等，均应按药典凡例中规定进行。本课程只涉及药物含量的化学测定法和仪器分析测定法，关于生物检定法、放射性药品检定法等将在有关课程中讲授。

综上所述，判断一个药物的质量是否符合要求，必须全面考虑药品的鉴别、检查和含量测定的各项检验结果都应符合规定，才能判为合格药品。若有任何一项与规定不符，则该药品为不合格品。

6. 检验记录与报告

（1）检验记录　必须真实、完整、科学。记录内容应包括供试品名称、批号、数量、来源（送检或抽检单位）、取样方法、包装情况、外观性状、检验目的、检验依据、收到日期、报告日期等逐一写清楚。在检验过程中应将观察到的现象、检验数据、结果、结论、处理意见等完整书写，一般不得涂改。如果记录时写错，应将错处划出（用钢笔划线），并在其旁边改正。记录本应妥善保存规定时间，以供备查。

（2）检验报告　检验报告应完整、无破损缺页，字迹清楚，文字简洁，意思全面。报告内容应包括所有记录内容及检验结果和结论；对不符合规定的药品，除以上涉及的内容外，还应提出处理意见，供有关部门参考。例如，葡萄糖按《中国药典》要求全面检验后，其中"乙醇溶液的澄清液"不符合规定，其余各项检验均符合《中国药典》（2025 年版）的规定。这样的情况，可作进一步调查，慎重考虑，提出检验部门的处理意见。该批葡萄糖经检验后结论为：本品为葡萄糖，经按《中国药典》（2025 年版二部）检验，"乙醇溶液的澄清液"不符合规定，其它各项均符合规定。通过调查，认为可改作"口服葡萄糖"用，不得供制备注射液用。

最后，检验报告应由检验人员、复核人员及有关负责人签名或盖章。

【评价考核】

药物分析检验的基本程序评分表

项目	内容	分值	得分
接收工作任务	明确工作任务，了解药物分析检验的基本程序	10	
收集信息	掌握药物分析检验的基本内容	5	
	掌握药物分析检验的操作规范及操作要点	5	
制订计划	按照药物分析检验流程，制订合适的实验计划	5	
	能协同小组人员安排任务分工	5	
	能在实施过程中对试剂和仪器做一了解	5	
实施计划	查阅药典和相关资料	10	
	找出检验程序的组成	10	
	找出控制药物的真伪优劣方法	10	
	找出全程地控制药物质量具体操作	10	
质量检查	操作过程规范，养成爱岗敬业、低碳环保的职业素养及遵守行业规范的良好习惯	10	
评价反馈	能对自身表现情况进行客观评价	10	
	在任务实施过程中发现自身问题	5	
总分		100	

【巩固提高】

单项选择题

药品质量标准的基本内容包括（　　）。

A. 凡例、注释、附录、用法与用途　　　　B. 正文、索引、附录

C. 取样、鉴别、检查、含量测定　　　　D. 凡例、正文、附录

E. 名称、性状、鉴别、检查、含量测定、贮藏

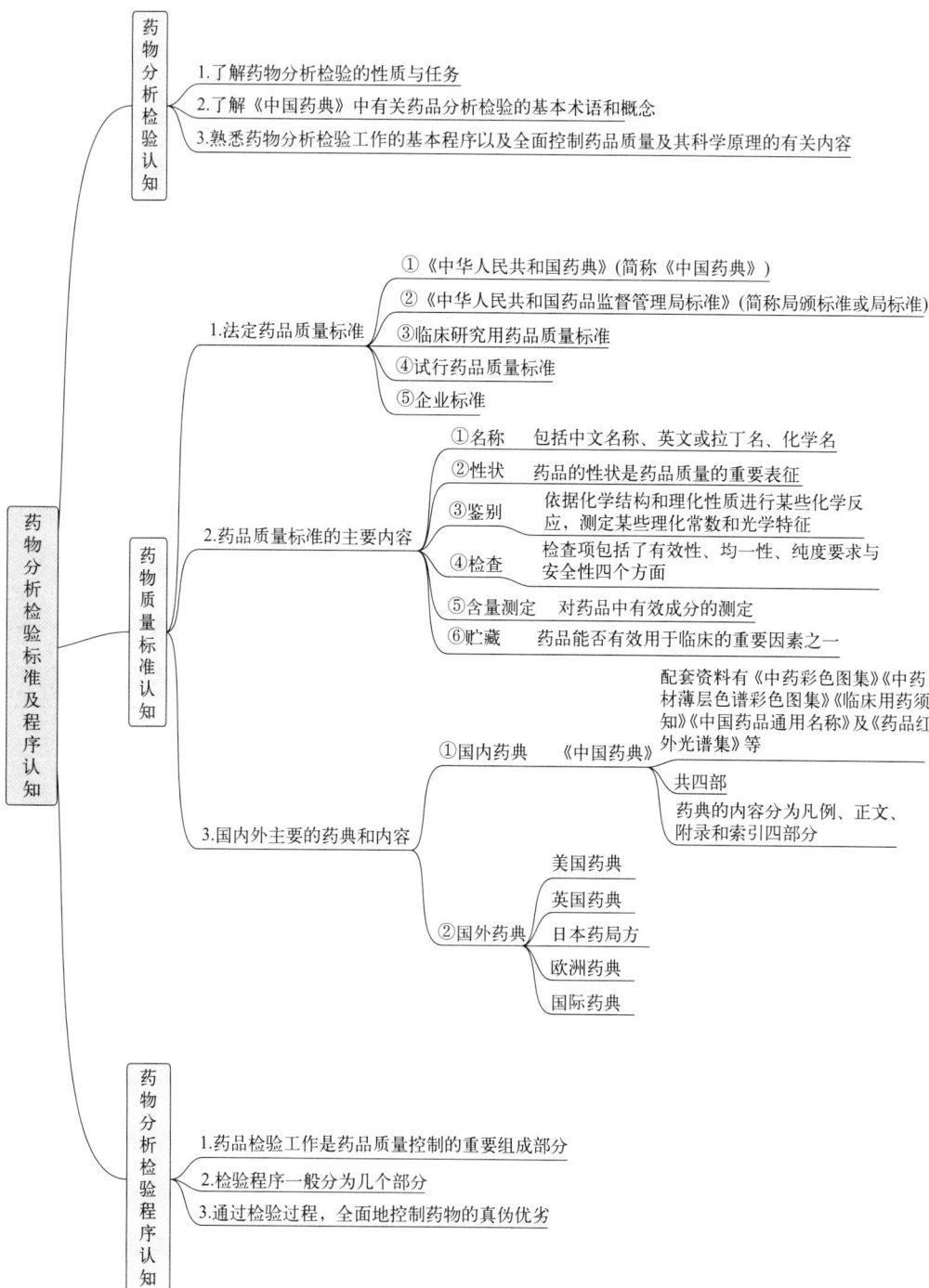

模块小结

药物分析检验标准及程序认知

药物分析检验认知
1. 了解药物分析检验的性质与任务
2. 了解《中国药典》中有关药品分析检验的基本术语和概念
3. 熟悉药物分析检验工作的基本程序以及全面控制药品质量及其科学原理的有关内容

药物质量标准认知

1. 法定药品质量标准
   - ① 《中华人民共和国药典》(简称《中国药典》)
   - ② 《中华人民共和国药品监督管理局标准》(简称局颁标准或局标准)
   - ③ 临床研究用药品质量标准
   - ④ 试行药品质量标准
   - ⑤ 企业标准

2. 药品质量标准的主要内容
   - ① 名称　包括中文名称、英文或拉丁名、化学名
   - ② 性状　药品的性状是药品质量的重要表征
   - ③ 鉴别　依据化学结构和理化性质进行某些化学反应，测定某些理化常数和光学特征
   - ④ 检查　检查项包括了有效性、均一性、纯度要求与安全性四个方面
   - ⑤ 含量测定　对药品中有效成分的测定
   - ⑥ 贮藏　药品能否有效用于临床的重要因素之一

3. 国内外主要的药典和内容
   - ① 国内药典　《中国药典》
     - 配套资料有《中药彩色图集》《中药材薄层色谱彩色图集》《临床用药须知》《中国药品通用名称》及《药品红外光谱集》等
     - 共四部
     - 药典的内容分为凡例、正文、附录和索引四部分
   - ② 国外药典
     - 美国药典
     - 英国药典
     - 日本药局方
     - 欧洲药典
     - 国际药典

药物分析检验程序认知
1. 药品检验工作是药品质量控制的重要组成部分
2. 检验程序一般分为几个部分
3. 通过检验过程，全面地控制药物的真伪优劣

模块二
取样与留样

任务 2-1　取样

【情境描述】

　　药物分析作为药品质量控制的重要环节，对于保障患者用药安全具有不可替代的作用。样品取样作为药物分析的首要步骤，其准确性和规范性直接影响到后续分析结果的可靠性。2023 年 12 月，某药厂从某药材有限公司采购了一批金银花药材，药材总件数为 600 件，其规格为 50g/件，批号为 20230305。你作为该药厂的取样人员应如何对该批金银花药材进行取样？

【学习目标】

（1）树立质量标准意识、规范操作意识、严谨认真的科学态度。
（2）掌握取样原则、方法、步骤及药品检验取样相关规定、取样记录的要求。
（3）能规范进行药品取样。
（4）能规范填写取样记录。

【任务分组】

班级		日期		组号		教师	
组长		组员					
任务分工							

问题1：查阅《中国药典》《药品检验操作标准》，样品和取样是如何规定的？不同药品类型是如何取样的？

问题2：固体制剂和液体制剂、特殊药品及中药饮片的取样不同，分别需要准备哪些工具与容器？

【小提示】 工具可选不锈钢勺、不锈钢探子、玻璃取样吸管等。容器可选具有封口装置的无毒塑料袋（取样袋）、具塞玻璃瓶等。

问题3：液体样品、固体样品、中药材饮片的取样方法有哪些？

问题4：根据药品检验操作标准，写出中药材饮片的取样流程。

问题5：规范取样具有哪些重要性？

⊙【工作实施】

1. 取样前的准备工作

取样前的准备工作是确保样品代表性、准确性和可靠性的关键步骤。主要准备工作如下：

① 取样工具和设备的准备。确保取样工具（如无菌操作台、电子天平、药典瓶等）清洁、无菌且功能正常；使用具有精确称量、可编程温度控制等功能的设备，以提高取样效率。

② 样品来源的确认。检查包装完整性：在取样前，需检查药品的包装是否完整，是否有破损、受潮、污染等情况；核对药品信息：确认药品的品名、产地、规格、批号等信息是否一致。

③ 环境检查。取样环境应避免阳光直射、高温高湿等条件，防止样品品质受到影响。特殊要求保持无菌状态须确保取样环境无菌，避免样品污染。

④ 记录准备。在取样前，需记录样品的基本信息，包括取样时间、地点、样品编号等。填写取样凭证，记录关键信息。

【小提示】 检查取样环境，准备取样器具。

2. 取样过程中的注意事项

① 环境控制：避免阳光直射和高温高湿环境，防止药材或药品变质。

② 样品处理：对破碎、粉末状或个体较小的药材，需使用采样器（探子）

抽取样品，每一包（件）至少在不同部位抽取 2～3 份样品。

③ 无菌操作：取样过程中应避免污染，确保样品的完整性。

【小提示】 戴手套，避免交叉污染。

3. 取样记录与标签填写（表 2-1）

表 2-1　药品取样记录

项目	名称		
样品名称			
批号			
取样时间	年　　月　　日 ___：___		
取样地点			
取样人员			
样品数量			
样品用途			
标签内容	品名：　　　　　　；批号：　　　　　　；规格：　　　　　　　； 数量：　　　　；取样日期：　　年　　月　　日		

●【相关知识】

1. 药品取样原则

取样检验是以所取样品的检验数据，作为判定整批药品的一种质量检验方式。检测药品第一步是取样，随机、客观地从大量的样品中取出少量样品进行分析检测，取样应具有科学性、真实性和代表性。

2. 取样对象的多样性及对应取样方法

（1）均匀物料取样　当物料或产品的性质均匀，来源可靠的时候，可按批进行取样。对于不同的总件数有不同的取样规则：如果总件数 $n \leqslant 3$ 时，每件都要取样；当 $3 < n \leqslant 300$ 时，按照 $\sqrt{n} + 1$ 件随机取样；若 $n > 300$ 时，按 $\frac{\sqrt{n}}{2} + 1$ 件随机取样。这种根据不同数量级而设定的取样规则能够确保在不同规模的情况下，均能取得有代表性的样品。

（2）特殊物料取样　无菌物料：取样严格遵循无菌操作要求。取样人员要接受严格培训，取样件数需按照《中国药典》附录中无菌检查法中批出厂产品最少检验数量要求来计算。无菌物料一旦受到污染，对于药品的安全性具有极大危害。

　　中药材、中药饮片：取样时要充分考虑药材的不均一性。对于总包件数不足5件的，逐件取样；5～99件，随机抽5件取样；100～1000件，按5％比例取样；超过1000件，超过部分按1％比例取样；贵重中药材和饮片，不论件数多少均逐件取样。每一包件至少在2～3个不同部位各取样品1份，包件大的要从10cm以下深处取样。这是由于中药材和中药饮片受到产地、采收季节、加工方式等多种因素影响，性质和成分分布往往不均匀，多种取样规则的组合可以保障所取样品能代表整批药材或饮片的质量情况。

　　3. 取样数量、包装与记录要求

　　（1）取样数量　样品的取样数量取决于药品的性质与用途，常规情况保证所取样品数量足够进行全面的分析检验。以中药为例，平均样品量通常不得少于实验所需用量的3倍。足够的样品数量是为了在进行多项检验以及可能的重复检验时，有足够的样品可供使用。

　　（2）取样包装　取样后要立即进行包装，包装上必须标明样品名称、生产日期、批号等信息。正确的包装和标识有助于保证样品的完整性。对易吸潮、易氧化的药品，采用密封性能好的包装材料。

　　（3）取样记录　在取样的整个过程要详尽记录诸多信息，包括取样地点、时间、人员、方法、数量等。这些记录为后续的追溯和审查提供了依据。

　　4. 不同种类药品的取样方法

　　（1）液体样品　样品分装于多个小容器中，应从各容器取样并混匀；若装在大容器内，应从容器的不同深度取样混匀；有沉渣者，搅匀后从不同部位取样混匀；悬浊液和黏稠液体用玻璃吸管分层取样混匀。

　　（2）固体制剂、粉末状原辅料　用取样探子在各件的不同部位取样，取样后采用四分法获得混合样品。可按上、下、左、右、前、后、对角线处取样。

　　（3）药材和饮片取样　将抽取的样品混匀，即为抽取样品总量。若抽取样品总量超过检验用量数倍时，可按四分法再取样，样品摊成正方形，依对角线划"×"，使分为四等份，取用对角两份；再反复数次，直至最后剩余量能满足供检验用量。

　　5. 取样操作及注意事项

　　（1）操作程序　查阅《中国药典》、GMP取样要求等操作标准；选择取样所需的方法及容器工具；确定取样量。

　　（2）注意事项　药品检验中根据样品总数的不同，取样策略也有所变化。当样品总数 $n \leqslant 3$ 时，每一件都需进行检验。当样品数量非常大时，取样策略的选择将直接影响到检验的全面性和准确性。总的来说，药品检验中的取样目的旨在确保每一批药品质量可控。合理设定取样数量，可以有效提高检验的效率和准确性，同时确保每一份样品都能得到应有的关注。

【评价考核】

药物的取样评分表

项目	内容	分值	得分
接收工作任务	明确工作任务,了解取样对象原则、方法和步骤及药品检验取样相关规定、取样记录的要求	10	
收集信息	掌握取样原则、方法和步骤	5	
	掌握药品检验取样相关规定、取样记录的要求	5	
制订计划	按照药品检验取样流程,制订合适的取样策略	5	
	能协同小组成员安排任务分工	5	
	能在实施过程中对样品分类和取样数量、工具做一了解	5	
实施计划	查阅药典和相关资料	10	
	找出取样程序的组成	10	
	找出合适的取样方法	10	
	找出取样对象合适的取样具体操作	10	
质量检查	操作过程规范,养成爱岗敬业、低碳环保的职业素养及遵守行业规范的良好习惯	10	
评价反馈	能对自身表现情况进行客观评价	10	
	在任务实施过程中发现自身问题	5	
总分		100	

【巩固提高】

简答题

根据学习过的内容，完成阿司匹林片取样并填写取样记录，根据评价表完成自我评定。

××制药厂请验单

编号：

品名	批号	规格	数量	来源	进仓日期
产地	总件数	取样数	总取样量	留样量	取样日期

抽样人：　　　　　　请验人：　　　　　　请验日期：

任务 2-2　留样

○【情境描述】

　　北京某公司在其网站上发布了《关于通告不合格产品的说明》，通过对比其公司内部的留样药品与抽检的药品，证明了抽检的假药阿伐他汀片不是北京某公司的产品，也说明了留样的重要性。

　　在一家生产注射用抗生素的西药制药企业，无菌物料的取样、留样严格遵循无菌操作要求进行。取样件数按照《中国药典》附录无菌检查法计算，得出需要对每批中10％的包件进行取样。对于生产出的注射用抗生素这种无菌成品药，同样是批批留样。那么留样数量应为多少呢？操作过程需要符合哪些规范装置或要求呢？

○【学习目标】

　　（1）能够理解留样的概念。

　　（2）掌握常见的留样的方法。

　　（3）了解取样和留样在药品领域的重要性。

　　（4）学会按照规定对样品进行留样保存。

　　（5）培养学生严谨认真的科学态度和责任心，增强学生对产品质量控制和安全保障的意识。

○【任务分组】

班级		日期		组号		教师	
组长		组员					
任务分工							

➲【信息获取】

问题 1：查阅《中国药典》，有关留样的规定要求中包括哪些对象？

问题 2：留样的数量要求因对象而不同，分别有哪些规定？

问题 3：留样的存放环境需要符合哪些条件？

问题 4：留样的保存期限是多久？

问题 5：思考一下，留样与取样有什么关系？

➲【工作实施】

1. 留样前的准备工作

① 明确留样目的：留样主要用于质量追溯、不良事件调查、产品性能研究等。

② 留样工具的选择与取样工具和设备的准备一致：确保无菌操作台、电子天平、药用玻璃瓶等清洁、无菌且功能正常。

③ 环境检查：取样环境应避免阳光直射、高温高湿等条件，防止样品品质受到影响。特殊要求保持无菌状态须确保取样环境无菌，避免样品污染。

2. 留样过程中的注意事项

① 留样样品的选择：原则上应选取成品留样，留样样品的包装形式与单包装形式相同。

② 留样比例或数量：留样量应至少能支持一次质量可追溯检测。对于无菌产品，每个生产批或灭菌批均应留样。

3. 留样记录与标签填写

登记信息包括品名、规格、批号、数量、有效期等（表 2-2）。留样样品需分类存放，定期观察并记录。

表 2-2　药品留样记录

项目	名称
品名	
规格	
批号	
留样时间	年　　月　　日 ___：___
留样地点	

项目	名称
留样人员	
数量	
有效期	
标签内容	品名: ;批号: ;规格: ; 数量: ;取样日期: 年 月 日

⟳【相关知识】

1. 留样对象的范围规定

(1) 原辅料层面　在制剂生产环节中,每一批原辅料均应当有留样。原辅料是药品生产的基础物质,如果原辅料质量存在问题,经过生产加工后必然会影响到成品药的质量。比如在生产抗生素类药品时,如果原材料中的活性成分含量不足或者杂质过多,最终生产出的抗生素药品疗效可能下降或者产生更多不良反应。因此,对每批原辅料留样有助于在药剂出现质量问题时,追溯原辅料的潜在问题。

(2) 与药品直接接触的包装材料　如果成品已有留样,像输液瓶这类与药品直接接触的包装材料可不必单独留样。这是因为在很多情况下,如果成品药品出现问题,既可能是药品本身质量问题,也可能是包装材料与药品接触过程中产生的问题。在成品药品留样时可以同时观察包装与药品之间的相互作用情况,但若是特殊情况,如怀疑包装材料有单独的质量隐患时,也可能进行更深入的包装材料专项留样。

(3) 成品药的留样要求　成品药是最终流入市场给到患者使用的药品,必须批批留样。成品药的质量直接关系到公众的健康和用药安全,无论在药品的研发、生产、运输或者储存环节出现任何质量波动都可能在成品药中表现出来。对成品药的留样能够在出现不良事件或质量问题时快速追溯,进行相应调查和检验。

2. 留样的数量要求

(1) 以全检量为基础制定　留样数量一般为1次全检量的3倍,或者依据各品种项下规格标准制定。留够足够的量可以满足在药品出现问题进行复查校验等操作时有充足的样品库存。例如,在对某一种新型抗癌药物进行留样时,如果其全检涉及多种复杂的检测项目,需要消耗较多的样品量,那么按照3倍全检量留样就能够确保在药品保质期内,能够顺利进行多次复查和分析。

（2）特殊品种或者特殊情况的考量　对于某些特殊的药品或者特殊情形下的留样数量可能需要特殊考量。例如一些生物制品，由于其成分复杂且不稳定，可能需要更多的留样量来应对可能出现的不同质量问题分析。一些有效期较短或者生产批次小的药品，根据实际的质量风险评估，也可能调整留样数量。

3. 留样的存放环境规定

（1）环境的一般性要求　留样室的设置需要阴凉、干燥、通风、避光。阴凉的环境有助于避免高温对药品的影响，许多药品在高温下可能会发生分解、变质等物理化学变化；干燥可以防止药品受潮，受潮可能会使药品结块、霉变或者使其中的活性成分降解；通风可以防止一些特殊药品散发的气味或者挥发性物质积聚；避光则是防止一些对光敏感的药品发生光化学反应。留样室内还要配备温、湿度仪与排风设施，用以监控和维护室内合适的温湿度和空气环境。

（2）不同留样对象的特殊要求　除了具有特殊要求的样品外，大部分样品可在常温状态下保存。但是像一些生物制品、疫苗等通常需要特殊的低温冷藏保存，因为这些药品在常温下极易失活或者变质。部分高活性的化学原料药可能需要避光密封并且在特定的温度和湿度范围内保存，以保证其化学稳定性。

4. 留样的保存期限规定

（1）成品药　成品药的留样保存到有效期或货架寿命后1年。这是因为在产品有效期过后的一段时间内，仍然可能出现与质量相关的问题，例如药品可能在过期后出现变质，对患者造成伤害，延长1年的留样期便可以对这些可能出现的售后质量问题进行追溯调查。

（2）半成品　半成品留样保存到成品检验合格后3个月。半成品处于药品生产的中间环节，其主要风险在于是否能够顺利转化为合格的成品药品，在成品检验合格后的3个月内如果没有发现成品药有相关的质量问题需要追溯到半成品，那么半成品留样的使命基本完成。

（3）原料与辅料　原料在检验合格后留样1年；辅料在检验合格后留样6个月。原料是药品生产的源头物质，其质量的稳定性和可靠性需要有较长的考察时间，1年的留样期有助于在发现成品或半成品质量问题时追溯原料的潜在问题。辅料相对来说对药品质量的影响可能较原料和成品药略低一些，且不同辅料的稳定性和作用有所不同，6个月的留样期可以基本满足其质量追溯的需求。

（4）标签标示物　标签标示物在检验合格后留样6个月。标签标示物虽然不直接影响药品内在质量，但标识不清或者标识错误也是严重的药品质量风险因素之一，6个月的留样期足以应对可能出现的与标签内容相关的质量追溯问题。

药物的留样评分表

项目	内容	分值	得分
接收工作任务	明确工作任务,了解留样的目的、方法和步骤及药品留样相关规定、记录的要求	10	
收集信息	掌握留样概念、方法	5	
	掌握药品留样相关规定、记录的要求	5	
制订计划	按照药品检验留样流程,制订合适的留样策略	5	
	能协同小组成员安排任务分工	5	
	能在实施过程中对样品分类和留样数量、工具做一了解	5	
实施计划	查阅药典和相关资料	10	
	找出留样程序	10	
	找出合适的留样方法	10	
	找出取样对象合适的留样具体操作	10	
质量检查	操作过程规范,养成爱岗敬业、低碳环保的职业素养及遵守行业规范的良好习惯	10	
评价反馈	能对自身表现情况进行客观评价	10	
	在实验实施过程中发现自身问题	5	
总分		100	

● 【巩固提高】

1. 填空题

药品留样考查目的是:用于药品 _____ 或调查物料、产品。

2. 单项选择题

(1) 药品留样量至少为全检量的 ( )。

A. 1 倍   B. 2 倍   C. 3 倍   D. 4 倍

(2) 关于药品留样规则的说法正确的是 ( )。

A. 每年生产最初 3 批药品要留样   B. 每批药品均应当有留样

C. 工艺验证批次药品需要留样   D. 客户有投诉、退货的药品需要留样

模块小结

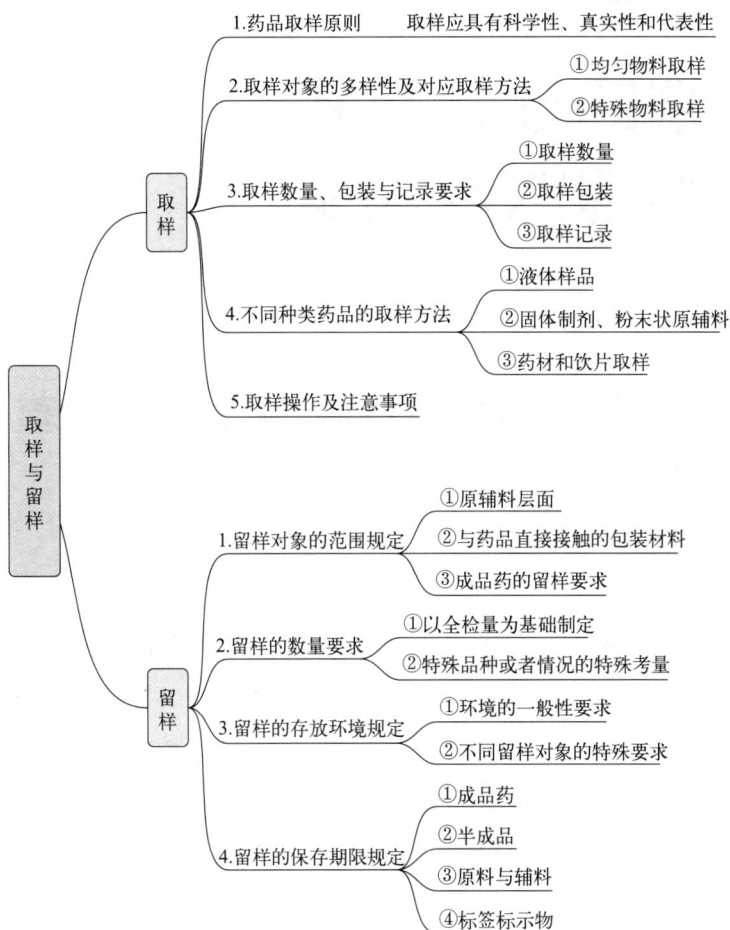

- **取样**
  - 1.药品取样原则　　取样应具有科学性、真实性和代表性
  - 2.取样对象的多样性及对应取样方法
    - ①均匀物料取样
    - ②特殊物料取样
  - 3.取样数量、包装与记录要求
    - ①取样数量
    - ②取样包装
    - ③取样记录
  - 4.不同种类药品的取样方法
    - ①液体样品
    - ②固体制剂、粉末状原辅料
    - ③药材和饮片取样
  - 5.取样操作及注意事项

取样与留样

- **留样**
  - 1.留样对象的范围规定
    - ①原辅料层面
    - ②与药品直接接触的包装材料
    - ③成品药的留样要求
  - 2.留样的数量要求
    - ①以全检量为基础制定
    - ②特殊品种或者情况的特殊考量
  - 3.留样的存放环境规定
    - ①环境的一般性要求
    - ②不同留样对象的特殊要求
  - 4.留样的保存期限规定
    - ①成品药
    - ②半成品
    - ③原料与辅料
    - ④标签标示物

模块三

药物的性状检查
与物理常数测定

任务 3-1　葡萄糖原料药的性状检查

⊃【情境描述】

　　古代人是怎么知道药品性状的呢？那时有神农尝百草的故事以及李时珍以身试药写《本草纲目》的故事。他们经常不畏艰险上山采药，并以身试药、遍尝百草，一次次地验证前人记载或传说中的药物效用和药性。到了科技发展的今天，又是如何知道药品性状的呢？除继承了传统的手法和技术，如通过外观、味觉、嗅觉和溶解性等外，还有利用特定仪器和方法测定药品的物理常数来判断药品的真伪。

　　你知道药品的性状检查是怎样进行的吗？它包括哪些指标呢？

⊃【学习目标】

（1）查阅《中国药典》，能够查找该项下的外观的相关内容。
（2）掌握药物的外观性状检查技巧，可以对葡萄糖的外观进行检查。
（3）掌握药物的溶解度检查技巧，可以对葡萄糖的溶解度进行检查。
（4）能够正确填写检查记录。

⊃【任务分组】

班级		日期		组号		教师	
组长		组员					
任务分工							

【信息获取】

问题1：准备资料《中国药典》（2025 年版）、《中国药品检验标准操作规范》（2019 年版），找出药品外观性状的概念和基本术语。

问题2：《中国药典》（2025 年版）中有关葡萄糖原料药的外观性状有哪些？

问题3：葡萄糖原料药的性状检查是怎样进行的？

问题4：葡萄糖原料药溶解度检查工作的基本程序有哪些？

【工作实施】

葡萄糖原料药外观观测和溶解度检查。

1. 葡萄糖原料药外观观测

（1）检查原理　根据眼观、鼻闻、口尝、手摸等方式方法，对葡萄糖原料药进行外观检查。

（2）检查依据　《中国药典》（2025 年版）第二部正文。

（3）仪器与试剂（表 3-1）。

表 3-1　葡萄糖外观观测仪器试剂清单

项目	名称	规格
仪器	分析天平	0.01g
	称量纸	10cm×10cm
	表面皿、烧杯	常用玻璃仪器
试剂	乙醇	95%,溶解用
试样	葡萄糖原料药	药物试剂

（4）操作方法　室温下，称取 0.5g 葡萄糖原料药至表面皿中，观察其颜色。轻嗅，判断其有无臭、味。对样品进行外观检查，填写检查记录。仪器设备归位、清场。

2. 葡萄糖原料药溶解度检查

（1）检查原理　在一定温度下，对葡萄糖原料药在不同溶剂中的溶解性进行观察，检查其溶解度。

（2）检查依据　《中国药典》（2025 年版）二部正文。

（3）仪器与试剂（表 3-2）。

表 3-2 葡萄糖溶解度检查仪器试剂清单

项目	名称	规格
仪器	分析天平	0.01g
	恒温水浴锅	100℃,分度值1℃
	量筒、烧杯、试管	常用玻璃仪器规格
试剂	乙醇	95%,溶解用
试样	葡萄糖原料药	药物试剂

（4）操作方法　将葡萄糖研磨成细粉，称取 1.0g 放入烧杯，加入 1～10mL（不包括 10mL）温度为 25℃±2℃的纯化水，每隔 5min 强力振摇 30s，仔细观察 30min 内的溶解情况；再称取葡萄糖 1.0g 放入烧杯，加入 100～1000mL（不包括 1000mL）温度为 25℃±2℃的乙醇，每隔 5min 强力振摇 30s，仔细观察 30min 内的溶解情况，请你根据观察结果判断其溶解度是否符合规定。填写记录表 3-3。仪器设备归位、清场，实验废弃物分类处理。

表 3-3 葡萄糖原料药性状检查原始记录表

检品名称		规格		
检品批号		生产单位		
温度/℃		相对湿度		
检验项目				
检验依据				
使用仪器				
操作步骤				
实测结果	第 1 次		第 2 次	第 3 次
标准规定	外观性状为无色结晶或白色结晶型或颗粒性粉末,无臭,味甜;溶解性为在水中易溶,在乙醇中微溶			
结论	□符合规定　　□不符合规定			

→【相关知识】

药物的性状是药物质量的重要指标之一，对判断药物的真伪有重要作用。它是指按照质量标准中规定的方法，利用药品的某些物理、化学或生物学特性，通过对药品进行外观、臭、味判断，物理常数测定，特征色谱或光谱测定，同时结合药品的特殊化学反应或生物学鉴别试验结果，从而对已知药品的真伪作出判断的过程。在进行药物分析时，首先进行药物的性状观测，是药品检验中最简单易行的工作。药物的外观性状包括药物的颜色、臭、味、状态、稳定性和溶解度。

1. 外观与臭、味

在药品质量标准正文中，药物的外观、臭、味和稳定性按次序描述，它们之间用";"隔开。

（1）聚集状态　聚集状态是指药物是气体、液体还是固体，是结晶还是粉末。

（2）色　不同的药物有不同的色泽，考虑到生产条件的不同，有的色泽可以有一定的幅度。药品质量标准中对无色的气体或液体药物一般用"无色"描述，如山梨醇注射液为无色的澄明液体。固体药物一般用"白色"描述。有色药物根据其相应的色泽加以描述，如盐酸金霉素为金黄色或黄色结晶，三唑仑片为浅蓝色，磷酸伯氨喹为橙红色结晶性粉末。对包衣片为胶囊，除去包衣层或胶囊壳，观察其片芯或内容物的颜色。

（3）臭、味及手感　①臭：是指液态或低熔点固态药物本身所固有的特殊臭味。如二巯丙醇、二巯基丁二酸等有类似蒜的特臭；阿莫西林胶囊、头孢氨苄胶囊的内容物均有微臭。

② 味：有些药物有特殊味道。如甘油味甜；乙酰螺旋霉素味苦；氯化钾、硫酸亚铁味咸、涩。若是毒、剧、麻药不可入口尝，在药品质量标准中不作"味"描述。

③ 手感：如三硅酸镁为无砂性感觉的白色细粉；硬脂酸镁为无砂性细粉，手感滑腻。

（4）其他外观特性　《中国药典》中对药物在空气中放置时因空气的湿度、氧产生的引湿、风化、变质等与贮藏条件有关的稳定性现象，会择要记述，并与"贮藏"相呼应。如乙酰半胱氨酸有引湿性、维生素 C 为白色结晶或结晶性粉末，久置色渐变黄；盐酸金霉素遇光色泽变暗。

2. 溶解度

（1）溶解度性能的描述　溶解度是药物的一种物理性质，在一定程度上反映了药物的纯度。《中国药典》采用极易溶解、易溶、溶解、略溶、微溶、极微溶解、几乎不溶或不溶来描述药物的溶解性能。

① 极易溶解：系指溶质 1g（mL）能在溶剂不到 1mL 中溶解。

② 易溶：系指溶质 1g（mL）能在溶剂 1～不到 10mL 中溶解。

③ 溶解：系指溶质 1g（mL）能在溶剂 10～不到 30mL 中溶解。

④ 略溶：系指溶质 1g（mL）能在溶剂 30～不到 100mL 中溶解。

⑤ 微溶：系指溶质 1g（mL）能在溶剂 100～不到 1000mL 中溶解。

⑥ 极微溶解：系指溶质 1g（mL）能在溶剂 1000～不到 10000mL 中溶解。

⑦ 几乎不溶或不溶：系指溶质 1g（mL）在溶剂 10000mL 中不能完全溶解。

描述药物在不同溶剂中的溶解情况时，按溶剂极性大小依次进行（如水、甲醇、乙醇、丙酮、乙酸乙酯、三氯甲烷、乙醚或环己烷等的顺序），如描述二盐酸奎宁（抗疟药）的溶解性能：本品在水中极易溶解，在乙醇中溶解，在三氯甲烷中微溶，在乙醚中极微溶解。热水或热乙醇放在各溶解前面，如咖啡因（中枢兴奋剂）：本品在热水或三氯甲烷中易溶，在水、乙醇或丙酮中略溶，在乙醚中极微溶解。在酸性或碱性溶液中的溶解度放在最后，并在其前用";"与前述溶剂隔开，如左旋多巴（抗帕金森病药）：本品在水中微溶，在乙醇、三氯甲烷或乙醚中不溶；在稀酸中易溶。

（2）检查方法　《中国药典》规定，药品的溶解度试验法为：除另有规定外，称取研成细粉的供试品或量取液体供试品，置于 25℃±2℃ 一定容量的溶剂中，每隔 5min 强力振摇 30s；观察 30min 内的溶解情况，如无目视可见的溶质颗粒或液滴时，即视为完全溶解。

◆【评价考核】

药物性状检查认知评分表

项目	内容	分值	得分
接收工作任务	明确工作任务	5	
收集信息	查阅文献了解药物的外观性状检查基本任务是什么	10	
	《中国药典》中有关药物的外观性状检查基本术语和概念有哪些	5	
	药物溶解度的检查工作的基本程序以及药品质量控制	5	
制订计划	独立制订计划	5	
	制订计划完整性	5	
实施计划	资料准备	10	
	找出药物的外观性状检查概念和基本术语	10	
	找出药物的外观性状检查基本任务	10	
	写出药物的溶解度检查基本程序	10	
	归纳总结	5	
质量检查	完成任务，养成自我学习的良好习惯	10	
评价反馈	能对自身表现情况进行客观评价	5	
	在实验实施过程中发现自身问题	5	
总分		100	

单项选择题

(1) 通过药品的性状观测，不能判断的结果为（　　）。

A. 药品的真伪　　　　　　　　　B. 内在药品的质量

C. 药品的含量　　　　　　　　　D. 药品是否失效

(2) 溶解度是药品的一种（　　）性质，可在一定程度上反映药品的纯度。

A. 化学　　　　B. 物理　　　　C. 生物　　　　D. 其他

任务 3-2　乙醇的相对密度测定

　　乙醇俗称酒精，是酒的主要成分，化学式 CH_3CH_2OH，是一种易燃、易挥发的无色透明液体，沸点是 78.5℃，熔点是 −114.3℃，能与水以任意比互溶，能与氯仿、乙醚、甲醇、丙酮和其他多数有机溶剂混溶。乙醇是常用的燃料、溶剂和消毒剂，也用于制取其他有机化合物。工业酒精含有少量有毒性的甲醇。医用酒精主要指体积浓度为 75％左右（或质量浓度为 70％）的乙醇。

●【学习目标】

　　（1）掌握韦氏天平测密度的原理。
　　（2）能够正确安装韦氏天平。
　　（3）能够正确调整天平平衡，会准确读数。
　　（4）能够准确记录数据。
　　（5）能够进行密度计算。

●【任务分组】

班级		日期		组号		教师	
组长		组员					
任务分工							

●【信息获取】

　　问题1：查阅文献，了解药物的相对密度测定有哪些方法。
　　问题2：《中国药典》中有关乙醇相对密度测定方法有哪些？
　　问题3：药物常见物理常数有哪些？

1. 测定原理

韦氏天平法适用于测定易挥发的液体的密度。根据阿基米德定律，一定体积的物体（如韦氏天平的浮锤），在不同液体中所受的浮力与该液体的相对密度成正比。

$$\rho = \frac{m_样}{m_水} \times \rho_0$$

式中　ρ——试样在20℃时的密度，g/cm^3；

　　　$m_样$——浮锤浸于试样中时的浮力（骑码）读数，g；

　　　$m_水$——浮锤浸于水中时的浮力（骑码）读数，g；

　　　ρ_0——水在20℃时的密度，g/cm^3，$\rho_0 = 0.99823 g/cm^3$。

2. 仪器与试剂（表3-4）

表3-4　乙醇相对密度测定仪器试剂清单

项目	名称	规格
仪器	韦氏天平	PZ-A-5
	电吹风	500W
	恒温水浴锅	100℃，分度值1℃
试剂	乙醇（或乙醚）	药物试剂，洗涤用
试样	乙醇或丙酮	医用产品或药物试剂

3. 操作方法

（1）仪器的调整　①检查仪器各部件是否完整无损。用清洁的细布擦净金属部分，用乙醇擦净玻璃筒、温度计、玻璃浮锤，并干燥。

② 将仪器置于稳固的平台上，旋松支柱紧定螺钉，使其调整至适当高度，旋紧螺钉。将天平横梁置于玛瑙刀座上，挂钩置于天平横梁右端刀口上，将等重砝码挂于钩环上，调整水平调节螺钉，使天平横梁左端指针与固定指针水平对准即为平衡。

【小提示】　在测定过程中不得再变动水平调节螺钉。若无法调节平衡时，则可用螺丝刀将平衡调节器上的定位小螺钉松开，微微转动平衡调节器，使天平平衡，旋紧平衡调节器上的定位小螺钉，在测定中严防松动。

③ 取下等重砝码，换上玻璃浮锤，此时天平仍应保持平衡（允许有 ±0.005g的误差），否则应予校正。

取用玻璃浮锤时必须十分小心，轻取轻放，一般最好是右手用镊子夹住吊钩，左手垫绸布或清洁滤纸托住玻璃浮锤，以防损坏。

（2）用水校准　①装样：玻璃筒内缓慢注入预先煮沸并冷却至约20℃的蒸馏水，将浮锤全部浸入水中，不得带入气泡，浮锤不得与筒壁或筒底接触。玻璃筒应洁净，在装蒸馏水及试样时的高度应一致，使玻璃锤沉入液面的深度前后一致。

②水浴：玻璃筒置于20℃±0.1℃的恒温水浴中，恒温20min以上。

③读数：由大到小把骑码加在横梁的"V"形槽上，使指针重新水平对齐，记录骑码的读数。

（3）试样的测定　将玻璃浮锤取出，倒出玻璃筒内的水，玻璃筒及浮锤用乙醇洗涤后用电吹风吹干，然后以试样代替蒸馏水同上操作，根据实验结果求出试样密度。

【小提示】测定过程中，必须严格控制温度。韦氏天平调节平衡后，在测定过程中，不得移动位置；不得松动任意螺丝。否则需重新调节平衡后，方可测定。

（4）结果计算　测定数据及处理记录表3-5。

表3-5　数据记录与处理

检品名称：		规格	
检品批号：		生产单位	
温度（℃）		相对湿度	
检验项目			
检验依据			
使用仪器			
操作步骤			
实测结果	第1次	第2次	第3次
标准规定			
结论	□符合规定　　□不符合规定		

⊃【相关知识】

1. 密度的定义

物质的密度是指在规定的温度（t℃）下单位体积物质的质量。

$$\rho_t = \frac{m}{V}$$

式中 ρ_t——t℃下物质的密度，g/cm³ 或 g/mL；

m——物质的质量，g；

V——物质的体积，cm³ 或 mL。

物质的体积随温度的变化而改变（热胀冷缩），物质的密度也随之改变。因此同一物质在不同的温度下测得的密度是不同的，密度的表示必须注明温度，药典规定试剂的密度系指在 20℃ 时单位体积物质的质量，用 ρ 表示。若在其它温度下，则必须在 ρ 的右下角注明温度，即用 ρ_t 表示。

2. 韦氏天平

韦氏天平如图 3-1 所示，主要由支架、横梁、玻璃浮锤及骑码等组成。

天平横梁 5 用支架 1 支持在刀口 6 上，梁的两臂形状不同且不等长。长臂上刻有分度，末端有悬挂玻璃浮锤的挂钩 7，短臂末端有指针 3，当两臂平衡时，指针 3 应和固定指针 4 水平对齐。旋松支柱紧定螺钉 2，可使支柱上下移动。支柱的下部有一个水平调整螺钉 12，横梁的左侧有水平调节器，它们可用于调节天平在空气中的平衡。

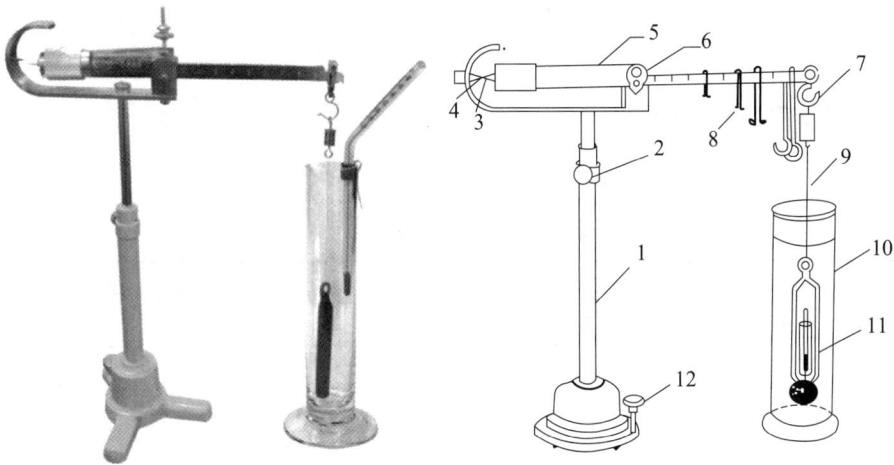

图 3-1 韦氏天平

1—支架；2—支柱紧定螺钉；3，4—指针；5—横梁；6—刀口；7—挂钩；
8—骑码；9—细白金丝；10—玻璃筒；11—浮锤；12—水平调整螺钉

天平附有两套骑码。最大的骑码的质量等于玻璃浮锤在 20℃ 的水中所排开水的质量（约 5g），其他骑码为最大骑码的 1/10、1/100、1/1000。各个骑码的读数方法参见表 3-6。

比如一号骑码在第 8 位上，二号骑码在第 7 位上，三号骑码在第 6 位上，四号骑码在第 3 位上，则读数为 0.8763，见图 3-2。

表 3-6　不同骑码在各个位置的读数

骑码放在各个位置上	一号骑码	二号骑码	三号骑码	四号骑码
放在第十位时则为	1	0.1	0.01	0.001
放在第九位时则为	0.9	0.09	0.009	0.0009
放在第八位时则为	0.8	0.08	0.008	0.0008
…	…	…	…	…
放在第一位时则为	0.1	0.01	0.001	0.0001

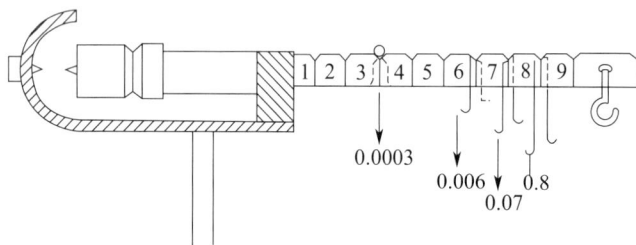

图 3-2　骑码读数法

韦氏天平应放置在固定平放的操作台上，避免受热、冷、气流及震动的影响。当要移动韦氏天平位置时，应把易于分离的零件、部件及横梁等拆卸分离，以免损坏刀口。

【评价考核】

乙醇的相对密度测定评分表

项目	内容	分值	得分
接收工作任务	明确工作任务,了解相对密度测定方法和种类	10	
收集信息	掌握药物的相对密度测定原理	5	
	掌握药物的相对密度测定方法和种类	5	
制订计划	按照乙醇的相对密度测定流程,制订合适的实验计划	5	
	能协同小组成员安排任务分工	5	
	能在实施过程中对试剂和仪器做一一了解	5	
实施计划	查阅药典和相关资料	10	
	找出乙醇的相对密度测定仪器组成	10	
	找出韦氏天平仪器使用方法	10	
	找出乙醇的相对密度测定的具体操作	10	
质量检查	操作过程规范,养成爱岗敬业、低碳环保的职业素养及遵守行业规范的良好习惯	10	
评价反馈	能对自身表现情况进行客观评价	10	
	在任务实施过程中发现自身问题	5	
总分		100	

1. 填空题

（1）密度的计算公式是：_____，m 表示_____，单位是_____；V 表示_____，单位是_____；ρ 表示_____，单位是_____。

（2）液体密度的测定方法有_____、_____、_____。

（3）测定易挥发液体的密度通常采用_____。

2. 单项选择题

（1）由密度的公式，可以判定对于同一种物质（　　）。

A. 密度是一样的　　　　　　　　　B. 体积越小，密度越大

C. 质量越大，密度越大　　　　　　D. 体积越大，密度越大

（2）关于密度的概念下列说法正确的是（　　）。

A. 同一种物质它的密度跟其质量成正比，跟其体积成反比

B. 把一铁块压成铁片，它们的密度就小了

C. 一种固体和一种液体，它们的质量相等，体积相等，则它们的密度也相等

D. 质量相等的两种物质，密度大的体积也大

（3）浮锤的金属丝折断后应用（　　）重新连接。

A. 任何金属丝　　　　　　　　　　B. 铂丝

C. 相同的金属丝　　　　　　　　　D. 细线

任务 3-3　甲硝唑的熔点测定

➲【情境描述】

　　甲硝唑，又名"灭滴灵"，化学名称为 2-甲基-5-硝基咪唑-1-乙醇。20 世纪 50 年代初，人们首次从链霉菌的粗提取物中发现甲硝唑，随后在 1963 年甲硝唑获得美国食品药品监督管理局（FDA）批准使用。1978 年，世界卫生组织将甲硝唑定为抗厌氧菌的基本药物，广泛用于治疗厌氧菌感染、妇科感染、菌血症、心内膜炎、骨和关节感染、中枢神经系统感染、呼吸道感染、皮肤感染和口腔牙齿感染等。甲硝唑在现代医学中仍然具有重要地位，用于治疗多种厌氧菌感染和原虫感染。因此，测定甲硝唑的药物纯度极其重要。

　　在标准大气压下，有机化合物的固态和液态呈平衡状态时的温度称为熔点。对于纯净的晶体物质，其熔点固定，在一定压力下，物质由固态转化为液态。熔点，是物质的一个重要物理常数。熔点测定是辨认物质本性的基本手段，也是纯度测定的重要方法之一。

➲【学习目标】

　　（1）掌握甲硝唑熔点测定的基本步骤和技巧。

　　（2）熟悉甲硝唑熔点范围及其稳定性。

　　（3）提高实验操作技能，增强对实验数据的分析和处理能力。

➲【任务分组】

班级		日期		组号		教师	
组长		组员					
任务 分工							

【信息获取】

问题1：查阅药典，熔点测定有几种方法？

问题2：测定甲硝唑熔点，需要准备哪些仪器和试剂？

问题3：根据熔点测定法，写出甲硝唑熔点测定流程。

【工作实施】

1. 测定原理

熔点是指物质在一定的大气压力下固态与液态处于平衡时的温度。固体物质熔点的测定通常是将晶体物质加热到一定温度时，晶体就开始由固态转变为液态，测定此时的温度就是该晶体物质的熔点。通过测定药物的熔点，我们可以判断物质的纯度和鉴别不同的有机化合物。

2. 仪器和药品准备（表3-7）

表3-7　实验操作仪器设备、试剂清单

主要仪器设备	分析天平(精度 0.01g)
	"b"型熔点测定管
	玻璃温度计(分浸型,具有 0.5℃刻度)
	毛细管(熔点管)
	缺口木塞
	玻璃管(40cm)
	铁夹
	表面皿
	酒精灯
	铁架台
药品试剂	甲硝唑原料药
	硅油或液体石蜡

3. 熔点测定

《中国药典》关于熔点测定总体分为三法。第一法，测定易粉碎的结晶性固体（如各种结晶型药物）；第二法，测定不易粉碎的固体药物（如脂肪、石蜡、羊毛脂等）；第三法，测定凡士林等或其他类似物质。本任务系采用熔点测定第一法中的传温液测定法（A法）。操作方法如下：

① 取适量甲硝唑，置于称量瓶，在105℃干燥，干燥后取出置干燥器中放冷

至室温。

② 点燃酒精灯，将毛细管一端加热封口。

③ 取干燥后的甲硝唑粉末放在干净的表面皿上聚成小堆。将毛细管开口垂直插入此小堆中并将样品挤入清洁干燥的毛细管中，反复数次，使少量样品进入熔点管。将熔点管在长玻璃管中自由下落，反复数次，使样品紧密堆积在熔点管的底部，高度约为 2～3mm。如图 3-3 为固定毛细管示意图。

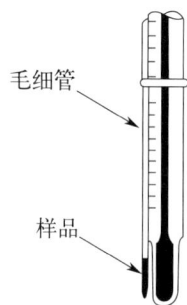

图 3-3　固定毛细管

④ 铁夹固定"b"型管，往"b"型管中加入液体石蜡或硅油，安装在铁架台上。将装有甲硝唑样品的熔点管固定在温度计上，用橡皮圈将温度计系在软木塞中，固定在"b"型管上。如图 3-4 所示。

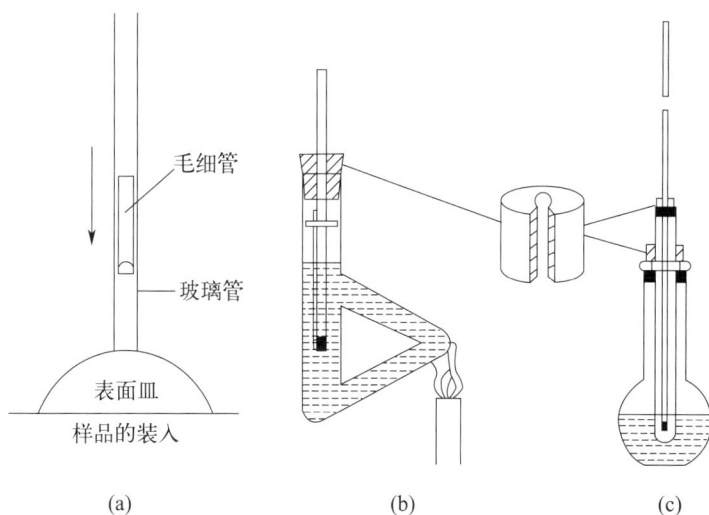

|(a)|(b)|(c)|

图 3-4　"b"型管装置图

⑤ 确保温度计汞球部与传温液充分接触，熔点管中的样品部分应位于汞球部中部。

⑥ 点燃酒精灯，加热"b"型管。观察并记录样品开始熔化和完全熔化的温度，即初熔点和终熔点。如图 3-5 熔点测定装置图。

4. 数据记录和结论

记录甲硝唑供试品在初熔至终熔时的温度，重复测定，取符合操作规范要求的至少 3 次测定数据，取其平均值（表 3-8）。

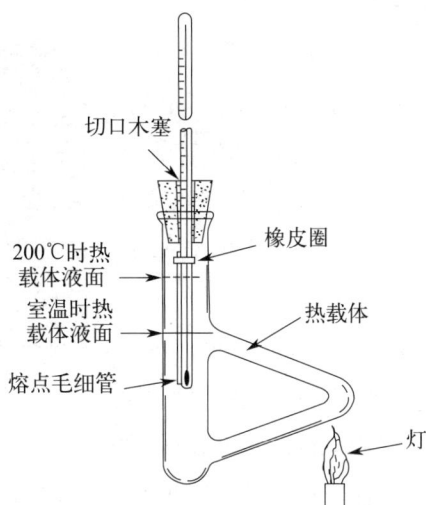

图 3-5　熔点测定装置图

表 3-8　甲硝唑熔点测定记录

检品名称：	检品批号：		
检验项目：	温度：　　　　　　湿度：		
检验依据			
测定方法	取本品_____g,依法检查(通则0612,第一法),测得样品第1次初熔_____℃,终熔_____℃;样品第2次初熔____℃,终熔____℃;样品第3次初熔____℃,终熔____℃		
检验结果	本品的熔点为_____℃		
标准规定	甲硝唑的熔点为_____℃		
结论	□符合规定　　　　　□不符合规定		
检验者	校对者	审核者	
日期	日期	日期	

→【相关知识】

1. 熔点

一般定义是晶体物质受热由固态转变为液态时的温度。严格定义应当是晶体物质在一定大气压下固-液平衡时的温度,此时固液共存,蒸气压相等。

① 初熔:系指供试品在毛细管内开始局部液化出现明显液滴时的温度。

② 终熔:系指供试品全部液化时的温度。

③ 熔距:系指初熔与终熔的温度差值。熔距值可反映供试品的化学纯度,当供试品存在多晶型现象时,在保证化学纯度的基础上,熔距值大小也可反映其晶型纯度。

④ 特点:a.操作正确时,纯品有固定的熔点,熔程不超过 0.5~1℃。b.混

有杂质时，熔点下降，熔距拉长。

2. 电热块空气加热法（B法）

系采用自动熔点仪（图3-6）的熔点测定法。自动熔点仪有两种测光方式，一种是透射光方式，一种是反射光方式，某些仪器兼具两种测光方式。大部分自动熔点仪可置多根毛细管同时测定。

操作方法：分取经干燥处理（同A法）的供试品适量，置熔点测定用毛细管（同A法）中；自动熔点仪加热块加热至较规定的熔点低限约低

图3-6　SGW-685全自动
熔点仪

10℃时，将装有供试品的毛细管插入加热块中，继续加热，调节升温速度上升 1.0～1.5℃/min，重复测定3次，取其平均值，即得。

测定熔融同时分解的供试品时，方法如上述，但调节升温速度上升 2.5～3.0℃/min。

遇有色粉末、熔融同时分解、固相消失不明显且生成分解物导致体积膨胀或含结晶水（或结晶溶剂）的供试品时，可适当调整仪器参数，提高判断熔点变化的准确性。当透射和反射测光方式受干扰明显时，可允许目视观察熔点变化；通过摄像系统记录熔化过程并进行追溯评估，必要时，测定结果的准确性需经A法验证。

自动熔点仪的温度示值要定期采用熔点标准品进行校正。必要时，供试品测定应随行采用标准品校正仪器。若对B法测定结果持有异议，应以A法测定结果为准。

3. 注意事项

① 当含有杂质时，会使熔点下降，熔程延长，因此熔点能一定程度反映样品纯度。

② 样品需要先经干燥后再测定熔点，干燥方法：a. 熔点≥135℃且受热不分解，105℃干燥；b. 熔点小于135℃或受热分解，使用干燥剂（如五氧化二磷）干燥过夜或其他适宜的干燥方法干燥；c. 熔融同时分解的供试品，用第一法，升温速度为2.5～3.0℃/min。

③ 供试品多为化学原料药，需要取细粉（全部通过5号筛，通过6号筛不少于95%）实验测定。

④ 样品应尽可能紧密集结在毛细管熔封端（样品中存在空气段时，会使受热不均一，也容易使结果误判），因此毛细管应在玻璃管中反复多次自由落体。

⑤ 通常药物熔点应记录初熔点和终熔点，熔距一般不超过2℃，熔融同时分

解的药物，一般将发生突变的温度作为熔点。

⑥ 熔点测定结果的数据应按标准规定的熔点或熔距范围进行修约。当其有效数字的定位为小数时，修约间隔以 0.5 进行修约，即 0.1～0.2℃舍去，0.3～0.7℃修约为 0.5℃，0.8～0.9℃修约为 1℃，并以修约后的数据报告；当其有效数字的定位为个位数时，则按修约间隔为 1 进行修约，即一次修约到标准规定的个位数。

⊃【评价考核】

甲硝唑熔点测定评分表

项目	内容	分值	得分
接收工作任务	明确工作任务,了解甲硝唑供试品的来源	10	
收集信息	掌握甲硝唑熔点测定的原理	5	
	掌握甲硝唑熔点测定装置的组成	5	
制订计划	按照通则 0612 项下,熔点测定第一法,制订合适的实验计划	5	
	能协同小组成员安排任务分工	5	
	能在任务实施过程中对试剂和仪器做一了解	5	
实施计划	查阅药典和相关资料	10	
	找出甲硝唑熔点测定检验程序的组成	10	
	找出甲硝唑熔点测定法	10	
	找出甲硝唑熔点测定具体操作	10	
质量检查	操作过程规范,养成爱岗敬业、低碳环保的职业素养及遵守行业规范的良好习惯	10	
评价反馈	能对自身表现情况进行客观评价	10	
	在任务实施过程中发现自身问题	5	
总分		100	

⊃【巩固提高】

单项选择题

（1）固体从开始熔化到完全熔化会有一个温度范围，称为（　　　）。

A. 熔距　　　　　　　B. 熔点　　　　　　　C. 熔化温度　　　　　D. 熔化相变

（2）传温液加热熔点仪的温度计应具有（　　　）℃的刻度。

A. 1　　　　　　　　B. 0.5　　　　　　　C. 15　　　　　　　　D. 2

（3）用于测量 80℃以下熔点的传温液是（　　　）。

A. 硅油　　　　　　　B. 液状石蜡　　　　　C. 水　　　　　　　　D. 乙醇

任务 3-4　葡萄糖的旋光度测定

【情境描述】

葡萄糖是自然界分布最广且最为重要的一种单糖。纯净的葡萄糖为无色晶体，有甜味但甜味不如蔗糖，植物可通过光合作用产生葡萄糖，葡萄糖在生物学领域具有重要地位，是活细胞的能量来源和新陈代谢中间产物，即生物的主要供能物质。近日，A市某大型制药厂购进一批次葡萄糖原料药，现需根据药品供应规范（GSP）质量管理体系要求进行抽检，检验该批次药品浓度，请同学们根据质量标准及检验操作流程进行浓度检测。

【学习目标】

（1）观察光的偏振现象，掌握对光偏振的认识。
（2）了解旋光仪的结构及测量原理。
（3）掌握旋光仪测定旋光液体浓度的方法。

【任务分组】

班级		日期		组号		教师	
组长		组员					
任务分工							

【信息获取】

问题1：查阅药典，何为旋光度？
问题2：进行葡萄糖的旋光度测定，需要准备哪些仪器和试剂？
问题3：根据旋光度测定法，写出葡萄糖的旋光度测定流程。

1. 原理

不对称碳原子（手性碳原子）具有光学活性，直线偏振光通过含有某些光学活性的药物液体时，能引起旋光现象。如图 3-7 所示。

葡萄糖水溶液的旋光性向右，属于右旋体，用"＋"表示。《中国药典》中规定葡萄糖的比旋度为 $+52.6°$ 至 $+53.2°$，即它能够使得平面偏振光的偏振面向右旋转 $52.6°\sim53.2°$。因此，采用旋光仪（图 3-8）对药物进行真伪鉴别及纯度检查。

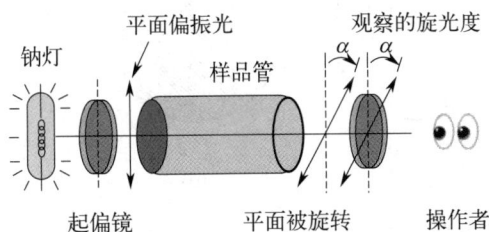

图 3-7　旋光现象示意图

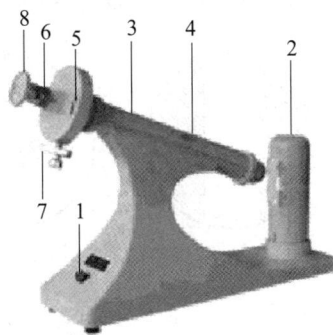

图 3-8　旋光仪外形图

1—电源开关；2—钠光源；3—镜筒；4—镜筒盖；
5—刻度游盘；6—视度调节螺旋；7—刻度盘转动
手轮；8—目镜

2. 仪器和药品准备（表 3-9）

表 3-9　实验操作仪器设备、试剂清单

主要仪器设备	电子天平(精度 0.0001g)
	圆盘旋光仪
	100mL 容量瓶
	50mL 烧杯
	胶头滴管
	玻璃棒
药品试剂	氨试液
	葡萄糖原料药($C_6H_{12}O_6 \cdot H_2O$)
	纯化水或注射用水

3. 操作方法

（1）供试液配制　取供试品约 10g，精密称定，置 50mL 烧杯中加适量制备用水搅拌溶解，转移至 100mL 容量瓶中，加入氨试液 0.2mL，用水稀释至刻度，摇匀，静置 10min，即得。

（2）测定方法　采用钠光谱的 D 线（589.3nm）测定旋光度，测定管长度为 1dm（如使用其他管长，应进行换算），测定温度为 20℃。用读数至 0.01 并经过检定的旋光计。

① 预热仪器。打开旋光仪，预热 10～20min。

② 校正零点。将测定管清洗干净，装上蒸馏水，使液面凸出管口，将玻璃盖沿管口边缘轻轻平推盖好防止气泡产生，如仍有少量气泡则小心移动旋光管将气泡赶至旋光管上侧的颈圈处（如图 3-9 所示），拧上螺丝帽；软布擦干测定管外壁，放入旋光仪内，盖上盖子；旋转旋钮，使视野内三部分区域亮度一致〔如图 3-10(c)〕时，记录读数。重复 3 次，取平均值。

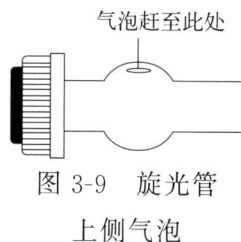

图 3-9　旋光管上侧气泡

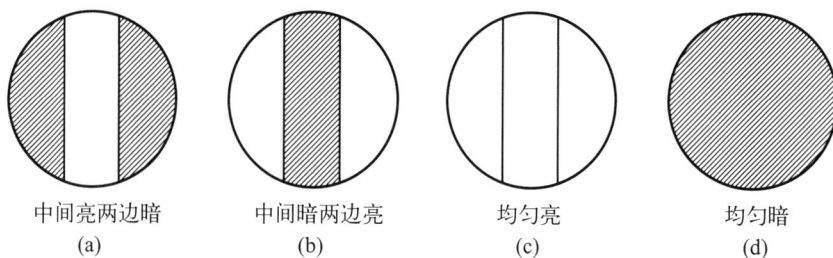

| 中间亮两边暗 | 中间暗两边亮 | 均匀亮 | 均匀暗 |
| (a) | (b) | (c) | (d) |

图 3-10　三分视场光强变化图

③ 比旋度测定。将旋光管用供试溶液冲洗数次，缓缓注入供试液体或溶液适量（注意勿使发生气泡，如产生气泡处理同上），置于旋光计内检测读数，即得供试液的旋光度。用同法读取旋光度 3 次，取 3 次的平均数，即得供试品的比旋度。

比旋度计算公式如下：

$$对固体供试品 [\alpha]_D^t = \frac{100\alpha}{lc}$$

$$对液体供试品 [\alpha]_D^t = \frac{\alpha}{ld}$$

式中，$[\alpha]$ 为比旋度；D 为钠光谱的 D 线；t 为测定时的温度，℃；l 为测定管长度，dm；α 为测得的旋光度；d 为液体的相对密度；c 为每 100mL 溶液中含有被测物质的重量（按干燥品或无水物计算），g。

4. 注意事项

① 旋光度测定一般应在溶液配制后 30min 内进行。

② 每次测定前应以溶剂作空白校正，测定后再校正一次，以确定零点是否有变动，如第二次校正时零点旋光度差值超过 ±0.01，则应重新测定旋光度。

③ 配制溶液及测定时，除另有规定外，均应调节温度至 20.0℃±0.5℃。

④ 供试的液体或固体物质的溶液应充分溶解，供试液应澄清。

⑤ 每份样品同法测定 3 次，取 3 次均值作为最终旋光度值。

⑥ 物质的旋光度与测定光源、测定波长、溶剂、浓度和温度等因素有关。因此，表明物质的旋光度应注明测定条件。

⑦ 当已知供试品具有外消旋作用或旋光转化现象，则应相应地采取措施，对样品制备的时间以及将溶液装入旋光管的间隔时间进行规定。

5. 数据记录与结论（表 3-10）

表 3-10 葡萄糖旋光度检验记录

检品名称：		检品编号：		
检验项目：		温度：		湿度：
使用仪器	天平型号：＿＿＿＿＿　　　编号：＿＿＿＿＿ 旋光仪型号：＿＿＿＿＿　　编号：＿＿＿＿＿			
测定方法	配制葡萄糖待测品浓度为＿＿＿g/mL，在＿＿＿nm 时，依法加入＿＿＿测定（通则 0621），在计算公式＿＿＿后，求得比旋度。			
检验结果	葡萄糖光程长度＿＿＿dm，旋光度为 1.＿＿＿；2.＿＿＿；3.＿＿＿；平均＿＿＿。			
标准规定	＋52.6°至＋53.2°			
结论	□ 符合规定　　　　□ 不符合规定			

◆【相关知识】

1. 旋光度

平面偏振光通过含有某些光学活性化合物的液体或溶液时，能引起旋光现象，使偏振光的平面向左或向右旋转。旋转的度数，称为旋光度。许多天然有机物都具有旋光性。由于旋光物质使偏振光振动面旋转时可以右旋，所以旋光物质又可分为右旋物质和左旋物质。使偏振光向右旋转者（顺时针方向）为右旋，以"＋"符号表示；使偏振光向左旋转者（逆时针方向）为左旋，以"－"符号表示。

2. 圆盘旋光仪

圆盘旋光仪主要由起偏镜和检偏镜两部分组成（图 3-11），起偏镜是由 Nicol 棱镜构成，使具有各向振动的可见光起偏振，它固定在仪器的前端。检偏镜用来测定光的偏振面的转动角度，由人造偏振片黏在两个防护玻璃中间，随刻度盘一起转动。测定时，通过转动检偏镜，使之出现三分视场，从而准确找到视场图，此刻旋光仪刻度盘上的读数就是被测物质的旋光度。如图 3-12 所示。

3. 自动旋光仪

（1）自动旋光仪的工作原理　基于旋光现象，即某些物质会使平面偏振光发生旋转。当待测溶液或固体样品放入旋光仪的样品室中时，平面偏振光在穿过样品时会发生旋转，这个旋转的角度即为旋光度。通过精确测量这个角度，可以进一步分析物质的浓度、含量、纯度等特征。广泛应用于药品、食品以及化工、石油等工业生产过程，并在科研、教学部门用于化验分析或过程质量控制。

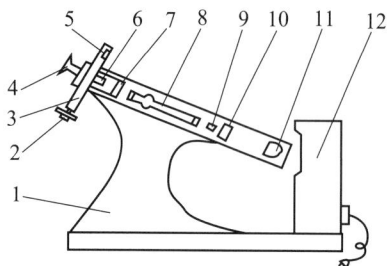

图 3-11　旋光仪构造示意图

1—底座；2—度盘调节手轮；3—刻度盘；4—目镜；

5—度盘游标；6—物镜；7—检偏片；8—测试管；

9—石英片；10—起偏片；11—会聚透镜；

12—钠光灯光源

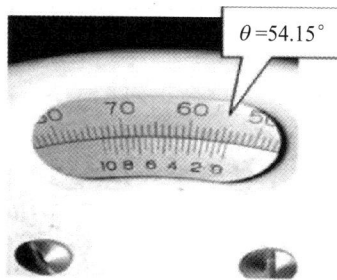

图 3-12　旋光仪读数图

常用的自动旋光仪须符合《中国药典》规定，使用读数至 0.01°且已检定的旋光仪，如图 3-13 所示。

图 3-13　WZZ-3 自动旋光仪

（2）WZZ-3 自动旋光仪操作规程

① 将旋光仪接于 220V 交流电源。开启电源开关，约 5min 后钠光灯发光正常，就可开始工作。

② 选择测量模式。点击测量模式显示框，选择"旋光度"。测量模式：a. 测旋光度时，白框内显示 α 及 α_{AV}，显示界面，需要选择试管长度，测量次数。脚标 AV 表示平均值。b. 测比旋度时，白框内显示 $[\alpha]$ 及 $[\alpha]_{AV}$，显示界面，需要选择试管长度，测量次数及溶液的浓度。脚标 AV 表示平均值。

③ 选择试管长度。点击试管长度显示框，根据所需规格选择三种试管长度：50mm，100mm，200mm。

④ 输入测量次数。点击测量次数显示框，测量次数可输入 1～6，输入其他

数值无效。

⑤ 将装有蒸馏水或其他空白溶剂的试管放入样品室，盖上箱盖，按"清零"键，显示"0.000"读数。试管中若有气泡，应先让气泡浮在凸颈处，通光面两端的雾状水滴，应用软布揩干。试管螺帽不宜旋得过紧，以免产生应力，影响读数。试管安放时应注意标记的位置和方向。

⑥ 取出试管，将待测样品替换原装有的溶剂，按相同的位置和方向放入样品室内，盖好箱盖。仪器将显示出该样品的旋光度（或相应示值）。

⑦ 仪器自动复测 n 次，得 n 个读数并显示平均值及均方差（$\sigma n-1$）值（$\sigma n-1$ 对 $n=6$ 有效）。如果 n 设定为 1，可用复测键手动复测，在 $n>1$，按"复测"键时，仪器将重新测试。

⑧ 如样品超过测量范围，仪器在 $\pm45°$ 处来回振荡。此时，取出试管，仪器即自动转回零位。此时可稀释样品后重测。

⑨ 每次测量前，请按"清零"键。

⑩ 仪器使用完毕后，关闭电源开关。

○【评价考核】

葡萄糖旋光度测定评分表

项目	内容	分值	得分
接收工作任务	明确工作任务，了解甲硝唑供试品的来源	10	
收集信息	掌握旋光度测定的原理	5	
	掌握旋光仪装置的组成	5	
制订计划	按照通则 0621 项下，旋光度测定法，制订合适的实验计划	5	
	能协同小组成员安排任务分工	5	
	能在任务实施过程中对试剂和仪器做一了解	5	
实施计划	查阅药典和相关资料	10	
	找出葡萄糖旋光度测定检验程序的组成	10	
	找出葡萄糖的旋光度测定法	10	
	找出葡萄糖的旋光度测定具体操作	10	
质量检查	操作过程规范，养成爱岗敬业、低碳环保的职业素养及遵守行业规范的良好习惯	10	
评价反馈	能对自身表现情况进行客观评价	10	
	在任务实施过程中发现自身问题	5	
总分		100	

1. 单项选择题

（1）根据《中国药典》，测定旋光度时，除另有规定外，测定温度为（ ）。

A. 40℃　　　　B. 30℃　　　　C. 20℃　　　　D. 10℃　　　　E. 0℃

（2）旋光法测定的药物应具有（ ）。

A. 手性碳原子　　　　　　B. 共轭体系　　　　　　C. 立体结构

D. 氢键　　　　　　　　　E. 苯环结构

（3）测定比旋度的公式中 l 的单位是（ ）。

A. nm　　　　B. mm　　　　C. cm　　　　D. dm　　　　E. m

（4）称取葡萄糖 10.00g，加水溶解并稀释至 100.0mL，于 20℃用 2dm 测定管，测得溶液的旋光度为 +10.6°，此葡萄糖的比旋度为（ ）。

A. 53.0°　　　B. −53.0°　　　C. 0.53°　　　D. +106°　　　E. +53.0°

（5）旋光度的符号是（ ）。

A. ［α］　　　B. n　　　C. d　　　D. mp　　　E. $α$

（6）旋光度测定时，所用光源是（ ）。

A. 氢灯　　　B. 汞灯　　　C. 钠光的 D 线（589，3nm）

D. 254nm　　　E. 365nm

（7）偏振光旋转的角度称为（ ）。

A. 折射　　　B. 黏度　　　C. 荧光　　　D. 旋光度　　　E. 相对密度

（8）比旋度计算公式中 c 的单位是（ ）。

A. g/mL　　　B. mg/mL　　　C. 100mg/L　　　D. g/100mL　　　E. mg/100mL

2. 思考题

（1）旋光度的测定具有什么实际意义？

（2）物质的比旋度与哪些因素有关？

👁 历史故事

阿基米德的皇冠

相传古希腊的国王二世让工匠用一千克纯金做了一顶金皇冠。做好后，国王疑心工匠在金冠中掺了假，但这顶金冠确与当初交给金匠的纯金一样重，到底工匠有没有搞鬼呢？既想检验真假，又不能破坏皇冠，于是，国王请来阿基米德检验。

最初，阿基米德也是冥思苦想。他思考该如何测量皇冠的密度，密度是质量和体积的比值，质量可以用天平称出来，但体积怎么办呢？皇冠的形状太复杂了，不能用几何公式计算出来。有一天，他去澡堂洗澡，当他坐进澡盆里时，感到身体被轻轻托起，水往外溢，当他离开澡盆时，发现水位下降了。他意识到可以通过测定固体在水中的排水量，来确定固体的体积。他兴奋地跳出澡盆，连衣服都顾不得穿就跑了出去，大声喊着"尤里卡！尤里卡！"。（尤里卡，意思是"我知道了"）

　　阿基米德回到实验室后，先用天平称出一千克纯金和皇冠各自的质量，然后把两个物体分别放入盛满水的容器中，并测量溢出来的水量，结果发现：一千克纯金排出来的水比皇冠少，这说明皇冠比纯金密度小，也就是说它不是纯金制成的。

　　他来到王宫，在国王面前重复了实验过程，并证明皇冠里掺进了其他金属。

　　这次试验的意义远远大过查出金匠欺骗国王，阿基米德从中发现了浮力定律：物体在液体中所获得的浮力，等于它所排出液体的重量。一直到现代，人们还在利用这个原理计算物体比重和测定船舶载重等。

药物的性状检查与物理常数测定

药物的性状检查

- 葡萄糖原料药外观观测
  - 1.原理　通过聚集状态、色、臭和味直观了解原料药性状观测
  - 2.仪器和试剂
    - ①分析天平、称量纸、表面皿、烧杯
    - ②乙醇、葡萄糖原料药
  - 3.操作　称取供试品→观察颜色→判断臭味→外观检查→填写记录
  - 4.性状　为无色结晶或白色结晶型或颗粒性粉末；无臭，味甜
- 葡萄糖原料药溶解度检查
  - 1.原理　观测葡萄糖原料药在不同溶剂中的溶解性
  - 2.仪器和试剂
    - ①分析天平恒温水浴锅、量筒、试管、烧杯
    - ②乙醇、葡萄糖原料药
  - 3.操作　称取供试品→研磨→取样→溶解→观察溶解情况→记录数据→填写结论
  - 4.结论　在水中易溶，在乙醇中微溶

药物的物理常数测定

- 乙醇的相对密度测定
  - 1.测定原理　一定体积的物体，在不同液体中所受的浮力与该液体的相对密度成正比
  - 2.仪器和试剂
    - ①韦氏天平、电吹风、恒温水浴锅
    - ②乙醇、乙醚或丙酮
  - 3.操作　安装天平→校准→试样测定→结果计算
  - 4.性状　不大于0.8129
- 甲硝唑的熔点测定
  - 1.原理　物质在大气压力下固态与液态处于平衡时的温度
  - 2.仪器和试剂
    - ①分析天平、b型熔点测定管、玻璃温度计、毛细管(熔点管)等
    - ②甲硝唑片、硅油或液体石蜡
  - 3.操作　样品准备→装置搭建→加热升温→观察记录→计算平均值→记录数据→填写结论
  - 4.性状　在159～163℃
- 葡萄糖的旋光度测定
  - 1.原理　直线偏振光通过含有某些光学活性的药物液体时，引起旋光现象
  - 2.仪器和试剂
    - ①电子天平、圆盘旋光仪、容量瓶、胶头滴管、烧杯、玻璃棒
    - ②氨试液、葡萄糖原料药
  - 3.操作
    - ①制备供试液
    - ②旋光仪校准→测定待测液→计算比旋光度
    - ③结论
  - 4.性状　为+52.6°～+53.2°

模块四

药物的鉴别

任务 4-1　阿司匹林的化学鉴别

【情境描述】

2018 年 5 月，某市食品药品稽查支队根据一位 70 岁脑梗死病史患者的举报，联合市公安局治安支队破获了一起特大制售假阿司匹林案。此案涉案价值超过 1000 多万元，涉案的阿司匹林经检测药物含量为 0。阿司匹林在医药领域广泛应用，如预防和治疗心脑血管疾病、缓解疼痛等，因此鉴别阿司匹林真伪成为质量检测中重要的内容。在日常生活中如何判断一种药品是否为阿司匹林呢？

【学习目标】

（1）掌握阿司匹林化学鉴别的常用方法、反应原理及操作要点。

（2）熟悉阿司匹林的化学结构与鉴别方法的联系。

（3）掌握化学实验操作的基本技能，能够准确配制试剂、正确操作实验并记录实验结果。

（4）提高分析解决实际问题的能力，学会鉴别阿司匹林的方法。

（5）激发学生对药物鉴别的兴趣，培养学生严谨的科学态度和实事求是的精神。

【任务分组】

班级		日期		组号		教师	
组长		组员					
任务分工							

问题 1：查阅药典，阿司匹林化学鉴别的意义是什么？

问题 2：阿司匹林化学鉴别，包括哪些方法？

问题 3：根据三氯化铁试验，写出化学鉴别流程。

问题 4：碳酸钠试验如何鉴别阿司匹林真伪？

【工作实施】

1. 鉴别原理

（1）三氯化铁反应　阿司匹林水解后能产生酚羟基，可在中性或弱酸性条件下，与三氯化铁试液反应，生成紫堇色铁配位化合物。

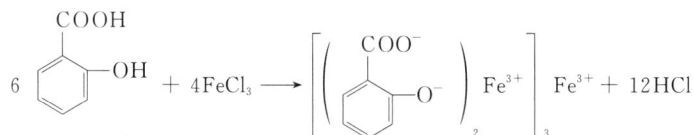

$$6\left[\begin{array}{c}COOH\\ OH\end{array}\right] + 4FeCl_3 \longrightarrow \left[\left(\begin{array}{c}COO^-\\ O^-\end{array}\right)_2 Fe^{3+}\right]_3 Fe^{3+} + 12HCl$$

（2）水解反应　阿司匹林与碳酸钠试液加热水解，得水杨酸钠及醋酸钠，放冷，加过量稀硫酸酸化后，析出白色水杨酸沉淀，并产生醋酸的臭气。

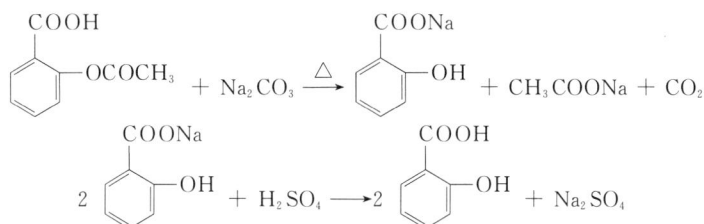

$$\left[\begin{array}{c}COOH\\ OCOCH_3\end{array}\right] + Na_2CO_3 \xrightarrow{\triangle} \left[\begin{array}{c}COONa\\ OH\end{array}\right] + CH_3COONa + CO_2$$

$$2\left[\begin{array}{c}COONa\\ OH\end{array}\right] + H_2SO_4 \longrightarrow 2\left[\begin{array}{c}COOH\\ OH\end{array}\right] + Na_2SO_4$$

2. 仪器和药品准备（表 4-1）

表 4-1　实验操作仪器设备、试剂清单

主要仪器设备	电子天平(精度 0.0001g、0.01g)
	量瓶(1000mL、100mL)
	烧杯、锥形瓶、移液管等
药品试剂	阿司匹林原料药
	碳酸钠溶液 0.1mol/L、三氯化铁试液 9g/100mL
	硫酸溶液 0.05mol/L

3. 操作方法

（1）三氯化铁试验　取阿司匹林 0.1g，加水 10mL，煮沸，放冷。加入三氯化铁试液 1 滴，观察颜色变化。

（2）碳酸钠试验　取阿司匹林 0.5g，加碳酸钠试液 10mL，煮沸 2min 后，放冷。加入过量的稀硫酸，观察是否有白色沉淀和醋酸臭气。

4. 数据记录

记录实验时的室温、取样量、反应现象（表 4-2）。

表 4-2　阿司匹林的化学鉴别记录

检品名称：		检品编号：	
检验项目：		温度：　　　　　湿度：	
使用仪器	电子天平　型号：　　　编号：		
测定方法	①三氯化铁试验：取阿司匹林＿＿＿＿＿g，加水 10mL，煮沸，放冷。加入三氯化铁试液 1 滴，观察颜色变化； ②碳酸钠试验：取阿司匹林＿＿＿＿＿g，加碳酸钠试液 10mL，煮沸 2min 后，放冷。加入过量的稀硫酸，观察是否有白色沉淀和醋酸臭气		
检验结果	①三氯化铁试验显＿＿＿＿＿；②碳酸钠试验有＿＿＿＿＿＿和＿＿＿＿＿产生		
标准规定	①三氯化铁试验应显紫堇色；②碳酸钠试验应有白色沉淀和醋酸臭气产生		
结论	□ 符合规定　　　□ 不符合规定		

⊃【相关知识】

1. 鉴别概述

药物的鉴别是依据药物的组成、结构与性质，通过化学反应、仪器分析或测定物理常数来判断药物的真伪。鉴别是药品检验工作中的首项任务，只有在药品鉴别无误的前提下，做药物的检查和含量测定等工作才有意义。《中国药典》中鉴别项下所列的试验，只是用于判断包装里的药物是否为标签上所标示的药物，不能用于对未知物的鉴定。主要包括化学鉴别法、光谱鉴别法、色谱鉴别法和生物学鉴别法等。每种方法都不能完全反映药物的性质和结构，所以通常一种药物的鉴别需要 2～4 种分析方法综合用于判断。对于原料药的鉴别，还应结合性状项下的规定进行确认。

2. 化学鉴别法

化学鉴别法是根据物质的化学性质，通过化学反应产生的不同现象来对物质进行鉴别的方法。

化学鉴别法主要有一般鉴别试验和专属鉴别试验，如维生素 B_1 的硫色素反应就属于专属鉴别试验。

（1）一般鉴别试验　药物的一般鉴别试验是根据药物与化学试剂在一定条件下发生离子反应或官能团反应，产生不同颜色、生成不同沉淀、放出不同气体、呈现不同荧光等现象，从而做出定性分析结论。

（2）专属鉴别试验　药物的专属鉴别试验是证实某一种药物的依据，它是根据每一种药物的结构特点和理化特性不同，选用某些特有的、灵敏的定性反应，来鉴别药物的真伪。如巴比妥类药物含有丙二酰脲母核，主要的区别在于5位取代基和2位取代基的不同，苯巴比妥含有苯环，司可巴比妥含有双键，硫喷妥钠含有硫原子，可根据这些取代基的性质，采用各自的专属反应进行鉴别。

【评价考核】

阿司匹林的化学鉴别评分表

项目	内容	分值	得分
接收工作任务	明确工作任务，了解阿司匹林的用途和特征	10	
收集信息	掌握阿司匹林化学鉴别常用方法、反应原理	5	
	掌握阿司匹林化学鉴别的操作要点	5	
制订计划	按照阿司匹林化学鉴别流程，制订合适的实验计划	5	
	能协同小组成员安排任务分工	5	
	能在实施过程中对试剂和仪器逐一了解	5	
实施计划	查阅药典和相关资料	10	
	找出阿司匹林化学鉴别程序的要点	10	
	准确配制试剂、正确操作实验	10	
	鉴别阿司匹林的真伪	10	
质量检查	操作过程规范，养成爱岗敬业、低碳环保的职业素养及遵守行业规范的良好习惯	10	
评价反馈	能对自身表现情况进行客观评价	10	
	在实验实施过程中发现自身问题	5	
总分		100	

【巩固提高】

1. 单项选择题

阿司匹林在哪种溶剂中易溶？（　　　）

A. 水　　　　　　　B. 乙醇　　　　　　C. 乙醚　　　　　　D. 氯仿

2. 思考题

阿司匹林加水煮沸、放冷后，加入三氯化铁试液1滴，会有什么现象？试解释原因。

任务 4-2 维生素 C 的红外光谱鉴别

【情境描述】

维生素 C，也称作抗坏血酸，是一种重要的水溶性维生素，具有治疗坏血病、提高免疫力等对人体健康重要的作用。《中国药典》规定维生素 C 采用红外分光光度法（溴化钾压片）和化学鉴别法进行定性鉴别。

【学习目标】

（1）理解红外分光光度法鉴别的原理。

（2）掌握红外光谱鉴别维生素 C 的操作步骤。

（3）学会解析维生素 C 的红外光谱图。

（4）培养学生的团队协作意识及严谨的科学态度。

【任务分组】

班级		日期		组号		教师	
组长		组员					
任务分工							

【信息获取】

问题 1：查阅药典，维生素 C 的鉴别有哪些方法？

问题 2：根据红外分光光度法的基本原理，分析维生素 C 具有哪些红外吸收的官能团？

问题 3：红外分光光度法鉴别维生素 C 需要准备哪些仪器和试剂？

问题 4：如何分析维生素 C 的红外谱图？

1. 仪器和药品准备（表 4-3）

表 4-3　实验操作仪器设备、试剂清单

主要仪器设备	红外分光光度计
	分析天平
药品试剂	KBr(光谱纯)
	维生素 C 原料药

2. 操作方法

（1）样品处理（KBr 压片法）　首先是样品处理方法，常采用 KBr 压片法。取约 2mg 的维生素 C，加入干燥的 KBr 适量（约 100～200mg），置玛瑙研钵中研细。将研好的细粉放入压片模具的下压头中，手压并旋转上压头使细粉均匀铺平。然后将模具放在压片机工作台中心，旋紧压片机丝杠，摇动手柄十余次，加压至 8～10t（压力表读数在 12.5～15.6MPa），保持压力 1～2min 即可。最后旋松压片机丝杠，取出压好的样品片。同法制备空白片。

（2）红外扫描操作　①开机：首先打开仪器电源，稳定半小时，使得仪器能量达到最佳状态，设置参数。

②放样：将已压好的 KBr 空白片及样品片分别放入样品室内，盖好盖子。放入空白片和样品片是为了分别测定背景和样品的红外光谱，通过扣除背景光谱可以消除仪器和环境带来的干扰因素，得到更为准确的样品的红外吸收光谱。

3. 数据记录

记录维生素 C 样品与对照品图谱，标注谱图的特征峰（表 4-4）。

表 4-4　维生素 C 的红外光谱鉴别记录

检品名称：	检品编号：	
检验项目：	温度：　　　　湿度：	
使用仪器	红外分光光度计型号：　　　编号：	
测定方法	取约＿＿＿mg 的维生素 C 样品,采用 KBr 压片法,制得样品片;同法制得空白片;分别进行红外光谱扫描	
检验结果	样品图谱与对照品的图谱(光谱集 450 图)比较,＿＿＿＿＿	
标准规定	样品图谱与对照品的图谱(光谱集 450 图)比较,应一致	
结论	□ 符合规定　　　□ 不符合规定	

4. 结果判断

将制备好的图谱与对照的图谱（光谱集 450 图）比较（图 4-1），应一致。

中文名：维生素C

英文名：Vitamin C
(Ascorbic Acid)

分子式：$C_6H_8O_6$

试样制备：KBr压片法

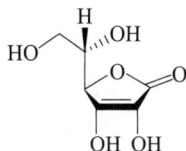

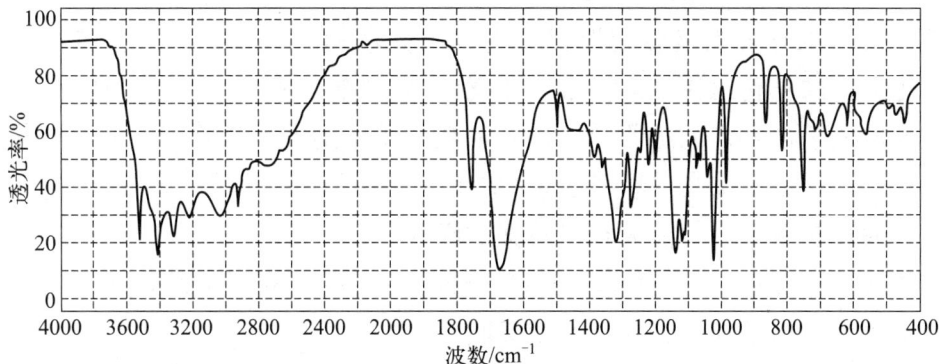

光谱号　450　(No.450)

图 4-1　《药品红外光谱集》—450 图（维生素 C）

⟶【相关知识】

1. 红外光谱鉴别的原理

红外光谱仪工作原理是基于分子振动能级的跃迁，当分子受到红外光照射时，分子中的化学键会吸收特定波长的红外光，导致分子振动能级的跃迁。红外光谱仪主要由光源、干涉仪、样品池、探测器以及计算机数据处理系统等部分组成。光源发射出稳定、高强度、连续波长的红外光，这些红外光经过干涉仪调整之后得到干涉光，干涉光再通过样品池中的样品。样品分子如果某个基团的振动频率与照射的红外线频率相同，便会产生共振，从而吸收一定频率的红外线。探测器将含有光谱信息的干涉信号变为电信号，这些信号经过计算机进行傅里叶变换的快速计算，最终获得以波数为横坐标的红外光谱图，即分子的振动光谱图。不同的化学键或官能团在红外光谱中有特定的吸收频率，就像人的指纹一样独一无二。通过分析振动光谱图，可以了解分子的结构和化学组成。

2. 红外光谱鉴别维生素 C 的原理

红外光谱仪常被用于物质的定性和定量分析。采用红外光谱法对维生素 C

进行鉴别，基于维生素 C 的红外吸收光谱特征。《中国药典》采用红外光谱法对维生素 C 进行鉴别，利用其特定的红外吸收光谱特征来确认维生素 C 的身份，这种方法专属性强、快速、简便，且抗干扰能力强，无需对样品进行特别处理，广泛用于原料药的定性鉴别。

红外压片中用到的 KBr 起到稀释样品和作为红外光透明介质的作用，使得红外光能够顺利透过样品进行检测，并且 KBr 在红外光谱的大部分区域没有吸收峰，不会干扰维生素 C 的红外吸收。

3. 维生素 C 的红外光谱特征

维生素 C 的红外光谱鉴别涉及特定波数区域的吸收特征，这些特征可以帮助确认化合物的身份（图 4-2）。根据搜索结果，维生素 C 的红外吸收光谱在不同波数区域显示出特定的吸收峰，这些信息对于鉴别维生素 C 至关重要：

① $3200\sim3600\text{cm}^{-1}$：这一区域对应于 O—H 键的伸缩振动，通常与醇羟基或酚羟基的吸收有关，可能表现出较强的吸收。

② $1700\sim1650\text{cm}^{-1}$：这是 C═O（羧基）的伸缩振动区域，对于维生素 C 而言，主要由于内酯环的存在而产生吸收。

③ $1400\sim1200\text{cm}^{-1}$：此区域涉及 C—O—C（醚键）和 C═C（共轭体系）的振动，也可能有吸收。

④ $1000\sim800\text{cm}^{-1}$：这个区域可能是 C—OH（醇羟基）的弯曲振动以及 C—C/C—O 等的振动。

具体的吸收强度、位置和形状可能会受到样品纯度、浓度、环境条件等因素的影响。实际分析中，通常使用标准品和专业的红外光谱仪进行测量，以确保结果的准确性。

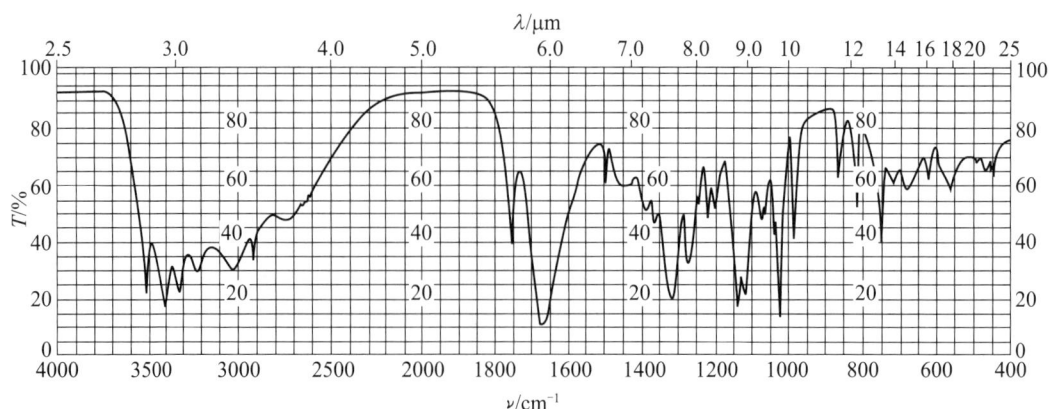

图 4-2　维生素 C 红外光谱图

维生素 C 的红外光谱鉴别评分表

项目	内容	分值	得分
接收工作任务	明确工作任务,了解红外光谱的鉴别原理和特点	10	
收集信息	掌握维生素 C 的红外光谱鉴别应用原理	5	
	掌握维生素 C 的红外光谱鉴别的操作要点	5	
制订计划	按照维生素 C 的红外光谱鉴别流程,制订合适的实验计划	5	
	能协同小组成员安排任务分工	5	
	能在实施过程中对试剂和仪器做一了解	5	
实施计划	查阅药典和相关资料	10	
	找出维生素 C 的红外光谱鉴别程序的要点	10	
	准确配制试剂、正确操作实验	10	
	鉴别维生素 C 的真伪	10	
质量检查	操作过程规范,养成爱岗敬业、低碳环保的职业素养及遵守行业规范的良好习惯	10	
评价反馈	能对自身表现情况进行客观评价	10	
	在实验实施过程中发现自身问题	5	
总分		100	

➲【巩固提高】

单项选择题

(1) 维生素 C 红外图谱中各特征峰的归属为 C $=$ O(羰基)的是哪一项?
(   )

    A. $1050cm^{-1}$,$1140cm^{-1}$ B. $1670cm^{-1}$

    C. $3700\sim2300cm^{-1}$ D. $900cm^{-1}$

(2) 维生素 C 红外吸收光谱中产生特征吸收峰的波数为 C—OH(醇羟基)的是哪一项?(   )

    A. $3700\sim2300cm^{-1}$ B. $1670cm^{-1}$

    C. $1270cm^{-1}$,$1320cm^{-1}$ D. $1050cm^{-1}$,$750cm^{-1}$

任务 4-3　布洛芬的紫外光谱鉴别

【情境描述】

　　布洛芬作为一种常见的非处方药，因其抗炎、解痛、退热的作用而被广泛使用。2015 年至 2017 年，中国疾病预防控制中心发布的数据显示，至少有 3 万名儿童因服用布洛芬不当出现不良反应。根据市场需求而开发出来适宜儿童服用的混悬液剂型，进一步丰富了布洛芬的剂型类别。在《中国药典》中，不同剂型的布洛芬有着明确的标准规定，针对儿童的布洛芬混悬液、滴剂等剂型在规格、外观、鉴别、检查、含量测定等每一个方面都有细致的规定来确保儿童用药的有效性和安全性；药典中规定的布洛芬鉴别方法，如紫外-可见分光光度法，能够有效鉴别出布洛芬原料药及其制剂的真实性，确保药物的质量符合标准。这对于保证药品的安全性和有效性至关重要。

【学习目标】

　　(1) 能够理解紫外光谱鉴别的意义。
　　(2) 能够查阅《中国药典》，找到布洛芬的鉴别并能完成鉴别操作。
　　(3) 能够对鉴别结果进行正确的判断，并规范填写检验记录。

【任务分组】

班级		日期		组号		教师	
组长		组员					
任务分工							

【信息获取】

　　问题 1：查阅药典，鉴别布洛芬有哪些方法？
　　问题 2：查阅药典，紫外光谱法鉴别药物的意义是什么？
　　问题 3：布洛芬的紫外光谱鉴别，需要准备哪些仪器和试剂？

问题 4：如何判断紫外光谱鉴别结果是否符合规定？

问题 5：布洛芬的紫外光谱鉴别操作过程有哪些注意事项？

【工作实施】

1. 紫外光谱鉴别布洛芬原理

布洛芬属于芳基丙酸类药物，具有典型的紫外吸收特征。在紫外光谱中，布洛芬在 265nm 与 273nm 的波长处有最大吸收，在 245nm 与 271nm 的波长处有最小吸收，在 259nm 的波长处有一肩峰，可用于其鉴别分析。

紫外-可见分光光度法是基于分子对紫外-可见光谱区（190~800nm）的电磁辐射的吸收特性而建立的方法。布洛芬分子结构中含有苯环等不饱和结构，根据分子轨道理论，苯环上的 π 电子云在受到紫外光照射时，会发生从基态到激发态的跃迁，这些跃迁需要吸收特定波长的紫外光能量，从而产生特征吸收光谱。

2. 仪器和药品准备（表 4-5）

表 4-5　实验操作仪器设备、试剂清单

主要仪器设备	电子天平(精度 0.001g)
	容量瓶(100mL)、烧杯、移液管等
药品与试剂	布洛芬原料药
	0.4%氢氧化钠溶液

3. 操作方法

（1）实验前的准备步骤

① 仪器预热：开机预热仪器，使紫外-可见分光光度计达到稳定的工作状态。

② 参数设置：光度模式选择（Abs 模式），选择 Abs 模式可直接获得溶液对特定波长光的吸收程度数据，便于后续与标准数据对比。

③ 扫描速度调整为中速：选择适中的扫描速度是为了平衡测量效率和数据准确性。

④ 采样间隔为 1nm：保证采集到足够密集的吸光度数据点，精确地描绘出布洛芬的吸收光谱曲线形状、分辨吸收峰和肩峰等详细特征信息。

⑤ 设定波长范围（220~600nm）：布洛芬的特征吸收主要集中在 220~600nm 之间，波长涵盖目标区域，确保能够全面捕捉到特征吸收峰。

⑥ 设置纵坐标范围（0~1）：根据吸光度的合理测量区间来设定。

⑦ 暗电流校正：在放入黑色挡块后进行暗电流校正。

（2）制备参比溶液　准备 0.4%氢氧化钠试液作参比溶液。使用分析天平称取 4g 氢氧化钠固体加到含有约 1000mL 蒸馏水的烧杯中，同时用玻璃棒搅拌，直至完全溶解，即得。

（3）制备布洛芬待测液　精密称取布洛芬 0.25g 于 100mL 容量瓶中，并用 0.4％氢氧化钠溶液稀释至刻度线，摇匀。精密量取 10mL，置于 100mL 容量瓶中，用 0.4％氢氧化钠溶液稀释至刻度线，摇匀，得到 0.25mg/mL 的布洛芬待测液。

（4）基线校正　将盛有 0.4％氢氧化钠试液的比色皿置于样品池中，按 "A/Z" 键进行基线校正。

（5）光谱扫描　校正完成后，将盛有待测布洛芬溶液的比色皿置于样品池中，按 "start/stop" 键进行光谱扫描。

（6）设置阈值进行峰值搜寻　测量结束后，设置阈值对曲线进行峰值搜寻。精确地找到最大吸收波长、最小吸收波长和肩峰等特征参数，与药典规定的标准值进行比对，准确判断样品的真伪。

4. 数据记录和结论（表 4-6）

表 4-6　布洛芬的紫外光谱鉴别记录

检品名称：		检品编号：	
检验项目：		温度：　　　　　湿度：	
使用仪器	电子天平　型号：　　　　编号： 紫外-可见分光光度计　型号：　　编号：		
测定方法			
参比溶液			
溶剂			
待测液的制备			
扫描范围			
检验结果	特征吸收波长/nm		相应吸光度
	最大吸收波长/nm		
	最小吸收波长/nm		
	肩峰的波长/nm		
标准规定	在 265nm±2nm 与 273nm±2nm 的波长处有最大吸收，在 245nm±2nm 与 271nm±2nm 的波长处有最小吸收，在 259nm±2nm 的波长处有一肩峰		
结论	□ 符合规定　　　□ 不符合规定		

注：请附光谱图。

⊃【相关知识】

1. 紫外-可见分光光度法的基本原理

紫外-可见分光光度法利用了物质分子在紫外光区吸收特定波长光的能量，导致分子内部电子能级跃迁的特性。每种物质由于其独特的分子结构，会表现出特定的吸收光谱曲线，这些曲线包括特征吸收峰的位置（如最大吸收波长 λ_{max}）和相对强度。通过比较未知样品的吸收光谱与已知标准物质的吸收光谱，可以实现物质的鉴别。

紫外-可见分光光度法（吸收光度法）所依据的基本定律是 Lambert-Beer 定律，它描述了溶液的吸光度与溶液的浓度、光的波长以及吸收层厚度之间的关系。根据定律，吸光度与浓度和光路长度之间的正确关系式是：

$$A = -\lg T = Ecl$$

式中，A 为吸光度；T 为透光率；E 为吸收系数，L/(mol·cm)；c 为溶液浓度，mol/L；l 为光路长度，cm。为了获得良好的实验结果，供试品溶液的浓度应使吸光度的范围控制在 $0.3 \sim 0.7$ 之间。

2. 紫外-可见分光光度法在药物鉴别中的应用

紫外-可见分光光度法用于药物的鉴别时应该综合考虑吸收光谱的形状、吸收峰的数目及其相应的吸收系数等特征数据，而不是比较主要峰、谷的吸光度。

在药典中，布洛芬采用药物紫外-可见分光光度法来鉴别药物的真伪和纯度。通过其在紫外区的特征吸收峰来进行鉴别。布洛芬药物分子具有特定的化学结构，在紫外光照射下，其内部电子会发生能级跃迁，并对特定波长的紫外光产生特征性的吸收。通过比较待测布洛芬溶液与已知标准布洛芬溶液的紫外吸收光谱形状、特征吸收峰的位置和相对强度等是否一致，来鉴别布洛芬的真伪。

如图 4-3 所示，依据特征吸收参数鉴别布洛芬。最大吸收波长（λ_{max}）：在 265nm 与 273nm 波长处有最大吸收，是布洛芬分子的电子跃迁所对应的特定能量差体现。最小吸收波长（λ_{min}）：在 245nm 与 271nm 波长处布洛芬有最小吸收，反映了布洛芬分子结构的特性。肩峰（λ_{sh}）：在 259nm 波长处有一肩峰，肩峰可以辅助鉴别布洛芬，丰富了特征性吸收情况的判断依据。

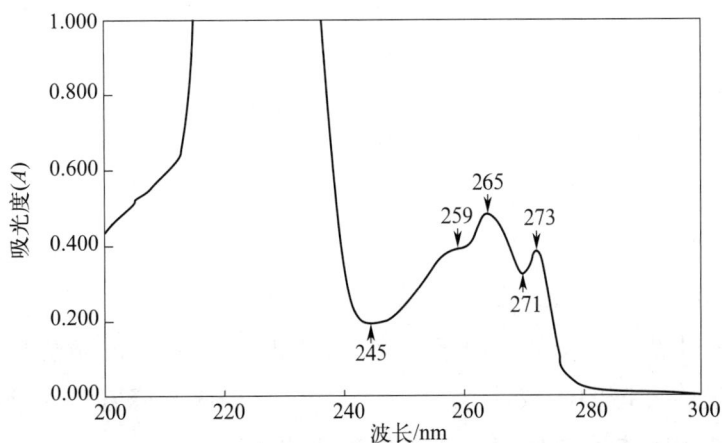

图 4-3　布洛芬紫外吸收光谱图

布洛芬的紫外光谱鉴别评分表

项目	内容	分值	得分
接收工作任务	明确工作任务,了解紫外光谱鉴别	10	
收集信息	掌握紫外光谱鉴别操作	5	
	掌握紫外光谱鉴别所需仪器、耗材、试剂	5	
制订计划	按照中国药典要求,制订合适的实验计划	5	
	能协同小组成员安排任务分工	5	
	能在任务实施过程中对试剂和仪器做一定了解	5	
实施计划	查阅药典和相关资料	10	
	找出布洛芬紫外光谱鉴别操作流程	10	
	供试品溶液配制操作是否正确	10	
	紫外-可见分光光度计操作是否正确	10	
	检验记录填写是否正确无误	5	
质量检查	操作过程规范,养成爱岗敬业、低碳环保的职业素养及遵守行业规范的良好习惯	10	
评价反馈	能对自身表现情况进行客观评价	5	
	在任务实施过程中发现自身问题	5	
总分		100	

➔【巩固提高】

1. 填空题

紫外-可见分光光度计一般是由_____、单色器、_____、_____、信号显示系统等部分组成。

2. 单项选择题

(1) 紫外-可见分光光度法在药物分析中的应用不包括（　　）。

A. 性状　　　　　　　　　B. 鉴别　　　　　　　　　C. 含量测定

D. 杂质检查　　　　　　　E. 水分检查

(2) 紫外分光光度计常用的光源是（　　）。

A. 氘灯　　　　　B. 钨灯　　　　　C 卤钨灯　　　　　D. Nernst 灯

(3) 在紫外分光光度法中，供试品溶液的浓度应使吸光度的范围在（　　）。

A. 0.1~0.9　　　　B. 0.3~0.5　　　　C. 0.3~0.7　　　　D. 0.5~0.9

(4) 紫外-可见分光光度法用于药物的鉴别时，不正确的做法是（　　）。

A. 比较吸收光谱的一致性　　　　　B. 比较吸收峰谷等光谱参数

C. 与纯品的吸收系数比较（或与文献值比较）

D. 比较主要峰、谷的吸光度　　　　E. 比较特征峰和相关峰

任务 4-4 多索茶碱片的薄层色谱鉴别

【情境描述】

多索茶碱片的活性成分为多索茶碱。目前，多索茶碱的化学合成工艺不断完善，药品企业生产技术不断升级成熟。然而，在原料药合成过程中，需要经过多步反应。每个反应都可能存在反应不足、产出相似结构衍生物、主产物纯度低等导致原料药不合格的问题，从而影响药品质量。多索茶碱片的鉴别首先要确定本品含有多索茶碱，这也是《中国药典》对本品质量要求之一。

【学习目标】

（1）能够理解药物主要活性成分鉴别的意义。

（2）能够查阅《中国药典》，找到多索茶碱薄层色谱鉴别并能完成鉴别操作。

（3）能够对鉴别结果进行正确的判断，并规范填写检验记录。

【任务分组】

班级		日期		组号		教师	
组长		组员					
任务分工							

【信息获取】

问题 1：查阅药典，了解什么是薄层色谱鉴别？

问题 2：多索茶碱薄层色谱鉴别，需要准备哪些仪器和试剂？

问题 3：写出薄层色谱鉴别流程。

问题 4：如何判断薄层色谱鉴别结果是否符合规定？

问题 5：薄层色谱鉴别操作过程有哪些注意事项？

1. 原理

薄层色谱法（TLC）是指将供试品溶液点于薄层板上，在展开容器内用展开剂展开，使供试品所含成分分离，所得适宜的标准物质按同法所得的色谱图对比，亦可用薄层色谱扫描仪进行扫描。本法可用于药品的鉴别、杂质检查或含量测定。多索茶碱片的鉴别方法是采用与供试品浓度相同的对照品溶液，在同一块薄层板上点样、展开与检视，供试品溶液所显主斑点的颜色（或荧光）和位置应与对照品溶液的主斑点一致，而且两者主斑点的大小与颜色深浅也大致相同。

2. 仪器和药品准备（表 4-7）

表 4-7　实验操作仪器设备、试剂清单

主要仪器设备	电子天平（精度 0.0001g）
	鼓风式干燥箱
	薄层板（GF_{254}）
	毛细管点样器
	展开缸
	紫外光灯
药品与试剂	多索茶碱片
	多索茶碱对照品
	二氯甲烷
	环己烷
	丙酮

3. 操作方法

（1）供试品溶液制备　取本品细粉适量，加二氯甲烷充分溶解并稀释制成每 1mL 中约含多索茶碱 10mg 的溶液，滤过，取续滤液。

（2）对照品溶液制备　取多索茶碱对照品适量，加二氯甲烷充分溶解并稀释制成每 1mL 中约含多索茶碱 10mg 的溶液。

（3）展开剂配制　取二氯甲烷、环己烷、丙酮，按 1∶1∶1 的比例配制展开剂，倒入展开缸中备用。

（4）点样　吸取供试品溶液与对照品溶液各 5μL，用毛细管点样器分别点于同一硅胶 GF_{254} 薄层板上。

（5）展开与检视　将点好供试品的薄层板放入展开缸中，展开后，晾干，置紫外光灯（波长 254nm）下检视。

4. 数据记录和结论（表 4-8）

表 4-8 多索茶碱片薄层鉴别记录

检品名称：		检品编号：	
检验项目：		温度：	湿度：
使用仪器	电子天平　型号：　　　　　编号： 鼓风式干燥箱　型号：　　　　编号：		
色谱条件	吸附剂：	薄层板规格：　　cm×　　cm	
	展开剂：		
操作步骤	①供试品溶液制备：取本品细粉适量，加二氯甲烷充分溶解并稀释制成每 1mL 中约含多索茶碱 10mg 的溶液，滤过，取续滤液； ②对照品溶液制备：取多索茶碱对照品适量，加二氯甲烷充分溶解并稀释制成每 1mL 中约含多索茶碱 10mg 的溶液； ③测定：吸取供试品溶液与对照品溶液各＿＿μL，用点样器分别点于同一硅胶 GF$_{254}$ 薄层板上，展开后，晾干，置紫外光灯（波长 254nm）下检视		
检验结果	供试品溶液所显主斑点的位置和颜色与对照品溶液的主斑点＿＿＿＿		
标准规定	供试品溶液所显主斑点的位置和颜色应与对照品溶液的主斑点相同		
结论	□ 符合规定　　　　□ 不符合规定		

注：请附实验图。

⊙【相关知识】

1. 薄层板

薄层板按支持物的材质分为玻璃板、塑板或铝板等；按固定相种类分为硅胶薄层板、键合硅胶板、微晶纤维素薄层板、聚酰胺薄层板、氧化铝薄层板等。固定相中可加入黏合剂、荧光剂。硅胶薄层板常用的有硅胶 G、硅胶 GF$_{254}$、硅胶 H、硅胶 HF$_{254}$，G、H 表示含或不含石膏黏合剂，F$_{254}$ 为在紫外光 254nm 波长下显绿色背景的荧光剂。按固定相粒径大小分为普通薄层板（10～40μm）和高效薄层板（5～10μm）。

在保证色谱质量的前提下，可对薄层板进行特别处理和化学改性以适应分离的要求，可用实验室自制的薄层板。固定相颗粒大小一般要求粒径 10～40μm。薄层板应光滑、平整，洗净后不附水珠。

2. 比移值

比移值（R_f）系指从基线至展开斑点中心的距离与从基线至展开剂前沿的距离的比值。各斑点的比移值以在 0.2～0.8 为宜。

3. 注意事项

① 临用前一般应在 110℃活化 30min。聚酰胺薄膜不需要活化。

② 点样一般为圆点状或窄细的条带状，点样基线距底边 10～15mm，高效板 8～10mm。圆点直径不大于 4mm，高效板不大于 2mm，点间距离以相邻斑

点互不影响为宜，一般不少于8mm。接触点样时，注意勿损伤薄层表面。

③ 展开时，浸入展开剂的深度为距原点5mm为宜，密闭。

④ 有颜色的物质可在可见光下直接检视，无色物质可用喷雾法或浸渍法以适宜的显色剂显色，或加热显色，在可见光下检视。有荧光的物质或显色后可激发产生荧光的物质可在紫外光灯（365nm或254nm）下观察荧光斑点。对于在紫外光下有吸收的成分，可用带有荧光剂的薄层板（如硅胶GF_{254}板），在紫外光灯（254nm）下观察荧光板面上的荧光物质淬灭形成的斑点。

⊃【评价考核】

多索茶碱片薄层色谱鉴别评分表

项目	内容	分值	得分
接收工作任务	明确工作任务，了解薄层色谱鉴别	10	
收集信息	掌握薄层色谱鉴别操作	5	
	掌握薄层色谱鉴别所需仪器、耗材、试剂	5	
制订计划	按照《中国药典》要求，制订合适的实验计划	5	
	能协同小组成员安排任务分工	5	
	能在任务实施过程中对试剂和仪器做一定了解	5	
实施计划	查阅药典和相关资料	10	
	找出多索茶碱片薄层色谱鉴别的具体操作流程	10	
	供试品溶液和对照品溶液配制操作是否正确	10	
	点样、展开与检视操作是否正确	10	
	检验记录填写是否正确无误	5	
质量检查	操作过程规范，养成爱岗敬业、低碳环保的职业素养及遵守行业规范的良好习惯	10	
评价反馈	能对自身表现情况进行客观评价	5	
	在任务实施过程中发现自身问题	5	
总分		100	

⊃【巩固提高】

1. 单项选择题

下列有关薄层色谱法概念不正确的是（　　　）。

A. 薄层色谱法是在薄层板上进行的一种色谱法

B. 薄层色谱法中使用的吸附剂不与欲分离物质和展开剂发生化学反应

C. 吸附薄层色谱中吸附剂的颗粒度应比吸附柱色谱中的吸附剂颗粒度粗

一些

　　D. 薄层色谱法中用于定性分析的主要依据是各斑点的 R_f

2. 填空题

（1）薄层色谱法吸附剂的颗粒大小一般要求粒径为＿＿＿＿ μm。

（2）市售薄层板临用前一般应在＿＿＿＿℃活化＿＿＿＿min。聚酰胺薄膜不需活化。

3. 简答题

简述点样的注意事项。

任务 4-5 头孢氨苄胶囊的高效液相色谱鉴别

头孢氨苄属于第一代头孢菌素，对金黄色葡萄球菌、链球菌、肺炎球菌、大肠杆菌等有抗菌作用。头孢氨苄胶囊的活性成分为头孢氨苄，是一种半合成药物。在合成过程中，产生的合成产物较多，这可能导致生产头孢氨苄的原料药不合格，从而导致药品不合格。故头孢氨苄胶囊的鉴别应首先确定本品的主要有效成分为头孢氨苄。

⊃【学习目标】

（1）能够理解高效液相色谱鉴别的意义。

（2）能够查阅《中国药典》，找到头孢氨苄胶囊的高效液相色谱鉴别并能完成鉴别操作。

（3）能够对鉴别结果进行正确的判断，并规范填写检验记录。

⊃【任务分组】

班级		日期		组号		教师	
组长		组员					
任务分工							

⊃【信息获取】

问题 1：查阅药典，高效液相色谱鉴别是什么？

问题 2：头孢氨苄胶囊的高效液相色谱鉴别，需要准备哪些仪器和试剂？

问题 3：本品的高效液相色谱定性鉴别参数是什么？

问题 4：如何判断高效液相色谱鉴别结果是否符合规定？

问题 5：高效液相色谱鉴别操作过程有哪些注意事项？

【工作实施】

1. 原理

高效液相色谱法系采用高压输液泵将规定的流动相泵入装有填充剂的色谱柱，对供试品进行分离测定的色谱方法。注入的供试品，由流动相带入色谱柱内，各组分在柱内被分离，并进入检测器检测，由积分仪或数据处理系统记录和处理色谱信号。

将待鉴别样品与对照品按要求配制成合适浓度的溶液后，按照《中国药典》高效液相色谱法（通则 0512）测定。在含量测定项下记录的色谱图中，供试品溶液主峰的保留时间与对照品溶液主峰的保留时间一致。

2. 仪器和药品准备（表 4-9）

表 4-9　实验操作仪器设备、试剂清单

主要仪器设备	电子天平(精度 0.0001g)
	容量瓶(50mL、100mL)、烧杯、移液管等
	高效液相色谱仪(带分析柱：十八烷基硅烷键合硅胶柱)
药品与试剂	头孢氨苄胶囊
	头孢氨苄对照品
	甲醇
	醋酸
	醋酸钠

3. 操作方法

（1）制备流动相　水-甲醇-3.86%醋酸钠溶液-4%醋酸溶液（742：240：15：3）。

（2）供试品溶液制备　取头孢氨苄胶囊的内容物，精密称取适量（按 $C_{16}H_{17}N_3O_4S$ 计，约相当于头孢氨苄 0.1g），置 100mL 量瓶中，加流动相适量，充分振摇，使头孢氨苄溶解，再用流动相稀释至刻度，摇匀，滤过，精密量取续滤液 10mL，置 50mL 量瓶中，用流动相稀释至刻度，摇匀。

（3）对照品溶液制备　取头孢氨苄对照品适量，精密称定，加流动相溶解并定量稀释制成每 1mL 中约含头孢氨苄（按 $C_{16}H_{17}N_3O_4S$ 计）0.2mg 的溶液。

（4）测定　用十八烷基硅烷键合硅胶为填充剂；以水-甲醇-3.86%醋酸钠溶液-4%醋酸溶液（742：240：15：3）为流动相；检测波长为 254nm；精密量取供试品溶液与对照品溶液 10μL，分别注入液相色谱仪，记录色谱图。

4. 数据记录和结论（表 4-10）

表 4-10 头孢氨苄胶囊高效液相色谱鉴别记录

检品名称：		检品编号：	
检验项目：		温度：	湿度：
使用仪器	电子天平 型号： 编号： 高效液相色谱仪 型号： 编号：		
色谱条件	流动相：		
	填充剂：	检测波长：	
测定方法	①供试品溶液制备：取头孢氨苄胶囊的内容物，精密称取_____g（按 $C_{16}H_{17}N_3O_4S$ 计，约相当于头孢氨苄 0.1g），置 100mL 量瓶中，加流动相适量，充分振摇，使头孢氨苄溶解，再用流动相稀释至刻度，摇匀，滤过，精密量取续滤液 10mL，置 50mL 量瓶中，用流动相稀释至刻度，摇匀； ②对照品溶液制备：取头孢氨苄对照品____g，精密称定，置____mL 量瓶中，用流动相稀释至刻度，摇匀，滤过，摇匀，即得[每 1mL 中约含头孢氨苄（按 $C_{16}H_{17}N_3O_4S$ 计）0.2mg]； ③测定：精密量取供试品溶液与对照品溶液____μL，分别注入液相色谱仪，记录色谱图； ④记录保留时间：供试品溶液主峰____min、对照品溶液主峰____min		
检验结果	供试品溶液主峰的保留时间与对照品溶液主峰的保留时间_____		
标准规定	供试品溶液主峰的保留时间应与对照品溶液主峰的保留时间一致		
结论	□ 符合规定　　　□ 不符合规定		

●【相关知识】

高效液相色谱仪由高压输液泵、进样器、色谱柱、检测器、积分仪或数据处理系统组成。

1. 色谱柱

反相色谱柱是以键合非极性基团的载体为填充剂填充而成的色谱柱。常见的载体有硅胶、聚合物复合硅胶和聚合物等；常用的填充剂有十八烷基硅烷键合硅胶、辛基硅烷键合硅胶和苯基硅烷键合硅胶等。

2. 检测器

最常用的检测器为紫外-可见分光检测器，包括二极管阵列检测器，其他常见的检测器有荧光检测器、蒸发光散射检测器、电雾式 C 检测器、示差折光检测器、电化学检测器和质谱检测器等。

3. 流动相

反相色谱系统的流动相常用甲醇-水系或乙腈-水系，用紫外末端波长检测时，宜选用乙腈-水系。流动相中如需使用缓冲溶液，应尽可能使用低浓度缓冲盐。用十八烷基硅烷键合硅胶色谱柱时，流动相中有机溶剂一般应不低于 5%，否则易导致柱效下降、色谱系统不稳定。

4. 定性方法

高效液相色谱法常用的定性方法主要有：①利用保留时间定性；②利用光谱相似度定性；③利用质谱检测器提供的质谱信息定性。

5. 注意事项

① 需用高纯度的试剂配制流动相，水应为新鲜制备的高纯水，可用超纯水器制得或用重蒸馏水。流动相用前必须脱气，否则容易在系统内逸出气泡，影响泵的工作、色谱柱的分离效率、检测器的灵敏度以及基线稳定性等。

② 配制好的流动相、供试品溶液在注入液相色谱仪前，一般应经适宜滤膜（0.45μm 或 0.22μm）过滤以除去杂质微粒，从而减少对色谱系统的污染或对色谱分离的影响。

③ 安装色谱柱时应使流动相流路的方向与色谱柱标签上箭头所示方向一致。进样前，色谱柱应用流动相充分冲洗平衡。

④ 色谱柱在使用过程中，应避免压力和温度的急剧变化及任何机械震动，因此在调节流动相流速时应该缓慢进行。

【评价考核】

头孢氨苄胶囊高效液相色谱鉴别评分表

项目	内容	分值	得分
接收工作任务	明确工作任务,了解高效液相色谱鉴别	10	
收集信息	掌握高效液相色谱鉴别操作	5	
	掌握高效液相色谱鉴别所需仪器、耗材、试剂	5	
制订计划	按照《中国药典》要求,制订合适的实验计划	5	
	能协同小组成员安排任务分工	5	
	能在任务实施过程中对试剂和仪器做一定了解	5	
实施计划	查阅药典和相关资料	10	
	找出头孢氨苄胶囊高效液相色谱鉴别操作流程	10	
	流动相、供试品溶液和对照品溶液配制操作是否正确	10	
	高效液相色谱仪操作是否正确,进样是否正确	10	
	检验记录填写是否正确无误	5	
质量检查	操作过程规范,养成爱岗敬业、低碳环保的职业素养及遵守行业规范的良好习惯	10	
评价反馈	能对自身表现情况进行客观评价	5	
	在任务实施过程中发现自身问题	5	
总分		100	

单项选择题

（1）在高效液相色谱流程中，试样混合物在（　　）中被分离。

A. 检测器　　　　　B. 记录器　　　　　C. 色谱柱　　　　　D. 进样器

（2）液相色谱中最常用的检测器是（　　）。

A. 紫外吸收检测器　　　　　　　　B. 示差折光检测器

C. 热导池检测器　　　　　　　　　D. 氢焰检测器

（3）在高效液相色谱仪中保证流动相以稳定的速度流过色谱柱的部件是（　　）。

A. 储液器　　　　　B. 输液泵　　　　　C. 检测器　　　　　D. 温控装置

（4）头孢氨苄胶囊的高效液相色谱鉴别根据（　　）定性。

A. 保留时间　　　B. 光谱相似度　　　C. 质谱信息　　　D. 峰面积

科学视野

药物分析现代技术的发展

新中国成立初期，涂国士等先驱为中国药物分析做出了基础性的贡献。涂国士回国后积极投入到原卫生部药物食品检验所（现中国食品药品检定研究院）的工作之中，在条件困难的情况下开展多项重要工作。他积极培训新人，添置仪器设备，同时建立规章制度和工作方法等，使得检验工作能够顺利开展起来。涂国士在担任药品检验所化学药物室主任期间负责食品和西药及其制剂的化学检验工作，并兼任药典委员会委员，参与到药品相关标准的制定之类工作中。

随着现代技术的发展，中国在药物分析领域应用了很多新的技术手段并且取得了巨大的成就，尤其在药品标准物质的分析方面取得突破。例如，在药品标准物质的定性表征方面，紫外光谱（UV）可提供双键、苯环等发色团片段信息；红外光谱（IR）可提供特定官能团信息；质谱（MS）可提供分子式组成；核磁共振技术（^{1}H-NMR、^{13}C-NMR、NOE/NOESY、HSQC、HMBC、^{1}H-^{1}HCOSY）能对其复杂结构进行准确归属。在药品标准物质的定量分析方面，除了传统的质量平衡法，中国学者创新利用了定量核磁共振氢谱法（qHNMR法），该法具备快速易操作、样品无损测定、耐用性佳的优势，为没有对照品的创新化学药物定量分析上提供了全新方法。

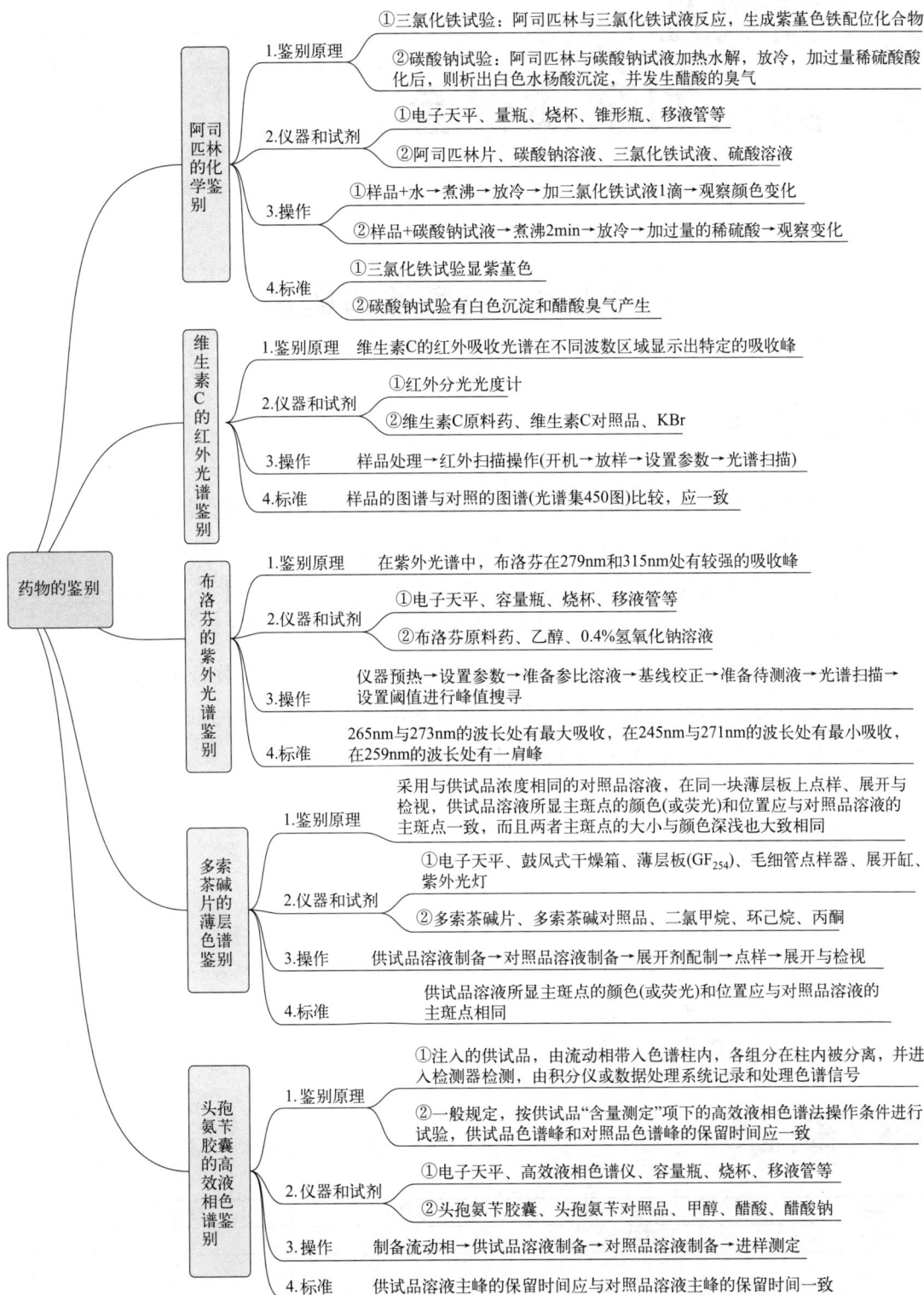

药物的鉴别
├─ 阿司匹林的化学鉴别
│   ├─ 1.鉴别原理
│   │   ├─ ①三氯化铁试验：阿司匹林与三氯化铁试液反应，生成紫堇色铁配位化合物
│   │   └─ ②碳酸钠试验：阿司匹林与碳酸钠试液加热水解，放冷，加过量稀硫酸酸化后，则析出白色水杨酸沉淀，并发生醋酸的臭气
│   ├─ 2.仪器和试剂
│   │   ├─ ①电子天平、量瓶、烧杯、锥形瓶、移液管等
│   │   └─ ②阿司匹林片、碳酸钠溶液、三氯化铁试液、硫酸溶液
│   ├─ 3.操作
│   │   ├─ ①样品+水→煮沸→放冷→加三氯化铁试液1滴→观察颜色变化
│   │   └─ ②样品+碳酸钠试液→煮沸2min→放冷→加过量的稀硫酸→观察变化
│   └─ 4.标准
│   ├─ ①三氯化铁试验显紫堇色
│   └─ ②碳酸钠试验有白色沉淀和醋酸臭气产生
├─ 维生素C的红外光谱鉴别
│   ├─ 1.鉴别原理　维生素C的红外吸收光谱在不同波数区域显示出特定的吸收峰
│   ├─ 2.仪器和试剂
│   │   ├─ ①红外分光光度计
│   │   └─ ②维生素C原料药、维生素C对照品、KBr
│   ├─ 3.操作　样品处理→红外扫描操作(开机→放样→设置参数→光谱扫描)
│   └─ 4.标准　样品的图谱与对照的图谱(光谱集450图)比较，应一致
├─ 布洛芬的紫外光谱鉴别
│   ├─ 1.鉴别原理　在紫外光谱中，布洛芬在279nm和315nm处有较强的吸收峰
│   ├─ 2.仪器和试剂
│   │   ├─ ①电子天平、容量瓶、烧杯、移液管等
│   │   └─ ②布洛芬原料药、乙醇、0.4%氢氧化钠溶液
│   ├─ 3.操作　仪器预热→设置参数→准备参比溶液→基线校正→准备待测液→光谱扫描→设置阈值进行峰值搜寻
│   └─ 4.标准　265nm和273nm的波长处有最大吸收，在245nm与271nm的波长处有最小吸收，在259nm的波长处有一肩峰
├─ 多索茶碱片的薄层色谱鉴别
│   ├─ 1.鉴别原理　采用与供试品浓度相同的对照品溶液，在同一块薄层板上点样、展开与检视，供试品溶液所显主斑点的颜色(或荧光)和位置应与对照品溶液的主斑点一致，而且两者主斑点的大小与颜色深浅也大致相同
│   ├─ 2.仪器和试剂
│   │   ├─ ①电子天平、鼓风式干燥箱、薄层板(GF$_{254}$)、毛细管点样器、展开缸、紫外光灯
│   │   └─ ②多索茶碱片、多索茶碱对照品、二氯甲烷、环己烷、丙酮
│   ├─ 3.操作　供试品溶液制备→对照品溶液制备→展开剂配制→点样→展开与检视
│   └─ 4.标准　供试品溶液所显主斑点的颜色(或荧光)和位置应与对照品溶液的主斑点相同
└─ 头孢氨苄胶囊的高效液相色谱鉴别
    ├─ 1.鉴别原理
    │   ├─ ①注入的供试品，由流动相带入色谱柱内，各组分在柱内被分离，并进入检测器检测，由积分仪或数据处理系统记录和处理色谱信号
    │   └─ ②一般规定，按供试品"含量测定"项下的高效液相色谱法操作条件进行试验，供试品色谱峰和对照品色谱峰的保留时间应一致
    ├─ 2.仪器和试剂
    │   ├─ ①电子天平、高效液相色谱仪、容量瓶、烧杯、移液管等
    │   └─ ②头孢氨苄胶囊、头孢氨苄对照品、甲醇、醋酸、醋酸钠
    ├─ 3.操作　制备流动相→供试品溶液制备→对照品溶液制备→进样测定
    └─ 4.标准　供试品溶液主峰的保留时间应与对照品溶液主峰的保留时间一致

模块五

药物的杂质检查

任务 5-1　杂质检查概述

→【情境描述】

亚硝胺杂质作为基因毒性杂质，在药物中存在着巨大的潜在风险。亚硝胺类物质被国际癌症研究组织判定为 2A 类致癌物，其中许多是强致突变剂。药物中的亚硝胺杂质并非人为添加，而是在特定药物特定合成工艺中不可避免地产生。例如降压药、降糖药等多种常用药物中都曾被检测出亚硝胺杂质。

2018 年 7 月，某药企生产的缬沙坦原料药被检测出含有微量的 N-亚硝基二甲胺，使得原料药和相关制剂在欧洲、美国和中国的市场召回。印度某药企生产的缬沙坦片剂中也同样检测出了该杂质，企业自愿召回。

→【学习目标】

（1）了解杂质的种类。
（2）了解杂质的来源。
（3）掌握杂质的限度检查。
（4）掌握杂质限量的有关计算。

→【任务分组】

班级		日期		组号		教师	
组长		组员					
任务分工							

问题1：杂质的种类有哪些？

问题2：杂质的来源有哪些？

问题3：生产过程中能带入哪些杂质？

问题4：药物的纯度和化学试剂的纯度有何不同？

问题5：药物中的杂质检查，通常不要求测定其准确含量，而只检查杂质的量是否超过限量，为什么？

【工作实施】

（1）通过查阅《中国药典》或下面相关知识查找杂质的种类。

（2）查阅文献找出生产过程中能带入哪些杂质。

（3）肾上腺素在光和氧气存在下，发生氧化、聚合而变色；维生素C在空气中氧化成去氢维生素C等。以上这些杂质对人体危害大，但是肾上腺素、维生素C化学纯度比较高，还必须进行检查吗？

（4）限量检查有三种方法，对照法、灵敏度法和比较法。目前国内外药典采用对照法测定一般杂质居多，找出三种方法的异同。

（5）纯化水中的氯化物检查，是在50mL纯化水中加入5滴硝酸及1mL硝酸银试液，以不发生浑浊为合格。该法是利用氯离子与银离子生成氯化银沉淀反应的灵敏度来控制纯化水中氯化物的限量。由于在50mL水中含有0.2mg Cl^-时，所显浑浊已较明显，所以氯化物的限量就是以在测定条件下不产生氯化银的浑浊为限。找出该限量检查利用了哪种杂质检查法。

【相关知识】

1. 杂质的定义

杂质是指药物中存在的无治疗作用或影响药物的稳定性和疗效，甚至对人体健康有害的物质。药物中存在的杂质不仅可以影响药物的质量，还可以反映出生产贮藏等过程中存在的问题。因杂质的多少反映药物的纯度高低，所以药物的杂质检查又称为纯度检查。

2. 杂质的种类

药物中的杂质按来源可分为一般杂质和特殊杂质。一般杂质是指在自然界中分布较广，在多种药物的生产和贮藏过程中容易引入的杂质，如酸、碱、水分、氯化物、硫酸盐、砷盐、重金属等。特殊杂质是指在个别药物的生产和贮藏过程中引入的杂质。如阿司匹林中的游离水杨酸，甲硝唑中的 2-甲基-5-硝基咪唑等。

药物中的杂质按其结构又可分为无机杂质和有机杂质。无机杂质有氯化物、硫化物、氰化物、重金属等。有机杂质如有机药物中引入的原料、中间体、副产物、分解产物、异构体和残留溶剂等。

《中国药典》中规定的各种杂质检查项目，系指该药品在按既定工艺进行生产和正常贮藏过程中可能含有或产生并需要控制的杂质。凡《中国药典》中未规定检查的杂质，一般不需要检查。

3. 杂质的来源

（1）由生产过程中引入　由于所用原料不纯；部分原料反应不完全；反应中间产物或副产物在精制时未能完全除去；生产过程中加入试剂、溶剂的残留以及与生产器皿接触等都有可能使产品存在有关杂质。

碘化物、硫酸盐、钾盐、钙盐、镁盐、铁盐等杂质。从植物原料中提取分离药物时，由于植物中常含有与药物结构、性质相近的物质，在提取过程中，分离不完全，便可能引入产品中。如自阿片提取吗啡，有可能引入罂粟碱及阿片中其他生物碱。

（2）在贮藏过程中产生　药物在贮藏运输过程中，由于贮藏保管不善，或贮藏时间过长，因外界条件如温度、湿度、日光、空气等影响，或因微生物的作用，发生水解、氧化、分解、异构化、晶型转变、聚合、潮解和发霉等，生成其他物质而产生杂质。

4. 杂质的限量检查

单从杂质的含量来看，似乎杂质越少越好，但要把药品中的杂质完全去掉，势必造成生产操作处理困难，并导致产品成本增加。另一方面，要分离除尽杂质，从药物的效用、调剂、贮存上来看，也没有必要，而且也不可能完全除尽。目前有三种方法测定药物杂质。

（1）对照法　对照法系指取一定量待检杂质的对照液与一定量供试液在相同条件下处理后，比较反应结果，从而判断供试品中所含杂质是否超过限量。供试液和对照液应在完全相同的条件下反应，如加入的试剂、反应的温度、放置的时间等均应相同。该法的检测结果，只能判断药物所含杂质是否符合限量规定，一般不能测定杂质的准确含量。

（2）灵敏度法　灵敏度法系指在供试品溶液中加入试剂，在一定反应条件下，观察有无正反应出现，以不出现正反应为合格，即以检测条件下的灵敏度来控制杂质限量。本法的特点是不需要对照物质。

如纯化水中的氯化物检查，是在 50mL 纯化水中加入 5 滴硝酸及 1mL 硝酸银试液，以不发生浑浊为合格。该法是利用氯离子与银离子生成氯化银沉淀反应的灵敏度来控制纯化水中氯化物的限量。由于在 50mL 水中含有 0.2mg Cl^- 时，所显浑浊已较明显，所以氯化物的限量就是以在测定条件下不产生氯化银的浑浊为限。

（3）比较法　比较法系指取一定量供试品依法检查，测得待检杂质的吸光度或旋光度等与规定的限量比较，不得更大。本法的特点是不需要对照物质。

如盐酸去氧肾上腺素中酮体的检查：取本品加水制成浓度为 2.0mg/mL 的溶液，以水为空白，在 310nm 的波长处测定吸光度，不得大于 0.02。硫酸阿托品中莨菪碱的检查：取本品加水制成浓度为 50mg/mL 的溶液，依法测定旋度不得超过 $-0.40°$。

5. 杂质限量及有关计算

杂质限量是指药物中所含杂质的最大允许量，通常用百分之几或百万分之几来表示。

$$杂质限量 = \frac{杂质最大允许量}{供试品量} \times 100\%$$

因一定量的供试品（S）中所含杂质的量是通过一定量标准溶液进行比较，杂质最大允许量＝标准溶液体积（V）×标准溶液浓度（c），所以杂质限量计算公式可表示为：

$$L(\%) = \frac{V \times c \times 10^{-3}}{S} \times 100\%$$

式中　L——杂质限量，%；

　　　c——标准溶液浓度，mg/mL；

　　　V——标准溶液的体积，mL；

　　　S——供试品取样量，g。

▸【评价考核】

药物的杂质检查评分表

项目	内容	分值	得分
接收工作任务	明确工作任务,了解药品杂质的来源和种类	10	
收集信息	掌握药品杂质的来源	5	
	掌握药品杂质的种类	5	
制订计划	按照药品检验流程,制订合适的实验计划	5	
	能协同小组成员安排任务分工	5	
	能在实施过程中对试剂和仪器做一了解	5	

项目	内容	分值	得分
实施计划	查阅药典和相关资料	10	
	找出检验程序的组成	10	
	找出控制药物的真伪优劣方法	10	
	找出全程地控制药物质量具体操作	10	
质量检查	操作过程规范,养成爱岗敬业、低碳环保的职业素养及遵守行业规范的良好习惯	10	
评价反馈	能对自身表现情况进行客观评价	10	
	在任务实施过程中发现自身问题	5	
总分		100	

【巩固提高】

计算题

葡萄糖中重金属的检查：取本品 4.0g，加水 23mL 溶解后，加醋酸盐缓冲液（pH 3.5）2mL，查阅《中国药典》（2025 年版）通则 0821 第一法，含重金属不得超过百万分之五。问应取标准铅溶液多少 mL？（每 1mL 标准铅溶液相当于 $10\mu g$ 的 Pb）

任务 5-2 葡萄糖的氯化物检查

【情境描述】

葡萄糖中氯化物含量超标会带来哪些危害？

对血液的影响：葡萄糖注射液中氯化物含量超标可能会导致血液中的氯离子浓度升高，从而引起高氯性酸中毒。

对神经系统的影响：氯离子是维持神经传导的重要离子之一，但过高的氯离子浓度可能会干扰神经传导，导致神经兴奋性降低。

对肾脏的影响：肾脏是排泄氯离子的主要器官，但如果氯化物摄入过多，可能会增加肾脏的负担，长期下去可能导致肾功能受损。

【学习目标】

（1）能够理解药物中氯化物检查的意义。

（2）能够查阅《中国药典》，学习药品中氯化物检查方法并能完成检查测定。

（3）能够记录并判断药品中氯化物检查结果。

【任务分组】

班级		日期		组号		教师	
组长		组员					
任务分工							

【信息获取】

问题1：查阅药典，药品中氯化物检查的意义是什么？

问题2：药品中氯化物检查，需要准备哪些仪器和试剂？

问题3：根据氯化物检查法，写出氯化物检查流程。

问题4：如何判断氯化物检查结果是否符合规定？

问题5：氯化物检查应注意哪些问题？

1. 原理

药物中的微量氯化物在硝酸酸化条件下与硝酸银反应，生成氯化银胶体微粒而显白色浑浊，与一定量的标准氯化钠溶液在相同条件下产生的氯化银浑浊程度比较，若供试管的浑浊程度低于对照品，判为符合限量规定，否则为不符合限量规定。

$$Cl^- + Ag^+ \longrightarrow AgCl \downarrow（白色）$$

2. 仪器和药品准备（表5-1）

表 5-1　实验操作仪器设备、试剂清单

主要仪器设备	电子天平(精度 0.0001g、0.01g)
	量瓶(1000mL、100mL)
	烧杯(100mL、250mL)
	量筒(50mL)
	纳氏比色管(50mL)
	棕色试剂瓶(150mL)
	试剂瓶(150mL)
	移液管(10mL、1ml)
	漏斗(Φ10cm)
药品试剂	$AgNO_3$(0.1mol/L)
	稀硝酸(6mol/L)
	蒸馏水(不含 Cl^-)
	氯化钠贮备液(0.165g/L)，$c(Cl^-) \approx 0.1mg/mL$
	标准氯化钠溶液[$c(Cl^-) \approx 0.01mg/mL$]

3. 操作方法

（1）制备标准氯化钠溶液　称取氯化钠 0.165g，置 1000mL 量瓶中，加水适量使溶解并稀释至刻度，摇匀，作为贮备液。精密量取氯化钠贮备液 10ml，置 100ml 量瓶中，加水稀释至刻度，摇匀，即得。

（2）检查法　取供试品 0.60g，加水溶解并稀释至 25mL（溶液如显碱性，可滴加硝酸使成中性），再加稀硝酸 10mL；溶液如不澄清，应滤过；置 50mL 纳氏比色管中，加水使成约 40mL，摇匀，即得供试液。另取药品项下规定量的标准氯化钠溶液 6.0mL，置 50mL 纳氏比色管中，加稀硝酸 10mL，加水使成 40mL，摇匀，即得对照溶液。于供试溶液与对照溶液中，分别加入硝酸银试液 1.0mL，用水稀释至 50mL，摇匀，在暗处放置 5min，同置黑色背景上，从比色管上方向下观察，比较，即得。

4. 数据记录与结论（表 5-2）

表 5-2　氯化物检查检验记录

检品名称：		检品编号：	
检验项目：		温度：　　　　　湿度：	
使用仪器	天平型号：＿＿＿＿＿　　　　编号：＿＿＿＿＿		
测定方法	取本品＿＿＿＿＿g，依法检查（通则 0801），与标准氯化钠溶液（浓度＿＿＿＿＿）＿＿＿＿＿mL 制成的对照液比较		
检验结果	供试品溶液所显浑浊＿＿＿＿于对照溶液所显的浑浊		
标准规定	供试品溶液所显浑浊不得深于对照溶液所显的浑浊		
结论	□ 符合规定　　　　　□ 不符合规定		

➲【相关知识】

杂质检查分为一般杂质检查和特殊杂质检查。一般杂质检查的项目有氯化物、硫酸盐、铁盐、砷盐、重金属、酸碱度、硫化物、硒盐、炽灼残渣、干燥失重、水分、溶液颜色、易炭化物、溶液澄清度等。一般杂质的检查方法在药典附录中加以规定。

1. 氯化物检查法

氯化物广泛存在于自然界，在药物的原料或生产过程中极易被引入。氯化物对人体无害，但通过对氯化物控制，可同时控制与氯离子结合的一些阳离子以及某些同时生成的副产物。因此，氯化物的控制对其他杂质的控制也有特殊意义。可以从氯化物检查结果显示药品的纯度，间接考核药物的生产、贮藏过程是否正常，因此氯化物常作为信号杂质检查。

2. 氯化物检查法注意事项

① 使用的标准氯化钠溶液每 1mL 相当于 $10\mu g$ 的 Cl^-。测定条件下，氯化物浓度以 50mL 中含 $50\sim80\mu g$ 的 Cl^- 为宜，相当于标准氯化钠溶液 $5\sim8$mL。此范围内氯化物所显浑浊度明显，便于比较。应以此计算供试品取样量范围。

② 加硝酸可避免弱酸银盐如碳酸银、磷酸银及氧化银沉淀的干扰，且可加速氯化银沉淀的生成并产生较好的乳浊。酸度以 50mL 供试溶液中含稀硝酸10mL 为宜。

③ 供试品溶液如不澄明，可用含硝酸的蒸馏水洗净滤纸中氯化物后再滤过。

④ 供试品如带颜色，常采用内消色法处理，即取供试品溶液两份，分置50mL 纳氏比色管中，一份加硝酸银试液 1.0mL，摇匀，放置 10min，如显浑

浊，可反复过滤，至滤液完全澄清，再加规定量的标准氯化钠溶液与水适量使成50mL，摇匀，在暗处放置5min，作为对照溶液；另一份加硝酸银试液1.0mL与水适量使成50mL，摇匀，在暗处放置5min，同置黑色背景上。从比色管上方向下观察、比较，即得。此外，也可采用外消色法，即加入某种试剂，使供试液褪色后再检查。如高锰酸钾的氯化物检查，加入适量乙醇，使颜色消失后再检查。

⑤ 操作时的温度一般控制在30～40℃，以产生最大的浑浊度，结果也较恒定；若在20℃以下，生成氯化银浑浊的速度较慢，也不恒定。

⑥ 检查氯化物时，应按规定操作程序进行，先制成约40mL水溶液后，再加硝酸银试液，以免在较高浓度的氯化物存在时产生沉淀，影响比浊结果。加入硝酸银试液后，宜缓慢地混匀，如过快则生成的浑浊减少。另外，标准溶液比色管与供试品比色管必须平行进行实验，如加入试剂的程序及放置时间应一致，所用纳氏比色管的规格一致，比浊时同置于黑色衬底上自上而下观察。

○【评价考核】

葡萄糖的氯化物检查评分表

项目	内容	分值	得分
接收工作任务	明确工作任务,了解药品杂质的来源和种类	10	
收集信息	掌握药品葡萄糖中氯化物的来源	5	
	掌握药品葡萄糖中氯化物检查	5	
制订计划	按照葡萄糖的氯化物检验流程,制订合适的实验计划	5	
	能协同小组成员安排任务分工	5	
	能在实施过程中对试剂和仪器做一了解	5	
实施计划	查阅药典和相关资料	10	
	找出葡萄糖的氯化物检验程序的要点	10	
	找出葡萄糖的氯化物检验方法	10	
	找出葡萄糖的氯化物测定具体操作	10	
质量检查	操作过程规范,养成爱岗敬业、低碳环保的职业素养及遵守行业规范的良好习惯	10	
评价反馈	能对自身表现情况进行客观评价	10	
	在任务实施过程中发现自身问题	5	
总分		100	

○【巩固提高】

单项选择题

（1）葡萄糖中氯化物的检查采用（　　）。

A. 呈色法　　　　　B. 沉淀法　　　　　C. 直接检查法　　　D. 滴定法

（2）葡萄糖中氯化物检查所用试液为（　　　）。

A. 硝酸银试液　　　　　　　B. 氯化钡试液　　　　　　C. 硫代乙酰胺试液

D. 硫化钠试液　　　　　　　E. 硫氰酸铵试液

任务 5-3　葡萄糖的硫酸盐检查

●【情境描述】

葡萄糖中硫酸盐含量超标会有什么危害呢？

使用的葡萄糖注射液中硫酸盐超标，会导致患心脑血管、听力视力障碍、生殖系统疾病的概率翻倍。超标的硫酸盐在人体内代谢时，需要通过肾脏排泄，会增加肾脏的负担，导致肾脏疾病的发生。

●【学习目标】

（1）能够理解药品葡萄糖硫酸盐检查的意义。
（2）能够查阅《中国药典》，找到其中葡萄糖硫酸盐检查并能完成检查测定。
（3）能够记录并判断葡萄糖硫酸盐检查结果。

●【任务分组】

班级		日期		组号		教师	
组长		组员					
任务分工							

●【信息获取】

问题 1：查阅药典，葡萄糖中硫酸盐检查的意义是什么？
问题 2：葡萄糖硫酸盐检查，需要准备哪些仪器和试剂？
问题 3：根据葡萄糖硫酸盐检查法，写出硫酸盐检查流程。
问题 4：如何判断葡萄糖硫酸盐检查结果是否符合规定？
问题 5：葡萄糖硫酸盐检查应注意哪些问题？

1. 原理

硫酸盐在稀盐酸酸性条件下与氯化钡反应，生成硫酸钡微粒显白色浑浊，与一定量标准硫酸钾溶液在相同条件下产生的硫酸钡浑浊程度比较，判定供试品硫酸盐是否符合限量规定。

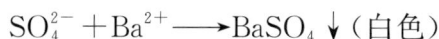

$$SO_4^{2-} + Ba^{2+} \longrightarrow BaSO_4 \downarrow （白色）$$

2. 仪器和药品准备（表5-3）

表 5-3 实验操作仪器设备、试剂清单

主要仪器设备	电子天平(精度 0.0001g、0.01g)
	量瓶(1000mL)
	烧杯(100mL、250mL)
	移液管(2mL)
	量筒(50mL)
	纳氏比色管(50mL)
	试剂瓶(150mL)
	漏斗(Φ10cm)
药品试剂	AgNO$_3$(0.1mol/L)
	稀盐酸(3mol/L)
	蒸馏水(不含 Cl$^-$)
	氯化钡溶液(25%)
	标准硫酸钾溶液(0.181g/L)，c(SO$_4^{2-}$)$\approx$0.1mg/mL

3. 操作方法

（1）配制标准硫酸钾溶液 称取硫酸钾 0.181g，置 1000mL 量瓶中，加水适量使溶解并稀释至刻度，摇匀，即得，每 1mL 相当于 100μg 的 SO$_4^{2-}$。

（2）检查法 取供试品 2.0g，加水溶解使成 40mL（溶液如显碱性，可滴加盐酸使成中性），溶液如不澄清，应滤过；置 50mL 纳氏比色管中，加稀盐酸 2mL，摇匀，即得供试品溶液。另取药品项下规定量的标准硫酸钾溶液 2.0mL，置 50mL 纳氏比色管中，加水使成 40mL，加稀盐酸 2mL，摇匀，即得对照溶液。于供试溶液与对照溶液中，分别加入 25% 氯化钡溶液 5mL，用水稀释至 50mL，充分摇匀，放置 10min，同置黑色背景上，从比色管上方向下观察、比较，即得。

4. 数据记录和结论（表 5-4）

表 5-4　硫酸盐检查检验记录

检品名称：		检品编号：		
检验项目：		温度：	湿度：	
使用仪器	天平型号：＿＿＿＿＿		编号：＿＿＿＿＿	
测定方法	取本品＿＿＿g，依法检查（通则 0802），与标准硫酸钾溶液（浓度＿＿＿＿mol/L）＿＿＿＿mL 制成的对照液比较			
检验结果	供试品溶液所显浑浊＿＿＿于对照溶液所显的浑浊			
标准规定	供试品溶液所显浑浊不得深于对照溶液所显的浑浊			
结论	□ 符合规定　　　□ 不符合规定			

➲【相关知识】

硫酸盐是广泛存在于自然界的信号杂质，许多药物都要检查硫酸盐杂质。

硫酸盐检查的注意事项如下：

① 每 1mL 标准硫酸钾溶液相当于 $100\mu g$ 的 SO_4^{2-}。

② 供试品溶液加入盐酸使成酸性，可防止碳酸钡或磷酸钡等沉淀生成，影响比浊。但酸度过大可使硫酸钡溶解，降低检查灵敏度，以 50mL 供试中含 2mL 稀盐酸为宜。

③ 采用 25％氯化钡溶液，呈现的浑浊度较稳定，使用时不必新配。

④ 供试溶液如需滤过，应先用盐酸使成酸性的蒸馏水洗净滤纸中硫酸盐。

⑤ 供试品如有色，采用内消色法处理，即取供试品溶液两份，分置 50mL 纳氏比色管中，一份加 25％氯化钡溶液 5mL，摇匀，放置 10min，如显浑浊，可反复滤过，至滤液完全澄清，再加规定量的标准硫酸钾溶液与水适量使成 50mL，摇匀，在暗处放置 10min，作为对照溶液；另一份加 25％氯化钡溶液 5mL 与水适量使成 50mL，摇匀，放置 10min，按上述方法对照溶液比较，即得。

⑥ 温度对浑浊有影响，操作温度一般控制在 25～30℃，若温度太低，产生的白色浑浊既慢又少，且不稳定。故室温低于 10℃时应将比色管在 25～30℃水浴中放置 10min，再进行比较。

➲【评价考核】

葡萄糖的硫酸盐检查评分表

项目	内容	分值	得分
接收工作任务	明确工作任务，了解葡萄糖的硫酸盐的来源和种类	10	

项目	内容	分值	得分
收集信息	掌握葡萄糖的硫酸盐的来源	5	
	掌握葡萄糖的硫酸盐的种类	5	
制订计划	按照葡萄糖的硫酸盐检验流程,制订合适的实验计划	5	
	能协同小组成员安排任务分工	5	
	能在实施过程中对试剂和仪器做一了解	5	
实施计划	查阅药典和相关资料	10	
	找出葡萄糖的硫酸盐程序的组成	10	
	找出葡萄糖的硫酸盐检查的方法	10	
	找出葡萄糖的硫酸盐检查的具体操作	10	
质量检查	操作过程规范,养成爱岗敬业、低碳环保的职业素养及遵守行业规范的良好习惯	10	
评价反馈	能对自身表现情况进行客观评价	10	
	在任务实施过程中发现自身问题	5	
总分		100	

【巩固提高】

单项选择题

(1) 氯化钡试液是用来（　　　）。

A. 氯化物检查　　　　　　B. 硫酸盐检查　　　　C. 葡萄糖中重金属检查

D. 磺胺嘧啶中重金属检查　E. 铁盐检查

(2) 葡萄糖中硫酸盐的检查采用（　　　）。

A. 指示剂法　　B. 沉淀法　　　C. 直接检查法　　D. 间接检查法

任务 5-4　葡萄糖的干燥失重检查

○【情境描述】

有些医院调剂室在调配处方或配制剂时，往往按处方规定量称量药物，配制完成后进行含量测定，却出现含量不合格的情况。出现这种现象主要是一些药品干燥失重限量较大，而药师对原料药含量规定应按干燥品计算未加重视造成的。

○【学习目标】

（1）能够理解药物中干燥失重检查的意义。
（2）能够查阅《中国药典》，进行干燥失重检查并能完成检查测定。
（3）能够记录并判断干燥失重检查结果。

○【任务分组】

班级		日期		组号		教师	
组长		组员					
任务分工							

○【信息获取】

问题 1：查阅药典，干燥失重检查的意义是什么？
问题 2：干燥失重检查，需要准备哪些仪器和试剂？
问题 3：写出干燥失重检查流程。
问题 4：葡萄糖干燥失重检查结果应该符合什么规定？
问题 5：干燥失重检查应注意哪些问题？

1. 原理

干燥失重指药品在规定的条件下，经干燥后所减失的量，以百分率表示。干燥失重的物质主要是水分，也有其他挥发性物质。有常压恒温干燥法、干燥剂干燥法和减压干燥法三种方法。葡萄糖干燥失重适用于常压恒温干燥法。

2. 计算公式

$$W(\%) = \frac{W_1 - W_2}{W_1 - W_0} \times 100\%$$

式中　W_1——干燥前供试品与称量瓶总重，g；

　　　W_2——干燥后供试品与称量瓶总重，g；

　　　W_0——干燥后称量瓶重量，g；

　　　W——减失重量百分比，%。

3. 仪器和药品准备（表5-5）

表 5-5　实验操作仪器设备、试剂清单

主要仪器设备	电子天平(精度 0.0001g)
	烘箱(可自动控温,105℃)
	扁形称量瓶(70mm×35mm)
	干燥器(300mm)
药品试剂	五氧化二磷干燥剂(可选用)
	无水氯化钙干燥剂(可选用)
	硅胶干燥剂(可选用)

4. 操作方法

称取葡萄糖约1.0g，置与葡萄糖在相同条件下干燥至恒重的扁形称量瓶中，精密称定，在105℃干燥至恒重。由干燥前后减失的重量和取样量计算供试品的干燥失重。

5. 数据记录和结论（表5-6）

表 5-6　葡萄糖的干燥失重检验记录

检品名称：		检品编号：	
检验项目：		温度：　　湿度：	
使用仪器	天平型号：_____	编号：_____	

测定方法	称量瓶编号：_____；恒重：_____ g 干燥前称量瓶与供试品总重_____ g,干燥后称量瓶与供试品总重_____g,减失重量为_____ g
检验结果	干燥失重_____ %
标准规定	减失重量在 7.5%～9.5%
结论	□ 符合规定　　　　　　□ 不符合规定

⊃【相关知识】

干燥失重有常压恒温干燥法、干燥剂干燥法和减压干燥法三种方法。

（1）常压恒温干燥法　适用于受热较稳定的药物。取供试品，混合均匀（如为较大的结晶，应先迅速捣碎成 2mm 以下的小粒），取约 1g 或各品种项下规定的重量，置与供试品在相同条件下干燥至恒重的扁形称量瓶中，精密称定，除另有规定外，在 105℃ 干燥至恒重（两次干燥后的重量差在 0.3mg 以下）。由减失的重量和取样量计算供试品的干燥失重。

（2）干燥剂干燥法　适用于受热分解且易挥发的供试品。将供试品置干燥器中，利用干燥器内的干燥剂吸收水分至恒重。干燥剂应保持在有效状态。

（3）减压干燥法　适用于熔点低、受热不稳定及水分难以去除的药物。使用减压干燥器或恒温减压干燥箱，控制压力在 2.67kPa（20mmHg）以下，使药物中水分在减压下以较低的干燥温度（温度为 60℃）和较短的干燥时间内得以排除。

⊃【评价考核】

葡萄糖干燥失重检查评分表

项目	内容	分值	得分
接收工作任务	明确工作任务,了解药品杂质的来源和种类	10	
收集信息	掌握葡萄糖的干燥失重的检查方法	5	
	掌握葡萄糖的干燥失重成分的组成	5	
制订计划	按照葡萄糖的干燥失重流程,制订合适的实验计划	5	
	能协同小组成员安排任务分工	5	
	能在任务实施过程中对试剂和仪器做一了解	5	
实施计划	查阅药典和相关资料	10	
	找出葡萄糖的干燥失重检验程序的组成	10	
	找出葡萄糖的干燥失重测定方法	10	
	找出全程葡萄糖的干燥失重具体操作	10	

続表

项目	内容	分值	得分
质量检查	操作过程规范,养成爱岗敬业、低碳环保的职业素养及遵守行业规范的良好习惯	10	
评价反馈	能对自身表现情况进行客观评价	10	
	在任务实施过程中发现自身问题	5	
	总分	100	

⊙【巩固提高】

1. 单项选择题

干燥失重检查是（　　）。

A. 检查药物中遇到硫酸易炭化而成色的有机杂质的重量

B. 检查药物在规定条件下经干燥后所减失的量

C. 检查有机药物经炽灼炭化，再加硫酸湿润，低温加热至硫酸除尽后于高温（700～800℃）炽灼至完全灰化的重量

D. 检查药物中杂质最大允许量

E. 检查杂质的量是否超过限量的杂质检查方法

2. 简答题

称取葡萄糖约1.0g的重量，混合均匀，置与葡萄糖在相同条件下干燥至恒重的扁形称量瓶中，精密称定葡萄糖为1.0430g，在105℃干燥至恒重，放置干燥器中冷却，然后称得葡萄糖0.9596g。计算供试品的干燥失重。

任务 5-5　西咪替丁的炽灼残渣检查

【情境描述】

　　原料药合成过程有时候会出现炽灼残渣不合格，如果这种情况得不到及时处理，会导致生产过程中出现停滞或者是重复操作，从而延长生产周期，增加生产成本。甚至还会降低产品质量，影响产品的药效和安全性。

【学习目标】

　　（1）能够理解药物中炽灼残渣检查的意义。
　　（2）能够查阅《中国药典》，进行炽灼残渣检查并能完成检查测定。
　　（3）能够记录并判断炽灼残渣检查结果是否符合规定。

【任务分组】

班级		日期		组号		教师	
组长		组员					
任务分工							

【信息获取】

　　问题1：查阅药典，进行炽灼残渣检查的意义是什么？
　　问题2：炽灼残渣检查，需要准备哪些仪器和试剂？
　　问题3：写出炽灼残渣检查流程。
　　问题4：西咪替丁炽灼残渣检查结果的合格标准是什么？
　　问题5：炽灼残渣检查应注意哪些问题？

1. 原理

炽灼残渣指有机药品在规定的条件下，经炽灼后所遗留残渣的重量，以百分率表示。炽灼残渣主要是有机物或无机物。

2. 计算公式

$$W(\%) = \frac{W_2 - W_0}{W_1 - W_0} \times 100\%$$

式中　W_1——称取的西咪替丁与坩埚总重，g；

　　　W_2——坩埚与残渣的总重，g；

　　　W_0——坩埚重量，g；

　　　W——遗留残渣重量百分比，%。

3. 仪器和药品准备（表5-7）

表 5-7　实验操作仪器设备、试剂清单

主要仪器设备和试剂	电子天平(精度 0.0001g)
	电炉(1000W)
	马弗炉(可自动控温,700～800℃)
	石墨坩埚(20～30mm)
	耐高温隔板(300mm×300mm)
	干燥器(300mm)
	称量瓶(18mm×35mm)
	硫酸(3mol/L)

4. 操作方法

称取 1.0g 的西咪替丁，混合均匀，置已炽灼至恒重的坩埚中，精密称定，缓缓炽灼至完全炭化，放冷，加硫酸 0.5～1mL 使湿润，低温加热至硫酸蒸气除尽后，在 700～800℃ 炽灼使完全灰化，移至干燥器内，放冷，精密称定后，再在 700～800℃ 炽灼至恒重，计算限量。

5. 数据记录和结论（表5-8）

表 5-8　西咪替丁炽灼残渣检查记录

检品名称：		检品编号：	
检验项目：		温度：	湿度：
使用仪器	天平型号：_____	编号：_____	

测定方法	坩埚编号：_____，恒重：_____g 炽灼前坩埚与供试品总重_____g，炽灼后坩埚与残渣总重_____g，残渣重量为_____g
检验结果	西咪替丁遗留残渣重量_____%
标准规定	遗留残渣重量不超过0.1%
结论	□ 符合规定　　　　　□ 不符合规定

➲【相关知识】

有机药物经炭化或无机药物加热分解后，加硫酸湿润，先低温再高温（700～800℃）炽灼，使完全灰化，有机物分解挥发，残留的非挥发性无机杂质（多为金属氧化物或无机盐类）成为硫酸盐，称为炽灼残渣。加硫酸处理是使杂质转化为稳定的硫酸盐。《英国药典》（BP）称为硫酸灰分。

挥发性无机药物如盐酸、氯化铵等受热挥发或分解，残留非挥发性杂质，也按上法检查炽灼残渣。

取供试品1.0～2.0g，置已炽灼至恒重的坩埚中，精密称定，缓缓炽灼至完全炭化，放冷，除另有规定外，加硫酸0.5～1mL使湿润，低温加热至硫酸蒸气除尽后，在700～800℃炽灼使完全灰化，移至干燥器内，放冷，精密称定后，再在700～800℃炽灼至恒重，计算限量。

重金属在高温下易挥发，如供试品需将残渣留作重金属检查，则炽灼温度须控制在500～600℃。

➲【评价考核】

西咪替丁炽灼残渣检查评分表

项目	内容	分值	得分
接收工作任务	明确工作任务，了解药品杂质的来源和种类	10	
收集信息	掌握西咪替丁形成炽灼残渣的来源	5	
	掌握西咪替丁炽灼残渣检查的测定	5	
制订计划	按照西咪替丁炽灼残渣检查，制订合适的实验计划	5	
	能协同小组成员安排任务分工	5	
	能在任务实施过程中对试剂和仪器做一了解	5	

项目	内容	分值	得分
实施计划	查阅药典和相关资料	10	
	找出西咪替丁炽灼残渣测定程序的过程	10	
	找出西咪替丁炽灼残渣检查方法	10	
	找出西咪替丁炽灼残渣具体操作	10	
质量检查	操作过程规范,养成爱岗敬业、低碳环保的职业素养及遵守行业规范的良好习惯	10	
评价反馈	能对自身表现情况进行客观评价	10	
	在任务实施过程中发现自身问题	5	
总分		100	

【巩固提高】

1. 单项选择题

西咪替丁炽灼残渣检查是（　　　）。

A. 检查药物中遇到硫酸易炭化而成色的重量有机杂质

B. 检查药物在规定条件下经干燥后所减失的重量

C. 检查有机药物经炽灼炭化，再加硫酸湿润，低温加热至硫酸除尽后于高温（700～800℃）炽灼至完全灰化的重量

D. 检查药物中杂质最大允许量

E. 检查杂质的量是否超过限量的杂质检查方法

2. 简答题

称取西咪替丁 1.0g，混合均匀，置已炽灼至恒重的坩埚中，精密称定为 1.0001g，经炽灼得到残渣 0.0011g。计算并判定西咪替丁是否合格。

任务 5-6　葡萄糖的铁盐检查

○【情境描述】

　　国产不锈钢容器在接触温度较高的高浓度盐溶液时会被侵蚀脱铁。在配制10mg/g葡萄糖酸钙溶液时，若处方中使用辅料乳酸中铁盐含量相对较高，则灭菌后就会产生棕黄色浑浊，导致葡萄糖酸钙注射液澄明度出现浑浊或明显浑浊。

○【学习目标】

　　（1）能够理解葡萄糖的铁盐检查的意义。

　　（2）能够查阅《中国药典》，进行葡萄糖的铁盐检查测定。

　　（3）能够记录并判断葡萄糖的铁盐检查结果。

○【任务分组】

班级		日期		组号		教师	
组长		组员					
任务 分工							

○【信息获取】

　　问题1：查阅药典，葡萄糖的铁盐检查的意义是什么？

　　问题2：葡萄糖的铁盐检查，需要准备哪些仪器和试剂？

　　问题3：写出葡萄糖的铁盐检查流程。

　　问题4：葡萄糖的铁盐检查的合格标准是什么？

　　问题5：葡萄糖的铁盐检查应注意哪些问题？

1. 原理

铁盐在盐酸溶液中，与硫氰酸铵作用生成红色可溶性的硫氰酸铁配离子，与一定量标准铁溶液用同法处理后进行比较。

$$Fe^{3+} + nSCN^- \rightleftharpoons [Fe(SCN)_n]^{3-n} \qquad (n = 1 \sim 6)$$

2. 仪器和药品准备（表5-9）

表5-9　实验操作仪器设备、试剂清单

主要仪器设备	电子天平（精度0.0001g、0.01g）
	量瓶（1000mL、100mL）
	烧杯（100mL、250mL）
	量筒（50mL、10mL）
	纳氏比色管（50mL）
	试剂瓶（150mL）
	移液管（10mL、5ml）
药品试剂	硫氰酸铵（30%）
	稀盐酸（3mol/L）
	过硫酸铵
	硫酸
	标准铁贮备液（0.863g/L），$c(Fe^{3+}) \approx 0.1mg/mL$
	标准铁溶液 [$c(Fe^{3+}) \approx 0.01mg/mL$]

3. 操作方法

（1）配制标准铁溶液　称取硫酸铁铵[$FeNH_4(SO_4)_2 \cdot 12H_2O$]0.863g，置于1000mL量瓶中，加水溶解后，加硫酸2.5mL，用水稀释至刻度，摇匀，作为贮备液。临用前，精密量取贮备液10mL，置100mL量瓶中，加水稀释至刻度，即得（每1mL相当于10μg的Fe）。

（2）检查法　取葡萄糖2.0g，加水溶解成20mL，加硝酸3滴，缓慢煮沸5min，放冷，用水稀释制成45mL，加硫氰酸铵溶液（30→100）3.0mL，再加水适量稀释成50mL，摇匀，如显色，与标准铁溶液2.0mL用同一方法制成的对照溶液比较，不得更深（0.001%）。

4. 数据记录和结论（表 5-10）

表 5-10　葡萄糖的铁盐检查记录

检品名称：		检品编号：	
检验项目：		温度：　　　　湿度：	
使用仪器	天平型号：＿＿＿＿＿＿＿	编号：＿＿＿＿＿＿＿	
测定方法	取本品＿＿＿＿g，依法检查（通则 0807），与标准铁溶液（浓度＿＿＿＿＿＿＿mol/L）＿＿＿＿＿＿mL 制成的对照液比较，不得更浓（0.001％）		
检验结果	供试品溶液所显颜色＿＿＿＿于对照溶液所显的颜色		
标准规定	供试品溶液所显颜色不得深于对照溶液所显的颜色		
结论	□ 符合规定　　　　□ 不符合规定		

【相关知识】

葡萄糖的铁盐检查注意事项：

① 测定法中，加入氧化剂过硫酸铵将供试品中 Fe^{2+} 氧化成 Fe^{3+}，同时可防止硫氰酸铁因光照还原或分解褪色。

$$2Fe^{2+}+(NH_4)_2S_2O_8 \longrightarrow 2Fe^{3+}+(NH_4)_2SO_4+SO_4^{2-}$$

② 某些药物如葡萄糖、糊精、硫酸氢钠和硫酸镁等在检查过程中加硝酸处理，则不再加过硫酸铵，但必须加热煮沸除去一氧化氮，因硝酸中可能含亚硝酸，能与硫氰酸根离子作用，生成红色亚硝酰氰化物，影响比色。

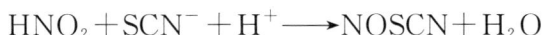

$$HNO_2+SCN^-+H^+ \longrightarrow NOSCN+H_2O$$

③ 铁盐与硫氰酸根离子的反应为可逆反应，加入过量的硫氰酸铵可增加产物配离子的稳定性，提高反应灵敏度，还能消除氯化物等干扰。

④ 如供试液管与对照液管色调不一致或所呈硫氰酸铁的颜色较浅不便比较时，可分别移入分液漏斗中，各加正丁醇或异戊醇提取后比色。因硫氰酸铁在正丁醇等有机溶剂中溶解度大，能增加颜色深度，并能排除某些干扰物质的影响。

【评价考核】

葡萄糖铁盐检查评分表

项目	内容	分值	得分
接收工作任务	明确工作任务，了解药品杂质的来源和种类	10	
收集信息	了解葡萄糖铁盐的来源	5	
	掌握葡萄糖铁盐成分的组成	5	

项目	内容	分值	得分
制订计划	按照葡萄糖铁盐流程,制订合适的实验计划	5	
	能协同小组成员安排任务分工	5	
	能在任务实施过程中对试剂和仪器做一了解	5	
实施计划	查阅药典和相关资料	10	
	找出葡萄糖铁盐检验程序的组成	10	
	找出葡萄糖铁盐检查方法	10	
	找出全程葡萄糖铁盐检查具体操作	10	
质量检查	操作过程规范,养成爱岗敬业、低碳环保的职业素养及遵守行业规范的良好习惯	10	
评价反馈	能对自身表现情况进行客观评价	10	
	在任务实施过程中发现自身问题	5	
总分		100	

【巩固提高】

计算题

取葡萄糖 2.0g,加水溶解成 20mL,加硝酸 3 滴,缓慢煮沸 5min,放冷,用水稀释制成 45mL,加硫氰酸铵溶液 (30→100)3.0mL,再加水适量稀释成 50mL,摇匀,如显色,与标准铁溶液 2.0mL 用同一方法制成的对照溶液比较,不得更深。已知标准铁溶液 $[c(Fe^{3+}) \approx 0.01mg/mL]$,计算葡萄糖铁盐的限量值。

任务 5-7 呋塞米的重金属检查

【情境描述】

2012 年 4 月，CCTV《每周质量报告》报道，浙江某县的一些药用胶囊生产厂，购买用工业皮革下脚料加工的工业明胶，代替食用明胶，作为原料生产药用胶囊，造成药品重金属最高超标 90 多倍。

【学习目标】

（1）能够理解呋塞米的重金属检查的意义。
（2）能够查阅《中国药典》，完成呋塞米的重金属检查测定。
（3）能够记录并判断呋塞米的重金属检查结果。

【任务分组】

班级		日期		组号		教师	
组长		组员					
任务分工							

【信息获取】

问题 1：查阅药典，呋塞米的重金属检查的意义是什么？
问题 2：呋塞米的重金属检查，需要准备哪些仪器和试剂？
问题 3：写出呋塞米的重金属检查流程。
问题 4：呋塞米的重金属检查合格标准是什么？
问题 5：呋塞米的重金属检查应注意哪些问题？

1. 原理

以硫化钠为显色剂，Pb^{2+} 与 S^{2-} 作用生成 PbS 微粒混悬液，与一定量标准铅溶液经同法处理后所呈颜色比较。

$$Pb^{2+} + S^{2-} \longrightarrow PbS \downarrow$$

2. 仪器和药品准备（表 5-11）

表 5-11 实验操作仪器设备、试剂清单

主要仪器设备	电子天平(精度 0.0001g、0.01g)
	量瓶(1000mL、100mL)
	烧杯(100mL、250mL)
	量筒(50mL、10mL)
	纳氏比色管(50mL)
	试剂瓶(150mL)
	移液管(10mL、5ml)
药品试剂	氢氧化钠(2mol/L)
	稀硝酸(3mol/L)
	硫化钠溶液
	标准硝酸铅贮备液(0.1599g/L)，$c(Pb^{2+}) \approx 0.1mg/mL$
	标准硝酸铅溶液[$c(Pb^{2+}) \approx 0.01mg/mL$]

3. 操作方法

（1）配制标准硝酸铅溶液 称取硝酸铅 0.1599g，置于 1000mL 量瓶中，加硝酸 5mL 与水 50mL 溶解后，用水稀释至刻度，摇匀，作为贮备液。临用前，精密量取贮备液 10mL，置 100mL 量瓶中，加水稀释至刻度，即得（每 1mL 相当于 $10\mu g$ 的 Pb）。本液仅供当日使用。

（2）检查法 取呋塞米 0.50g，加氢氧化钠试液 5mL 与水 20mL 溶解后，置纳氏比色管中，加硫化钠试液 5 滴，摇匀，与加 1mL 标准铅溶液同样处理后的比色管颜色比较，不得更深（0.002%）。

4. 数据记录和结论（表 5-12）

表 5-12 呋塞米的重金属检验记录

检品名称：		检品编号：	
检验项目：		温度：	湿度：
使用仪器	天平型号：_____		编号：_____

测定方法	取本品_____g,依法检查(通则0821,第三法),与标准铅溶液(浓度_____)_____ mL 制成的对照液比较,不得更浓(0.002%)
检验结果	呋塞米的重金属溶液所显颜色_____于对照溶液所显的颜色
标准规定	呋塞米的重金属溶液所显颜色不得深于对照溶液所显的颜色
结论	□ 符合规定　　　　　□ 不符合规定

⊃【相关知识】

呋塞米的重金属检查注意事项:

① 此测定法适于溶于碱而不溶于稀酸或在稀酸中即生成沉淀的药物。

②《中国药典》(2025年版)通则0821规定的重金属检查方法共有3种。第一法(硫代乙酰胺法),适于溶于水、稀酸和乙醇的药物。第二法,适于含芳环、杂环以及不溶于水、稀酸及乙醇的有机药物。第三法,适于溶于碱而不溶于稀酸或在稀酸中即生成沉淀的药物。

⊃【评价考核】

呋塞米的重金属检查评分表

项目	内容	分值	得分
接收工作任务	明确工作任务,了解呋塞米的重金属的来源和种类	10	
收集信息	掌握呋塞米的重金属的来源	5	
	掌握呋塞米的重金属成分的组成	5	
制订计划	按照呋塞米的重金属检查流程,制订合适的实验计划	5	
	能协同小组成员安排任务分工	5	
	能在任务实施过程中对试剂和仪器做一了解	5	
实施计划	查阅药典和相关资料	10	
	找出呋塞米的重金属检验程序的组成	10	
	找出呋塞米的重金属检验的方法	10	
	找出全程呋塞米的重金属检验具体操作	10	
质量检查	操作过程规范,养成爱岗敬业、低碳环保的职业素养及遵守行业规范的良好习惯	10	
评价反馈	能对自身表现情况进行客观评价	10	
	在任务实施过程中发现自身问题	5	
总分		100	

计算题

取某批次呋塞米 0.50g，加氢氧化钠试液 5mL 与水 20mL 溶解后，置纳氏比色管中，加硫化钠试液 5 滴，摇匀，与加 1mL 标准铅溶液同样处理后的比色管颜色比较，颜色相近，已知标准硝酸铅溶液[$c(Pb^{2+})\approx0.01mg/mL$]。请计算该呋塞米的重金属含量。

任务 5-8 头孢氨苄胶囊的水分测定

→【情境描述】

　　头孢氨苄胶囊水分过高会影响囊壳及有效成分的质量，加速主药的降解，也容易使头孢氨苄胶囊长菌。

　　头孢氨苄胶囊水分过高，大部分原因是使用淀粉作为辅料，淀粉烘干后大约含水分 5％以下，烘箱温度控制不正常或淀粉铺的太厚都会导致水分挥发困难。

→【学习目标】

　　(1) 能够理解头孢氨苄胶囊的水分测定的意义。

　　(2) 能够查阅《中国药典》，找到头孢氨苄胶囊的水分测定，并能完成测定。

　　(3) 能够记录并判断头孢氨苄胶囊的水分测定结果。

→【任务分组】

班级		日期		组号		教师	
组长		组员					
任务分工							

→【信息获取】

　　问题 1：查阅《中国药典》，头孢氨苄胶囊的水分测定的意义是什么？

　　问题 2：头孢氨苄胶囊的水分测定，需要准备哪些仪器和试剂？

　　问题 3：写出头孢氨苄胶囊的水分测定流程。

　　问题 4：头孢氨苄胶囊的水分含量合格标准是什么？

　　问题 5：头孢氨苄胶囊的水分测定应注意哪些问题？

1. 原理

非水氧化还原滴定反应，根据碘和二氧化硫在吡啶和甲醇溶液中与水定量反应的原理来测定水分，由碘、二氧化硫、吡啶和甲醇按一定比例组成的费休氏试液作标准滴定液。

$$I_2 + SO_2 + H_2O \rightleftharpoons 2HI + SO_3$$

因上述反应可逆，加无水吡啶和无水甲醇使反应顺利进行。总反应为：

$$I_2 + SO_2 + 3C_5H_5N + CH_3OH + H_2O \longrightarrow 2C_5H_5NHI + C_5H_5NHSO_4CH_3$$

判断滴定终点的方法有两种：①自身作指示剂，即利用碘的颜色指示终点，终点前溶液呈浅黄色，终点时为红棕色（微过量的费休氏试剂中碘的颜色）。②永停滴定法，按永停滴定法操作，终点时电流计指针突然偏转，并持续数分钟不退回。该法灵敏、准确，特别适用于有色溶液的测定。

2. 仪器和药品准备（表5-13）

表 5-13　实验操作仪器设备、试剂清单

主要仪器设备	电子天平(精度 0.0001g、0.01g)
	水分测定仪
	水浴锅
	具塞锥形瓶(500mL)
	干燥器(300mm)
	棕色试剂瓶(150mL)
	移液管(5ml)
药品试剂	硫酸
	碘
	无水吡啶
	无水甲醇
	冰
	SO_2 干燥气体(需制备)

3. 操作方法

（1）费休氏试液的制备与标定

① 制备：称取碘（置硫酸干燥器内48h以上）110g置干燥的具塞锥形瓶中，加无水吡啶160mL，注意冷却，振摇至碘全部溶解后，加入无水甲醇300mL，称定重量，将锥形瓶置冰浴中冷却，在避免空气中水分侵入的条件下，通入干燥的二氧化硫使重量增至72g，再加无水甲醇使成1000mL，密塞、摇匀，置暗处

放置 24h，临用前再标定。

也可以使用稳定的市售卡尔·费休氏试液。市售的试液可以是不含吡啶的其他碱化剂，不含甲醇的其他醇类等；也可以是单一的溶液或由两种溶液混合而成。本液应遮光，密封，置阴凉干燥处保存。临用前应标定浓度。

② 标定：精密称取纯化水 10～30mg，用水分测定仪直接标定。或精密称取纯化水 10～30mg（视费休氏试液滴定度和滴定管体积而定），置干燥的具塞玻瓶中，除另有规定外，加无水甲醇适量，在避免空气中水分侵入的条件下，用费休氏试液滴至溶液由浅黄变为红棕色，或用永停滴定法指示终点；另作空白试验，按下式计算费休氏试剂的滴定度。

$$F = \frac{W_{(水)}}{A - B}$$

式中　F——滴定度，为每 1mL 费休氏试液相当于水的质量，mg/mL；

$W_{(水)}$——纯化水的质量，mg；

A——滴定时所消耗费休氏试液的体积，mL；

B——空白所消耗费休氏试液的体积，mL。

（2）供试品的测定　精密称取头孢氨苄胶囊内容物（约消耗费休氏试液 1～5mL），除另有规定外，溶剂为无水甲醇，用水分测定仪直接测定。或精密称取供试品适量（约消耗费休氏试液 1～5mL），置干燥的具塞锥形瓶中，加溶剂适量，在不断振摇（或搅拌）下用费休氏试液滴定至溶液由浅黄色变为红棕色，或用电化学方法（如永停滴定法通则 0701）指示终点；另作空白试验，按下式计算，含水分不超过 9.0%。

$$供品中水分含量 = \frac{(A - B) \times F}{W_{(供)}} \times 100\%$$

式中　A——供试品所消耗费休氏试液的体积，mL；

B——空白所消耗费休氏试液的体积，mL；

F——每 1mL 费休氏试液相当于水的质量，mg/mL；

$W_{(供)}$——供试品的质量，mg。

4. 数据记录和结论（表 5-14）

表 5-14　头孢氨苄胶囊水分检验记录

检品名称：		检品编号：	
检验项目：		温度：　　　　湿度：	
使用仪器	天平型号：＿＿＿＿＿＿＿	编号：＿＿＿＿＿＿＿	

测定方法	取本品 _____ g,依法检查(通则 0832,第一法),消耗费休氏滴定液 _____ mL,费休氏滴定液滴定度 _____ mg/mL
检验结果	头孢氨苄胶囊水分含量 _____ %
标准规定	头孢氨苄胶囊含水分不得过 9.0%
结论	□ 符合规定　　　　□ 不符合规定

【相关知识】

头孢氨苄胶囊水分测定注意事项:

① 配制费休氏试液对试剂的纯度要求较高,特别对试剂含水量的要求应控制在 0.1% 以下。所用的碘应置硫酸干燥器内干燥 48h 以上。二氧化硫如取自贮气钢瓶,应使其通过浓硫酸洗气瓶脱水。所用仪器应干燥,并能避免空气中的水分侵入。整个测定操作应迅速,并在干燥处进行。

② 费休氏试液不稳定,应遮光、密封,置阴凉干燥处保存,下次临用前应重新标定。费休氏试液的 F 值应在 4.0mg/mL 上下为宜,若 F 值降低至 3.0mg/mL 以下时,滴定终点不敏锐,不宜再用。

③ 费休氏法不适于测定氧化剂、还原剂以及能与试液生成水的化合物的测定,如铬酸盐、过氧化物、硫代硫酸盐、硫化物、碱性氧化物以及含氧弱酸盐等。一些羰基化合物如活泼的醛、酮可与试剂中的甲醇作用,生成缩醛和水,也会干扰测定。

【评价考核】

头孢氨苄胶囊水分测定评分表

项目	内容	分值	得分
接收工作任务	明确工作任务,了解呋塞米的重金属的来源和种类	10	
收集信息	掌握头孢氨苄胶囊水分的来源	5	
	掌握头孢氨苄胶囊水分的组成	5	
制订计划	按照头孢氨苄胶囊水分测定流程,制订合适的实验计划	5	
	能协同小组成员安排任务分工	5	
	能在任务实施过程中对试剂和仪器做一了解	5	
实施计划	查阅药典和相关资料	10	
	找出头孢氨苄胶囊水分测定程序的组成	10	
	找出头孢氨苄胶囊水分测定的方法	10	
	找出全程头孢氨苄胶囊水分测定具体操作	10	

项目	内容	分值	得分
质量检查	操作过程规范,养成爱岗敬业、低碳环保的职业素养及遵守行业规范的良好习惯	10	
评价反馈	能对自身表现情况进行客观评价	10	
	在任务实施过程中发现自身问题	5	
	总分	100	

➲【巩固提高】

计算题

精密称取头孢氨苄胶囊内容物 1.5g,消耗费休氏试液 3.03mL,空白为 0.03mL。费休氏试液 F 值为 4.03mg/mL,判断头孢氨苄胶囊是否合格。

任务 5-9　亚硫酸氢钠的砷盐检查

➲【情境描述】

砷盐，是药物生产过程中的一种潜在"毒物"，主要由无机试剂引入，和重金属一样，对药物安全构成威胁。因此，无论是《中国药典》还是《国际药典》，都严格规定了药物中砷盐的含量限制。

➲【学习目标】

（1）能够理解砷盐检查的意义。

（2）能够查阅《中国药典》，找到砷盐检查方法并能完成检查测定。

（3）能够记录并判断砷盐检查结果。

➲【任务分组】

班级		日期		组号		教师	
组长		组员					
任务分工							

➲【信息获取】

问题1：查阅《中国药典》，了解砷盐检查的方法有哪些。

问题2：亚硫酸氢钠的砷盐检查，需要准备哪些仪器和试剂？

问题3：写出亚硫酸氢钠的砷盐检查流程。

问题4：亚硫酸氢钠中砷盐检查的合格标准是什么？

问题5：亚硫酸氢钠的砷盐检查应注意哪些问题？

1. 原理

古蔡氏法是利用金属锌与酸作用产生新生态的氢与药品中微量亚砷酸盐反应生成具有挥发性的砷化氢，遇溴化汞试纸产生黄色至棕色的砷斑，与同一条件下定量标准砷溶液所产生的砷斑比较，以判定砷盐的限量。

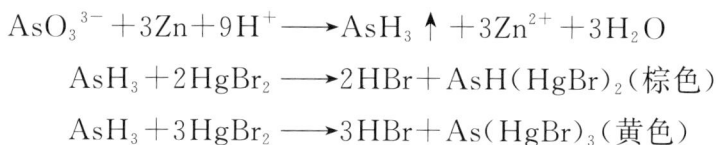

$$AsO_3^{3-} + 3Zn + 9H^+ \longrightarrow AsH_3\uparrow + 3Zn^{2+} + 3H_2O$$
$$AsH_3 + 2HgBr_2 \longrightarrow 2HBr + AsH(HgBr)_2(棕色)$$
$$AsH_3 + 3HgBr_2 \longrightarrow 3HBr + As(HgBr)_3(黄色)$$

2. 仪器和药品准备（表 5-15）

表 5-15　实验操作仪器设备、试剂清单

主要仪器设备	电子天平(精度 0.0001g)
	水浴锅
	量瓶(1000mL)
	标准磨口锥形瓶(100mL)
	中空标准磨口塞
	导气管
	有机玻璃旋塞
	有机玻璃旋塞盖
药品试剂	三氧化二砷
	碘化钾试液
	酸性氯化亚锡试液
	乙醇制溴化汞试液
	溴化汞试纸
	锌粒
	稀盐酸
	氢氧化钠溶液（20%）
	醋酸铅棉花
	标准砷贮备液(0.132g/L),c(As)=0.1mg/mL
	标准砷溶液(c=0.001mg/mL)

3. 操作方法

（1）标准砷溶液的制备　精密称取 105℃ 干燥至恒重的三氧化二砷 0.132g 置 1000mL 量瓶中，加 20%氢氧化钠溶液 5mL 溶解后，用适量的稀盐酸中和，再加稀硫酸 10mL，用水稀释至刻度，摇匀，作为贮备液。临用前精密量取贮备液 10mL ，置 1000mL 量瓶中，加稀硫酸 10mL，用水稀释至刻度，摇匀，即得（每 1mL 相当于 1.0μg 的 As）。

（2）仪器装置（古蔡氏法）　如图 5-1 所示，A 为 100mL 标准磨口锥形瓶；B 为中空的标准磨口塞，上连导气管 C（外径 8.0mm，内径 6.0mm），全长约 180mm；D 为具孔的有机玻璃旋塞，其上部为圆形平面，中央有一圆孔，孔径与导气管 C 的内径一致，其下部孔径与导气管 C 的外径相适应，将导气管 C 的顶端套入旋塞下部孔内，并使管壁与旋塞的圆孔相吻合，黏合固定；E 为中央具有圆孔（孔径 6.0mm）的有机玻璃旋塞盖，与 D 紧密吻合。

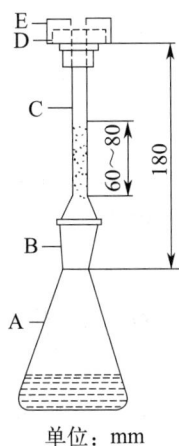

单位：mm

图 5-1　古蔡氏法仪器装置

测试时，于导气管 C 中装入醋酸铅棉花 60mg（装管高度为 60～80mm），再于旋塞 D 的顶端平面上放一片溴化汞试纸（试纸大小以能覆盖孔径而不露出平面外为宜），盖上旋塞盖 E 并旋紧，即得。

（3）制备标准砷斑　精密量取标准砷溶液 2mL，置 A 瓶中，加盐酸 5mL 与水 21mL，再加碘化钾试液 5mL 与酸性氯化亚锡试液 5 滴，在室温放置 10min 后，加锌粒 2g，立即将照上法装妥的导气管 C 密塞于 A 瓶上，并将 A 瓶置 25～40℃水浴中，反应 45 min，取出溴化汞试纸，即得。

若供试品需经有机破坏后再行检砷，则应取标准砷溶液代替供试品，照该品种项下规定的方法同法处理后，依法制备标准砷斑。

（4）检查法　取按各品种项下规定方法制成的供试品溶液，置 A 瓶中，照标准砷斑的制备，自"再加碘化钾试液 5mL"起，依法操作。将生成的斑与标准砷斑比较，不得更深。

4. 数据记录和结论（表 5-16）

表 5-16　亚硫酸氢钠的砷盐检验记录

检品名称：		检品编号：		
检验项目：		温度：　　　　湿度：		
使用仪器	天平型号：＿＿＿＿＿＿＿		编号：＿＿＿＿＿＿	
测定方法	取本品＿＿＿＿g，依法检查（通则 0822，第一法），与标准砷溶液（浓度＿＿＿＿＿＿）＿＿＿＿mL 制成的标准砷斑比较，不得更深			
检验结果	亚硫酸氢钠所产生的砷斑＿＿＿＿＿于标准砷斑			
标准规定	亚硫酸氢钠所产生的砷斑不得深于标准砷斑			
结论	□ 符合规定　　　　□ 不符合规定			

【相关知识】

《中国药典》（2025 年版）通则 0822 规定的砷盐检查方法有第一法（古蔡氏法）、第二法（二乙基二硫代氨基甲酸银法）两种方法。

注意事项：

① 所用仪器和试液等照本法检查，均不应生成砷斑，或至多生成仅可辨认的斑痕。

② 制备标准砷斑或标准砷对照液，应与供试品检查同时进行。

③ 本法所用锌粒应无砷，以能通过一号筛的细粒为宜，如使用的锌粒较大时，用量应酌情增加，反应时间亦应延长为 1h。

④ 醋酸铅棉花系取脱脂棉 1.0g，浸入醋酸铅试液与水的等容混合液 12mL 中，湿透后，挤压除去过多的溶液，并使之疏松，在 100℃ 以下干燥后，贮于玻璃塞瓶中备用。

【评价考核】

亚硫酸氢钠的砷盐检查评分表

项目	内容	分值	得分
接收工作任务	明确工作任务，了解亚硫酸氢钠的砷盐检查方法和种类	10	
收集信息	掌握亚硫酸氢钠的砷盐检查的原理	5	
	掌握亚硫酸氢钠的砷盐检查方法和种类	5	
制订计划	按照亚硫酸氢钠的砷盐检查流程，制订合适的实验计划	5	
	能协同小组成员安排任务分工	5	
	能在任务实施过程中对试剂和仪器做一了解	5	

项目	内容	分值	得分
实施计划	查阅药典和相关资料	10	
	找出亚硫酸氢钠的砷盐检查程序的组成	10	
	找出亚硫酸氢钠的砷盐检查方法	10	
	找出全程亚硫酸氢钠的砷盐检查具体操作	10	
质量检查	操作过程规范,养成爱岗敬业、低碳环保的职业素养及遵守行业规范的良好习惯	10	
评价反馈	能对自身表现情况进行客观评价	10	
	在任务实施过程中发现自身问题	5	
总分		100	

➲【巩固提高】

1. 单项选择题

(1) 古蔡氏法检查砷盐的原理是什么?（　　）

A. 利用金属锌与酸反应产生的氢气还原砷盐

B. 金属锌与酸作用产生新生态氢,与药物中微量砷盐反应生成具挥发性的砷化氢,遇溴化汞试纸产生砷斑

C. 砷盐在酸性条件下与溴化汞试纸直接反应产生砷斑

D. 砷盐在碱性条件下与碘化钾反应产生砷斑

(2) 检查砷盐时,在导气管中装入醋酸铅棉花的作用是（　　）。

A. 吸收砷化氢　　　　　　　B. 吸收溴化氢

C. 吸收硫化氢　　　　　　　D. 吸收氯化氢

2. 填空题

砷盐检查的方法有_____、_____。

任务 5-10 甲硝唑的有关物质检查

【情境描述】

在一家制药公司的质量控制部门，质量检测专家正在对一批新生产的甲硝唑原料药进行有关物质的检查。这批原料药将被用于制造甲硝唑片剂，因此其纯度至关重要，必须确保不含有超过规定限度的杂质。

【学习目标】

（1）能够理解甲硝唑的有关物质检查的意义。

（2）能够查阅《中国药典》，找到甲硝唑的有关物质检查方法并能完成检查测定。

（3）能够记录并判断甲硝唑的有关物质检查结果。

【任务分组】

班级		日期		组号		教师	
组长		组员					
任务 分工							

【信息获取】

问题 1：查阅药典，甲硝唑的有关物质检查的意义是什么？

问题 2：甲硝唑的有关物质检查，需要准备哪些仪器和试剂？

问题 3：写出甲硝唑的有关物质检查流程。

问题 4：甲硝唑的有关物质检查结果合格标准是什么？

问题 5：甲硝唑的有关物质检查应注意哪些问题？

1. 原理

高效液相色谱法系采用高压输液泵将规定的流动相泵入装有填充剂的色谱柱，对供试品进行分离测定的色谱方法。注入的供试品，由流动相带入色谱柱内，各组分在柱内被分离，并进入检测器检测，由积分仪或数据处理系统记录和处理色谱信号。

2. 仪器和药品准备（表5-17）

表5-17　实验操作仪器设备、试剂清单

主要仪器设备	电子天平(精度0.0001g)
	高效液相色谱仪
	量瓶(100mL、50mL)
	进样针
	干燥器(300mm)
	棕色试剂瓶(150mL)
药品试剂	无水甲醇
	磷酸二氢钾
	乙酸
	二甲基亚砜
	甲硝唑对照品

3. 操作方法

（1）配制供试品溶液　取本品约100mg，置100mL量瓶中，加甲醇溶解并稀释至刻度，摇匀，精密量取10mL，置于50mL量瓶中，用流动相定量稀释制成（每1mL中含0.2mg的溶液）。

（2）配制对照品溶液　取杂质I对照品约20mg，置100mL量瓶中，加甲醇溶解并稀释至刻度，摇匀。

（3）配制对照溶液　分别精密量取供试品溶液2mL与对照品溶液1mL，置同一100mL量瓶中，用流动相稀释至刻度，摇匀，精密量取5mL，置50mL量瓶中，用流动相稀释至刻度，摇匀。

（4）配制灵敏度溶液　精密量取供试品溶液1mL，置100mL量瓶中，用流动相稀释至刻度，摇匀，精密量取5mL，置100mL量瓶中，用流动相稀释至刻度，摇匀。

（5）色谱条件　用十八烷基硅烷键合硅胶为填充器；以甲醇-水（20：80）

为流动相；检测波长为 315nm，进样体积 20μL。

（6）系统适用性要求　对照溶液色谱图中，理论板数按甲硝唑峰计算不低于 2000，甲硝唑峰与杂质 I 峰之间的分离度应大于 2.0。灵敏度溶液色谱图中，主成分峰高的信噪比不低于 10。

（7）测定法　精密量取供试品溶液与对照溶液各 20μL，分别注入液相色谱仪，记录色谱图至主成分峰保留时间的 2 倍。

（8）限度　供试品溶液色谱图中如有与对照溶液中杂质 I 峰保留时间一致的色谱峰，其峰面积不得大于对照溶液中甲硝唑峰面积的 0.5 倍（0.1%）；各杂质峰面积的和不得大于对照溶液中甲硝唑峰面积（0.2%），小于灵敏度溶液主峰面积的峰忽略不计。

4. 数据记录和结论（表 5-18）

表 5-18　甲硝唑的有关物质检查记录

检品名称：		检品编号：		
检验项目：		温度：	湿度：	
使用仪器	高效液相色谱仪型号：_____		编号：_____	

测定方法

流动相制备[甲醇-水(20:80)]:分别量取色谱纯甲醇____ mL 及超纯水____ mL，置 1000mL 烧杯中，用洁净玻璃棒搅拌均匀，超声 5min，用孔径不大于 0.45μm 的滤膜过滤，超声 10min。

供试品溶液制备:取本品____ mg，精密称定，置____ mL 量瓶中，加甲醇溶解并稀释至刻度，摇匀，精密量取____ mL，置于____ mL 量瓶中，用流动相定量稀释制成(每 1mL 中含 0.2mg 的溶液)。

配制对照品溶液:取杂质 I 对照品____ mg，置____ mL 量瓶中，加甲醇溶解并稀释至刻度，摇匀。

配制对照溶液:分别精密量取供试品溶液____ mL 与对照品溶液____ mL，置同一____ mL 量瓶中，用流动相稀释至刻度，摇匀，精密量取____ mL，置____ mL 量瓶中，用流动相稀释至刻度，摇匀。

配制灵敏度溶液:精密量取供试品溶液____ mL，置____ mL 量瓶中，用流动相稀释至刻度，摇匀，精密量取____ mL，置____ mL 量瓶中，用流动相稀释至刻度，摇匀。

(1)对照溶液

序号	保留时间	峰面积	理论板数	分离度
杂质 I				
甲硝唑(主峰)				

(2)灵敏度溶液主成分峰高的信噪比为_____，主峰面积为_____。

(3)供试品溶液

序号	保留时间(min)	峰面积
杂质 1		
杂质 2		
杂质 3		
杂质 4		
杂质…		
总杂质(小于灵敏度溶液主峰面积的峰忽略不计)		

测定方法	① 供试品溶液色谱图中与对照溶液中杂质Ⅰ峰保留时间一致的色谱峰为杂质____，其峰面积($A_Ⅰ$)为_____； 对照溶液中甲硝唑峰面积($A_{甲硝唑}$)为_____； 则 $A_Ⅰ/A_{甲硝唑}=$_____，(_____ 0.5)。 ② 供试品溶液中各杂质峰面积的和($A_{总杂质}$)为_____。 $A_{总杂质}$_____$A_{甲硝唑}$
检验结果	供试品溶液色谱图中与对照溶液中杂质Ⅰ峰保留时间一致的色谱峰，其峰面积为对照溶液中甲硝唑峰面积的____倍(0.1%)；各杂质峰面积的和_____对照溶液中甲硝唑峰面积(0.2%)，小于灵敏度溶液主峰面积的峰忽略不计
标准规定	供试品溶液色谱图中如有与对照溶液中杂质Ⅰ峰保留时间一致的色谱峰，其峰面积不得大于对照溶液中甲硝唑峰面积的0.5倍(0.1%)；各杂质峰面积的和不得大于对照溶液中甲硝唑峰面积(0.2%)，小于灵敏度溶液主峰面积的峰忽略不计
结论	□ 符合规定　　　　　□ 不符合规定

【相关知识】

有关物质，是指在药物生产及贮存中所引入或生成的起始物料、中间体、副产物、异构体、降解物、催化剂等；药物制剂的有关物质主要是指药物自身的降解物以及药物与辅料或包装材料相容性产物等（还包括与辅料包材的残留物、浸出物、可提取物的相容性产物）。有关物质可能会具有不确定的毒性，甚至潜在的致癌、致畸、致突变等性质，因此需严格控制。

有关物质的检测方法包括化学法、光谱法、色谱法等，根据药物结构及降解产物的不同采用不同的检测方法，通过合适的分析技术将不同结构的杂质进行分离、检测，从而达到对杂质的有效控制。目前普遍采用的杂质检测方法主要有：

① 高效液相色谱法（HPLC）。为常用的分析方法，选择不同的色谱柱对杂质进行有效的分离。

② 薄层色谱法（TLC）。是快速分离和定性分析少量物质的一种很重要的实验技术，但准确性较低。

③ 气相色谱法（GC）。气相色谱法主要是用于能气化的物质的检测和分离。一般用于有机残留溶剂的检测和分离，也可用于一些能挥发的杂质的检测。

④ 毛细管电泳法（CE）。毛细管电泳法是以弹性石英毛细管为分离通道，以高压直流电场为驱动力，依据样品中各组分的淌度和（或）分配行为的差异而实现各组分分离的一种分析方法。其应用比较广泛，但该方法测定精密度不高，专属性不稳定，且CE仪器价格较高。

甲硝唑的有关物质检查评分表

项目	内容	分值	得分
接收工作任务	明确工作任务,了解甲硝唑的有关物质检查方法和种类	10	
收集信息	掌握甲硝唑的有关物质检查的原理	5	
	掌握甲硝唑的有关物质检查方法和种类	5	
制订计划	按照甲硝唑的有关物质检查流程,制订合适的实验计划	5	
	能协同小组成员安排任务分工	5	
	能在任务实施过程中对试剂和仪器做一了解	5	
实施计划	查阅药典和相关资料	10	
	找出甲硝唑的有关物质检查程序的组成	10	
	找出甲硝唑的有关物质检查方法	10	
	找出全程甲硝唑的有关物质检查具体操作	10	
质量检查	操作过程规范,养成爱岗敬业、低碳环保的职业素养及遵守行业规范的良好习惯	10	
评价反馈	能对自身表现情况进行客观评价	10	
	在任务实施过程中发现自身问题	5	
总分		100	

⊃【巩固提高】

简答题

（1）高效液相色谱法（HPLC）是一种广泛应用于生物化学、药物分析等领域的分析技术。请说出色谱分析中常用的术语。

（2）甲硝唑测定时色谱条件是什么？

👁 **科学视野**

著名药物化学家彭司勋院士

彭司勋（1919—2018 年），我国著名药物化学家、药学教育家，药学泰斗，一代宗师。1996 年 2 月当选为中国工程院院士。他从事药学教育和科学研究 40 多年，编著多种教材和参考书，教书育人，为中国培育了大批药学人才。代表作有《药物化学》等。

彭司勋，1938 年夏天，他考入 4 年制的原国立药学专科学校（现中国药科大学）。1942 年 6 月，到中央卫生实验院化学药物组实习。1948 年彭司勋由单位推荐，获得联合国世界卫生组织（WHO）奖学金，赴美国留学。后来，彭司勋经马基华建议，转学到哥伦比亚大学。毕业后在哥伦比亚大学药学实验室工作。1950 年 6 月，彭司勋通过学位论文答辩，获得硕士学位。1950 年 8 月，彭司勋回国，1951 年初，彭司勋回母校（华东药学专科学校）任教。

他先后主编《中国药学年鉴》《药物化学》等书籍，并担任《中国药科大学学报》主编，还参与了《药物化学进展》、《中国药典》［1988 年版（英文版）］等书刊的编写。1970 年，彭司勋和研究组成员从仿制入手，成功研制了对肿瘤有疗效的"六甲蜜胺"（HMM）。1982 年，彭司勋提出除设计合成靶向药物外，以中草药为先导，结合计算机辅助药物设计（CADD）和定量构效（QSAR）的理论和技术，优化和改造先导物结构，进行作用机制和构效关系研究，创制具有自主知识产权的新药。

模块小结

药物的杂质检查

杂质检查概述
- 1.杂质的种类、杂质的来源、生产过程带入杂质、杂质检查、杂质限量
- 2.杂质限量计算

葡萄糖的氯化物、硫酸盐、铁盐、重金属、砷盐检查

1.检查原理
- ①微量氯化物在硝酸酸化条件下与硝酸银反应，生成氯化银胶体微粒
- ②硫酸盐在稀盐酸酸性条件下与氯化钡反应，生成硫酸钡微粒显白色浑浊
- ③铁盐在盐酸酸性溶液中，与硫氰酸铵作用生成红色可溶性的硫氰酸铁配离子
- ④Pb^{2+} 与 S^{2-} 作用生成 PbS微粒混悬液
- ⑤古蔡氏法是利用金属锌与酸作用产生新生态的氢与药品中微量亚砷酸盐反应生成具有挥发性的砷化氢，遇溴化汞试纸产生黄色至棕色的砷斑

2.仪器和试剂
- ①分析天平、量瓶、移液管等
- ②纳氏比色管

3.操作
- ①制备标准溶液
- ②取供试品→配溶液入纳氏比色管→与标准溶液对比
- ③结论

4.限量
- ①氯化物，0.01%
- ②硫酸盐，0.01%
- ③铁盐，0.001%
- ④重金属，0.002%
- ⑤砷盐，0.001%

葡萄糖的干燥失重检查
- 1.检查原理　在规定的条件下，经干燥后所减失的重量
- 2.仪器　天平、烘箱、干燥器、扁形称量瓶
- 3.操作
  - ①取供试品→扁形称量瓶→干燥至恒重
  - ②计算干燥失重
- 4.限量　减失重量在 7.5%～9.5%

西咪替丁的炽灼残渣检查
- 1.检查原理　药品在规定的条件下，经炽灼后所遗留残渣的重量
- 2.仪器　天平、电炉、石墨坩埚、干燥器、称量瓶等
- 3.操作　取供试品→放入恒重坩埚→炽灼→酸处理→炽灼灰化→干燥器→称重
- 4.限量　遗留残渣重量不超过 0.1%

头孢氨苄胶囊的水分测定
- 1.检查原理
  - ①碘和二氧化硫在吡啶和甲醇溶液中与水定量反应
  - ②判断滴定终点的方法有自身作指示剂、永停滴定法两种
- 2.仪器和试剂
  - ①天平、水分测定仪、具塞锥形瓶、干燥器、水浴锅、移液管等
  - ②硫酸、碘、无水吡啶、无水甲醇、冰、二氧化硫干燥气体
- 3.操作
  - 费休氏试液的制备
  - 费休氏试液的标定
  - 供试品测定　取供试品→置干燥的具塞锥形瓶→费休氏试液滴定至浅黄色变为红棕色
- 4.限量　含水分不超过 9.0%

甲硝唑的有关物质检查
- 1.检查原理　注入的供试品，由流动相带入色谱柱内，各组分在柱内被分离，并进入检测器检测，由积分仪或数据处理系统记录和处理色谱信号
- 2.仪器和试剂
  - 天平、高效液相色谱仪、进样器、移液管、量瓶等
  - 无水甲醇、磷酸二氢钾、乙酸、二甲基亚砜、甲硝唑对照品
- 3.操作
  - ①配制供试品溶液、配制对照品溶液、配制对照溶液、配制灵敏度溶液
  - ②设定色谱条件
  - ③测定　精密量取供试品溶液与对照溶液各20μL，分别注入液相色谱仪
- 4.限度　峰面积不得大于对照溶液中甲硝唑峰面积的0.5倍(0.1%)

模块六

药物制剂的常规检查

任务 6-1　学习制剂通则

●【情境描述】

《中国药典》制剂通则（0100）部分始于 2015 年版，是将 2010 年版《中国药典》中化学药、中药和生物制品三部分别收载的制剂通则合并后，独立新增的部分。制剂通则是为了确保临床给药剂量的准确性、保证药品的质量稳定以及提高药品的安全性和有效性而制定的。该部分内容旨在通过对药物制剂的总体论述来指导医药工作者对不同剂型、亚剂型进行合理的应用。

●【学习目标】

（1）能够理解制剂通则的概念和检查意义。
（2）能够掌握不同制剂的常规检查项目。
（3）能够根据制剂的质量标准写出"其他"检验项目。

●【任务分组】

班级		日期		组号		教师	
组长		组员					
任务分工							

问题1：查阅药典，制剂通则检查的意义是什么？

问题2：制剂通则收载于《中国药典》第几部？

问题3：片剂、注射剂、胶囊剂的制剂通则包括哪些检查项目？

◯【工作实施】

（1）资料准备，《中国药典》（2025年版）。

（2）查阅甲硝唑片的质量标准，结合药典四部，写出该药品"其他"项应进行的检查项目。

（3）查阅葡萄糖注射液的质量标准，结合药典四部，写出该药品"其他"项应进行的检查项目。

（4）查阅甲硝唑胶囊的质量标准，结合药典四部，写出该药品"其他"项应进行的检查项目。

（5）归纳总结。

◯【相关知识】

制剂通则是关于同一类制剂（即剂型）的共性问题和一般的原则要求。是按照药物剂型分类，针对剂型特点所规定的基本技术要求。《中国药典》（2025年版）规定了制剂通则适用的制剂应遵循的原则，包括单位剂量均匀性、稳定性、安全性与有效性、剂型与给药途径、包装与贮藏、标签与说明书。

药典四部"制剂通则"的每一种剂型项下，详细列出各剂型的定义、分类、生产与贮藏期间的规定、外观质量要求以及常规检查项目，不同的剂型其常规检查项目也是各不相同（表6-1）。

在实际药品生产和检测中，药物制剂必须按照"制剂通则"项下的相关规定进行药品控制与检测，且必须符合"制剂通则"要求。

表6-1 片剂、注射剂及胶囊剂的常规检查项目

药物制剂	检查项目
片剂	重量差异、崩解时限、发泡量（阴道泡腾片）、分散均匀性（分散片）、微生物限度
注射剂	装量（注射液及注射用浓溶液）、装量差异（注射用无菌粉末）、渗透压摩尔浓度（静脉输液及椎管注射用注射液）、可见异物、不溶性微粒（静脉注射、静脉滴注、鞘内注射、椎管内注射的溶液型注射液、注射用无菌粉末及注射用浓溶液）、中药注射剂有关物质、重金属及有害元素残留量（中药注射剂）、无菌、细菌内毒素或热原（静脉用注射剂）

药物制剂	检查项目
胶囊剂	水分(中药硬胶囊剂)、装量差异、崩解时限、微生物限度

【评价考核】

制剂通则概述评分表

项目	内容	分值	得分
接收工作任务	明确工作任务,理解制剂通则检查的意义	10	
收集信息	掌握不同制剂通则检查内容	5	
	掌握制剂通则的查阅方法	5	
制订计划	按照制剂检查内容完成该制剂检查项下"其他"检查项目,制订合适的任务计划	5	
	能协同小组成员安排任务分工	5	
	能在实施前准备好需要的资料	5	
实施计划	资料准备	5	
	找出甲硝唑片"其他"项应进行的检查项目	10	
	找出葡萄糖注射液"其他"项应进行的检查项目	10	
	找出甲硝唑胶囊"其他"项应进行的检查项目	10	
	归纳总结	10	
质量检查	完成任务,养成自我学习的良好习惯	10	
评价反馈	能对自身表现情况进行客观评价	5	
	在实验实施过程中发现自身问题	5	
总分		100	

【巩固提高】

简答题

分别写出维生素 C 片和异烟肼片的其他检查项目,比较这两种片剂"其他"检验项目的异同。

任务 6-2　银杏叶片的重量差异检查

　　某地药品监督管理局在抽检监督药品质量时发现某药业公司生产的银杏叶片不符合规定，不符合规定项目为重量差异。重量差异系反映均匀性的指标，是保证准确给药的重要参数之一，片剂一般都要进行重量差异检查。

⊙【学习目标】

　　（1）能够理解重量差异检查的概念和检查意义。
　　（2）能够查阅《中国药典》，找到重量差异检查法并使用仪器完成重量差异检查。
　　（3）能够记录并判断重量差异检查结果。

⊙【任务分组】

班级		日期		组号		教师	
组长		组员					
任务分工							

⊙【信息获取】

　　问题1：查阅药典，重量差异检查的意义是什么？
　　问题2：银杏叶片的重量差异检查，需要准备哪些仪器和试剂？
　　问题3：根据重量差异检查法，写出银杏叶片的重量差异检查流程。
　　问题4：如何判断银杏叶片的重量差异是否符合规定？
　　问题5：重量差异检查应注意哪些问题？

1. 仪器和药品准备（表6-2）

表 6-2　实验操作仪器设备、试剂清单

主要仪器设备	分析天平［精度0.0001g（适用于平均片重0.30g以下的片剂）或精度0.001g（适用于平均片重0.30g或0.30g以上的片剂）］
	称量瓶
	平头手术镊
药品试剂	银杏叶片

2. 操作方法

取供试品20片，精密称定总重量，求得平均片重后，再分别精密称定每片的重量，每片的重量与平均片重相比较（凡无含量测定的片剂或者有标示片重的中药片剂，每片重量应与标示片重比较）。片剂重量差异限度如表6-3所示。

表 6-3　片剂重量差异限度

平均片重或标示片重	重量差异限度
0.30g 以下	±7.5％
0.30g 或 0.30g 以上	±5％

3. 记录与计算

记录总重和每片重量，求出平均片重及允许片重范围。

【小提示】　平均片重应保留三位有效数字。确定差异限度时应先将平均片重修约至两位有效数字，再根据片剂重量差异限度表选择差异限度，然后按照差异限度计算允许的片重范围，如果有超出限度范围的，则需要计算片重加倍范围。

4. 结果判定

每片重量均未超出允许片重范围，或与平均片重相比较，均未超出重量差异限度，或超出重量差异限度的药片不多于2片，且均未超出限度1倍，均判为符合规定。

每片重量与平均片重相比较，超出重量差异限度的药片多于2片，或超出重量差异限度的药片虽不多于2片，但其中1片超出限度的1倍，均判为不符合规定。

5. 检验记录（表 6-4）

表 6-4　重量差异检查检验记录

检品名称：	检品编号：	
检验项目：	温度：　　　　湿度：	
使用仪器	天平型号：＿＿＿＿＿＿＿	编号：＿＿＿＿＿＿＿
测定法	取供试品 20 片,精密称定总重量,求得平均片重后,再分别精密称定每片的重量,每片的重量与平均片重相比较	
测定结果	20 片重：＿＿＿＿＿　　平均片重：＿＿＿＿＿＿＿ 重量差异限度：＿＿＿＿＿＿＿＿＿＿＿＿＿＿＿ 重量差异限度加倍：＿＿＿＿＿＿＿＿＿＿＿＿＿ 测定片重： ＿＿＿＿＿＿＿＿＿＿＿＿＿＿＿＿＿＿＿＿＿＿ ＿＿＿＿＿＿＿＿＿＿＿＿＿＿＿＿＿＿＿＿＿＿	
标准规定	超出重量差异限度的不得多于 2 片,并不得有 1 片超出限度的 1 倍	
结论	□ 符合规定　　　　　□ 不符合规定	

➲【相关知识】

片剂是将药物与辅料混匀后压制而成，是常见的一种口服药物，由于人们在服用药品时是按照单位剂量来服用，因此每一单位产品都符合有效性、安全性和均一性的规定要求。因此进行片剂药物的质量检测时，为了保证药品均一性的质量特征，需要进行重量差异检查。

1. 重量差异概念

重量差异是指按规定称量方法测定每片的重量与平均片重之间的差异程度。

2. 重量差异检查的意义

在片剂生产中，由于颗粒的均匀度和流动性，以及工艺、设备和管理等原因，会引起片剂重量的差异。本检查通过控制各片重量的一致性，可控制片剂中药物含量的均匀程度，从而保证用药剂量的准确。

3. 注意事项

① 糖衣片应在包衣前检查片芯的重量差异，符合规定后方可包衣，包糖衣后不再检查重量差异。

② 薄膜衣片应在包薄膜衣后检查重量差异，并符合规定。

③ 凡检查含量均匀度的片剂，可不再进行重量差异检查。

④ 称量前后，应仔细查对药片数目。已取出的药片，不得再放回供试品原包装容器内。

⑤ 称量过程中，应避免用手直接接触供试品，应戴手套或使用平头镊子拿取片剂。

⑥ 易吸潮的供试品需置于密闭的称量瓶中，尽快称量。

⑦ 整个称量过程，采用同一台天平进行，以减小误差。

【评价考核】

银杏叶片的重量差异检查评分表

项目	内容	分值	得分
接收工作任务	明确工作任务,理解重量差异检查的意义和检查方法	10	
收集信息	掌握重量差异检查流程	5	
	掌握重量差异检查的操作规范及操作要点	5	
制订计划	按照重量差异检查的流程,制订合适的任务计划	5	
	能协同小组成员安排任务分工	5	
	能在实施前准备好需要的试剂和仪器	5	
实施计划	规范地进行重量差异检查	10	
	电子天平的使用是否规范	5	
	数据记录是否规范	5	
	平均片重计算是否正确	5	
	差异限度选择是否正确	5	
	差异限度范围计算是否正确	5	
	有效数字的保留是否规范	5	
	重量差异检查结果判断是否正确	5	
质量检查	完成任务,操作过程规范,养成爱岗敬业、低碳环保的职业素养及遵守行业规范的良好习惯	10	
评价反馈	能对自身表现情况进行客观评价	5	
	在任务实施过程中发现自身问题	5	
总分		100	

【巩固提高】

计算题

根据下列称量数据，判断该药品重量差异检查是否符合规定。

20 片药品的总重量：7.528g。

各片药品的重量：0.394g、0.391g、0.390g、0.386g、0.389g、0.409g、0.390g、0.127g、0.389g、0.386g、0.387g、0.388g、0.389g、0.388g、0.386g、0.385g、0.384g、0.391g、0.390g、0.389g。

任务 6-3　维生素 C 片的崩解时限检查

　　2017 年 4 月，安徽省发布第 2 期药品质量公告，共 7 个品种 8 批次药品不符合标准规定，不符合规定项目包括"性状""检查"项下装量差异、崩解时限、有关物质、可见异物。一般而言片剂经口服后需要在胃肠道中经过崩解、溶出、溶解过程，药物才能被释放出来，如果片剂口服后进入胃肠道中长时间不崩解或崩解迟缓，就会影响药物的有效治疗作用，故崩解时限作为口服固体制剂质量评价的常规检查项目之一，《中国药典》对每一种剂型的片剂都规定了崩解时限。

【学习目标】

　　（1）能够理解崩解时限检查的概念和检查意义。
　　（2）能够查阅《中国药典》，找到崩解时限检查法并使用仪器完成崩解时限检查。
　　（3）能够记录并判断崩解时限检查结果。

【任务分组】

班级		日期		组号		教师	
组长		组员					
任务分工							

【信息获取】

　　问题 1：查阅药典，崩解时限检查的意义是什么？
　　问题 2：维生素 C 片的崩解时限检查，需要准备哪些仪器和试剂？
　　问题 3：根据崩解时限检查法，写出维生素 C 片的崩解时限检查流程。
　　问题 4：如何判断维生素 C 片的崩解时限检查是否符合规定？

问题 5：崩解时限检查应注意哪些问题？

【工作实施】

1. 仪器和药品准备（表 6-5）

表 6-5　实验操作仪器设备、试剂清单

主要仪器设备	崩解仪
	烧杯(1000mL)
	温度计(分度值 0.1℃)
药品试剂	维生素 C 片
	纯化水

2. 操作方法

将吊篮通过上端的不锈钢轴悬挂于支架上，浸入 1000mL 烧杯中，并调节吊篮位置使其下降至低点时筛网距烧杯底 25mm，烧杯内盛有温度为 37℃±1℃ 的水，调节水位高度使吊篮上升至高点时筛网在水面下 15mm 处，吊篮顶部不可浸没于溶液中。取供试品 6 片，分别置上述吊篮的玻璃管中，启动崩解仪进行检查。

3. 记录

记录仪器型号、温度计编号及分度值、制剂类型及测试条件，崩解、溶散或溶化时间及现象。

4. 结果判定

各片均应在 15min 内全部崩解。如有 1 片不能完全崩解，应另取 6 片复试，均应符合规定。

5. 检验记录表（表 6-6）

表 6-6　崩解时限检查检验记录

检品名称：		检品编号：	
检验项目：		温度：　　　　湿度：	
使用仪器	崩解仪型号：＿＿＿＿＿＿　　编号：＿＿＿＿＿＿		
	温度计编号：＿＿＿＿＿＿　　分度值：＿＿＿＿＿＿		
测试条件	介质：□ 水　□ 0.1mol/L 盐酸　□ 人工胃液　□ 人工肠液　□ 其他		
	水浴温度(℃)：＿＿＿＿＿＿		
测定结果	在＿＿＿＿＿＿ min 内均崩解(溶散)完全		
标准规定	应在＿＿＿＿min 内崩解(溶散)完全		
结论	□ 符合规定　　　　　　□ 不符合规定		

片剂口服后要经历崩解以及药物的溶出、吸收、分布、代谢等一系列步骤，崩解是片剂的关键质量属性之一，对于大多数固体制剂来说，快速崩解是药物溶解和保证生物利用度的关键。

1. 崩解概念

崩解系指口服固体制剂在规定条件下全部崩解溶散或成碎粒，除不溶性包衣材料或破碎的胶囊壳外，应全部通过筛网。如有少量不能通过筛网，但已软化或轻质上漂且无硬心者，可作符合规定论。

2. 崩解时限检查的意义

片剂口服后，需经崩散、溶解，才能为机体吸收而达到治疗目的；胶囊剂的崩解是药物溶出及被人体吸收的前提，而囊壳常因所用囊材的质量，久贮或与药物接触等原因，影响溶胀或崩解；滴丸剂中不含有崩解剂，故在水中不是崩解而是逐渐溶散，且基质的种类与滴丸剂的溶解性能有密切关系，为控制产品质量，保证疗效，《中国药典》规定本检查项目。片剂的崩解时限如表 6-7 所示。

除另有规定外，凡规定检查溶出度、释放度或分散均匀性的制剂，不再进行崩解时限检查。

表 6-7　不同片剂崩解时限表

序号	剂型	崩解时限
1	普通片剂	15min
2	薄膜衣片	30min
3	糖衣片	1h
4	肠溶片	在盐酸溶液(9→1000)中 2h 不得有裂缝、崩解或软化现象 在磷酸盐缓冲液(pH6.8)中 1h 内应全部崩解
5	含片	10min
6	舌下片	5min
7	可溶片	水温为 20℃±5℃，3min
8	口崩片	60s
9	硬胶囊	30min
10	软胶囊	1h
11	滴丸剂	30min

📚 知识拓展

片剂经过贮存后，崩解时间往往延长，这主要和环境的温度与湿度有关。片剂缓缓地吸湿，使崩解剂无法发挥其崩解作用，片剂的崩解因此而变得比较迟缓。含糖的片剂贮存温度高或引湿后，明显延长崩解。

3. 注意事项

① 每一次测试后，应清洗吊篮的玻璃内壁及筛网、挡板等，并重新更换水或规定的介质。

② 除另有规定外，烧杯内的水温（或介质温度）应保持在 37℃±1℃。

③ 除另有规定外，凡规定检查溶出度、释放度或分散均匀性的制剂，不再进行崩解时限检查。

⊃【评价考核】

维生素 C 片的崩解时限检查评分表

项目	内容	分值	得分
接收工作任务	明确工作任务，理解崩解时限检查的意义和检查方法	10	
收集信息	掌握崩解时限检查流程	10	
	掌握崩解时限检查的操作规范及操作要点	5	
制订计划	按照崩解时限检查的流程，制订合适的任务计划	5	
	能协同小组成员安排任务分工	5	
	能在实施前准备好需要的试剂和仪器	5	
实施计划	规范地进行崩解时限检查	10	
	崩解仪的使用是否规范	10	
	数据记录是否规范	10	
	崩解时限选择是否正确	5	
	崩解时限检查结果判断是否正确	5	
质量检查	完成任务，操作过程规范，养成爱岗敬业、低碳环保的职业素养及遵守行业规范的良好习惯	10	
评价反馈	能对自身表现情况进行客观评价	5	
	在任务实施过程中发现自身问题	5	
总分		100	

⊃【巩固提高】

单项选择题

（1）崩解时限检查，当吊篮下降至最低位置时，筛网距烧杯底部距离为（　　）。

A. 15mm　　　　B. 20mm　　　　C. 25mm　　　　D. 30mm

（2）某片剂崩解时限检查，在水中 15min 后有 1 粒未崩解，应（　　）。

A. 判为符合规定　　　　　　　　B. 取 6 粒复试，均应符合规定

C. 取 20 粒复试，全部应符合规定　　D. 判为不符合规定

任务 6-4 双嘧达莫片的含量均匀度检查

⊃【情境描述】

低剂量药物制剂中的活性成分通常为高活性药物，具有高生物利用度、治疗窗狭窄等特点。受限于实际的生产工艺条件不可能制造出含量完全相同的单个制剂，为更好地控制含小剂量活性成分的制剂质量，加强药品生产过程控制，保证批间和批内药物含量的一致性，确保临床给药剂量的准确性，含量均匀度检查已被作为制剂批质量控制的重要项目之一。

⊃【学习目标】

（1）能够理解含量均匀度检查的概念和检查意义。

（2）能够查阅《中国药典》，找到含量均匀度检查法并使用仪器完成含量均匀度检查。

（3）能够记录并判断含量均匀度检查结果。

⊃【任务分组】

班级		日期		组号		教师	
组长		组员					
任务分工							

⊃【信息获取】

问题 1：查阅药典，含量均匀度检查的意义是什么？

问题 2：双嘧达莫片的含量均匀度检查，需要准备哪些仪器和试剂？

问题 3：根据含量均匀度检查法，写出双嘧达莫片的含量均匀度检查流程。

问题 4：如何判断双嘧达莫片的含量均匀度检查是否符合规定？

问题 5：含量均匀度检查应注意哪些问题？

1. 仪器和药品准备（表6-8）

表 6-8　实验操作仪器设备、试剂清单

主要仪器设备	紫外-可见分光光度计
	移液管（10mL）
	量瓶（100mL、250mL）
药品试剂	双嘧达莫片（规格 25mg）
	0.01mol/L 盐酸溶液
	纯化水

2. 操作方法

取供试品 10 片，按下述方法同法操作。

取本品 1 片，除去包衣后研细，用 0.01mol/L 盐酸溶液转移至 100mL 量瓶中，加 0.01mol/L 盐酸溶液适量，振摇使双嘧达莫溶解，并用 0.01mol/L 盐酸溶液稀释至刻度，摇匀，滤过，精密量取续滤液，用 0.01mol/L 盐酸溶液定量稀释制成每 1mL 中约含双嘧达莫 10μg 的溶液，作为供试品溶液。照紫外-可见分光光度法（通则 0401），在 283nm 的波长处测定吸光度，按 $C_{24}H_{40}N_8O_4$ 的吸收系数（$E_{1cm}^{1\%}$）为 625 计算含量，应符合规定（通则 0941）。

3. 记录

记录仪器型号、测试条件、吸光度。

4. 结果判定

除另有规定外，取供试品 10 个，照各品种项下规定的方法，分别测定每一个单剂以标示量为 100 的相对含量 x_i，求其均值 $\overline{X}$ 和标准差 S $\left[S = \sqrt{\dfrac{\sum_{i=1}^{n}(x_i - \overline{X})^2}{n-1}} \right]$ 以及标示量与均值之差的绝对值 A（$A = |100 - \overline{X}|$），按表 6-9 进行计算，判断其含量均匀度是否符合规定。

表 6-9　含量均匀度检查结果判定表

类别	A、S、L 比较	结论
初试（计算 10 个单剂的均值 $\overline{X}$、标准差 S 和标示量与均值之差的绝对值 A）	$A + 2.2S \leq L$	符合规定
	$A + S > L$	不符合规定
	$A + 2.2S > L$，且 $A + S \leq L$	另取供试品 20 个复试

类别		A、S、L 比较	结论
复试（根据初、复试结果,计算 30 个单剂的均值 $\overline{X}$、标准差 S 和标示量与均值之差的绝对值 A）	$A \leqslant 0.25L$ 时	若 $A^2 + S^2 \leqslant 0.25L^2$	符合规定
		$A^2 + S^2 > 0.25L^2$	不符合规定
	$A > 0.25L$ 时	$A + 1.7S \leqslant L$	符合规定
		$A + 1.7S > L$	不符合规定

上述公式中 L 为规定值。除另有规定外，$L = 15.0$；单剂量包装的口服混悬液，内充非均相溶液的软胶囊、胶囊型或泡囊型粉雾剂，单剂量包装的眼用、耳用、鼻用混悬剂，固体或半固体制剂 $L = 20.0$；透皮贴剂、栓剂 $L = 25.0$。

如该品种项下规定含量均匀度的限度为 $\pm 20\%$ 或其他数值时，$L = 20.0$ 或其他相应的数值。

5. 检验记录表（表 6-10）

表 6-10 含量均匀度检查检验记录

检品名称:					检品编号:					
检验项目:					温度:		湿度:			
使用仪器测试条件	紫外-可见分光光度计型号:_____					编号:_____				
	测定波长:_____									
测定结果	样品	1	2	3	4	5	6	7	8	9	10

| | 吸光度 | | | | | | | | | | |
| 相对含量(x_i) | | | | | | | | | | |

$$x_i = \frac{A \times D \times V \times 1000}{E_{1cm}^{1\%} \times L \times 100 \times W} \times 100$$

式中，A 为供试品吸光度；V 为供试品溶液的体积,mL；D 为供试品溶液的稀释倍数；W 为供试品的规格,mg；$E_{1cm}^{1\%}$ 为吸收系数；L 为比色皿的厚度,cm。

含量平均值 $\overline{X} =$

标准差 $S =$

标示量与均值之差的绝对值 $A =$

$A + 2.2S =$

$A + S =$

标准规定	若 $A + 2.2S \leqslant L$ 符合规定； 若 $A + S > L$ 不符合规定； 若 $A + 2.2S > L$,且 $A + S \leqslant L$ 另取供试品 20 个复试
结论	□ 符合规定 □ 不符合规定

⇒【相关知识】

常规药品质量标准中的性状、鉴别、检查（包括制剂通则项下的项目和产品特有的质控项目）、含量测定、包装与贮存等，低剂量固体药物制剂也同样需要，但低剂量固体药物制剂还需结合其制剂特点制订相应的检查项，其中最主要的项目包括反映其均匀性的含量均匀度、表征其稳定性的有关物质（杂质）、反映其晶型等可能变化的溶出度试验等。这些关键质量属性均直接影响药物的安全性、有效性和质量可控性。

1. 含量均匀度检查法概念

含量均匀度系指单剂量的固体制剂、半固体或非均相液体制剂中的每片（个）含量符合标示量的程度。

2. 含量均匀度检查的意义

在片剂生产中，某些小剂量的剂型由于工艺或设备的原因，可引起含量均匀度的差异。本检查法的目的在于控制每片（个）含量的均一性，以保证用药剂量的准确。

3. 含量均匀度检查的对象

除另有规定外，片剂、硬胶囊剂、颗粒剂或散剂等，每一个单剂标示量小于25mg或主药含量小于每一个单剂重量25%者；药物间或药物与辅料间采用混粉工艺制成的注射用无菌粉末；内充非均相溶液的软胶囊；单剂量包装的口服混悬液、透皮贴剂和栓剂等品种项下规定含量均匀度应符合要求的制剂，均应检查含量均匀度。复方制剂仅检查符合上述条件的组分，多种维生素或微量元素一般不检查含量均匀度。

知识拓展

单位剂量均匀性系指剂量单位中有效成分的量的一致性程度，包括制剂的重量差异和制剂中活性成分的含量均匀度两种概念。《中国药典》单位剂量均匀性通常用含量均匀度、重量差异或装量差异来表征。

4. 注意事项

① 应随机抽取样品，不应采用任何方法进行筛选。

② 当测定的时间较长时应注意溶液的稳定性，必要时应随制备随测定。

③ 采用紫外-可见分光光度法时，所用溶剂需一次配够，当用量较大时，即使是同批号的溶剂，也应混合均匀后使用。

④ 采用高效液相色谱法测定时，如每一针的记录时间比较长，则应注意保留时间和响应值的漂移，必要时可在对照品溶液和供试品溶液进样结束后，增加1针对照品溶液回针监控系统稳定性。

⑤ 凡检查含量均匀度的制剂，一般不再检查重（装）量差异；当全部主成分均进行含量均匀度检查时，复方制剂一般亦不再检查重（装）量差异。

双嘧达莫片的含量均匀度检查评分表

项目	内容	分值	得分
接收工作任务	明确工作任务,理解含量均匀度检查的意义和检查方法	5	
收集信息	掌握含量均匀度检查流程	5	
	掌握含量均匀度检查的操作规范及操作要点	5	
制订计划	按照含量均匀度检查的流程,制订合适的任务计划	5	
	能协同小组成员安排任务分工	5	
	能在实施前准备好需要的试剂和仪器	5	
实施计划	规范地进行含量均匀度检查	5	
	供试品溶液的配制是否规范	5	
	紫外-可见分光光度计的使用是否规范	5	
	比色皿的使用是否规范	5	
	相对含量 x_i 计算是否正确	5	
	$\overline{X}$ 计算是否正确	5	
	S 计算是否正确	5	
	A 计算是否正确	5	
	含量均匀度检查结果判断是否正确	10	
质量检查	完成任务,操作过程规范,养成爱岗敬业、低碳环保的职业素养及遵守行业规范的良好习惯	10	
评价反馈	能对自身表现情况进行客观评价	5	
	在任务实施过程中发现自身问题	5	
	总分	100	

⊃【巩固提高】

计算题

乙胺嘧啶片(规格:6.25mg)含量均匀度测定方法及测定结果如下,判断该药品含量均匀度检查是否符合规定。

取本品1片,置100mL量瓶中,加0.1mol/L盐酸溶液适量,超声使乙胺嘧啶溶解,放冷,用0.1mol/L盐酸溶液稀释至刻度,摇匀,滤过,精密量取续滤液5mL,置25mL量瓶中,用0.1mol/L盐酸溶液稀释至刻度,摇匀,作为供试品溶液。照紫外-可见分光光度法,取供试品溶液,在272nm的波长处测定吸光度,按 $C_{12}H_{13}ClN_4$ 的百分吸收系数($E_{1cm}^{1\%}$)为319计算。

10片的吸光度:0.388,0.404,0.398,0.400,0.396,0.394,0.386,0.382,0.390,0.410。

任务 6-5　维生素 B₂ 片的溶出度检查

●【情境描述】

　　2015 年 2 月，原国家食品药品监管总局发布《普通口服固体制剂溶出度试验技术指导原则》，该指导原则指出，固体制剂口服给药后，药物的吸收取决于药物从制剂中的溶出或释放、药物在生理条件下的溶解以及在胃肠道的渗透。由于药物的溶出和溶解对吸收具有重要影响，因此，体外溶出度试验有可能预测其体内行为。

●【学习目标】

　　(1) 能够理解溶出度检查的概念和检查意义。

　　(2) 能够查阅《中国药典》，找到溶出度检查法并使用仪器完成溶出度检查。

　　(3) 能够记录并判断溶出度检查结果。

●【任务分组】

班级		日期		组号		教师	
组长		组员					
任务分工							

●【信息获取】

　　问题 1：查阅药典，溶出度检查的意义是什么？

　　问题 2：维生素 B₂ 片的溶出度检查，需要准备哪些仪器和试剂？

　　问题 3：根据溶出度检查法，写出维生素 B₂ 片的溶出度检查流程。

　　问题 4：如何判断维生素 B₂ 片的溶出度是否符合规定？

　　问题 5：溶出度检查应注意哪些问题？

➡【工作实施】

1. 仪器和药品准备（表6-11）

表 6-11　实验操作仪器设备、试剂清单

主要仪器设备	溶出仪
	紫外-可见分光光度计
	量筒（1000mL）
	温度计（分度 0.1℃）
	微孔滤膜
	试管（10mL）
药品试剂	维生素 B_2 片（规格 10mg）
	0.01mol/L 盐酸溶液
	纯化水

2. 测定法

（1）溶出度　照溶出度与释放度测定法（通则 0931 第一法）测定。避光操作。

（2）溶出条件　以冰醋酸 3mL 与 4％氢氧化钠溶液 18mL 用水稀释至 600mL 为溶出介质，转速为 100r/min，依法操作，经 20min 时取样。

（3）测定法　取溶出液 10mL，滤过，取续滤液，照紫外-可见分光光度法（通则 0401），在 444nm 的波长处测定吸光度，按 $C_{17}H_{20}N_4O_6$ 的吸收系数（$E_{1cm}^{1\%}$）为 323 计算每片的溶出量。

（4）限度　标示量的 75％，应符合规定。

3. 测定过程

（1）仪器调试　测定前，应对仪器装置进行必要的调试，使转篮底部距溶出杯的内底部 25mm±2mm。

（2）准备溶出介质　以冰醋酸 3mL 与 4％氢氧化钠溶液 18mL 用水稀释至 600mL 为溶出介质，共配制 3600mL，溶出介质应新鲜配制和经脱气处理。

（3）测定前准备　将该品种项下所规定的溶出介质脱气，并按规定量置于溶出杯中，开启仪器加热，使溶出杯中溶出介质的温度保持在 37℃±0.5℃，使用 0.1 分度的温度计，测量每个溶出杯的温度，确保六个溶出杯之间的温度差异在 0.5℃之内。设定转速为 100r/min。

（4）投放药品　待溶出介质温度恒定在 37℃±0.5℃后，开启转动，取供试品 6 片（粒）分别投入转篮中，注意避免供试品表面产生气泡。

（5）取样和滤过　经 20min 取样，取溶出液 10mL，取样后立即用适当的微

孔滤膜滤过，自取样至滤过应在30s内完成。

取样位置应在转篮的顶端至液面的中点，并距溶出杯内壁10mm处。

（6）测定与计算 取澄清滤液，照紫外-可见分光光度法（通则0401），在444nm的波长处测定吸光度，按$C_{17}H_{20}N_4O_6$的吸收系数（$E_{1cm}^{1\%}$）为323计算每片的溶出量。计算公式为：

$$溶出量为标示量 = \frac{A \times V}{E_{1cm}^{1\%} \times 100 \times W} \times 100\%$$

式中 A——吸光度；

$\quad V$——供试品溶出介质的体积，mL；

$\quad E_{1cm}^{1\%}$——吸收系数；

$\quad W$——供试品的标示规格，mg。

4. 检验记录（表6-12）

表6-12 溶出度检查检验记录

检品名称：		检品编号：				
检验项目：		温度：		湿度：		
使用仪器	溶出仪型号：＿＿＿＿＿＿＿＿ 编号：＿＿＿＿＿＿ 紫外-可见分光光度计型号：＿＿＿＿＿＿ 编号：＿＿＿＿＿＿ 温度计编号：＿＿＿＿＿＿ 分度值：＿＿＿＿＿＿					
测试条件	检测波长：＿＿＿＿＿＿ 介质：＿＿＿＿＿＿ 转速：＿＿＿＿＿＿ 水浴温度（℃）：＿＿＿＿＿＿					
测定结果	样品	1	2	3	4	5	6
	吸光度						
	溶出度						
标准规定	（1）6片（粒、袋）中，每片（粒、袋）的溶出量按标示量计算，均不低于规定限度（Q）； （2）6片（粒、袋）中有1～2片（粒、袋）低于规定限度Q，但不低于Q-10％，且其平均溶出量不低于规定限度Q； （3）6片（粒、袋）中有1～2片（粒、袋）低于规定限度，其中仅有1片（粒、袋）低于Q-10％，但不低于Q-20％，且其平均溶出量不低于规定限度Q时，应另取6片（粒、袋）复试；初、复试的12片（粒、袋）中有1～3片（粒、袋）低于规定限度Q，其中仅有1片（粒、袋）低于Q-10％，且不低于Q-20％，但其平均溶出量不低于Q						
结论	□ 符合规定 □ 不符合规定						

↪【相关知识】

1. 溶出度检查法概念

溶出度系指活性药物从片剂、胶囊剂或颗粒剂等普通制剂在规定条件下溶出的速率和程度，在缓释制剂、控释制剂、肠溶制剂及透皮贴剂等制剂中也称释放度。溶出度测定法是将某种固体制剂的一定量分别置于溶出度仪的篮（或溶出杯）中，在37℃±0.5℃恒温下，在规定的转速、溶出介质中依法操作，在规定的时间内取样并测定其溶出量。

2. 溶出度检查的意义

固体制剂服用后，在胃肠道要经过崩解、溶解、吸收等过程，才能产生药效。药物溶出检查是评价制剂品质和工艺水平的一种有效手段，可以在一定程度上反映主药的晶型、粒度、处方组成、辅料品种和性质、生产工艺等的差异。在产品发生某些变更后（如处方、生产工艺、生产场所变更和生产工艺放大），确认药品质量和疗效的一致性；也是评价制剂活性成分生物利用度和制剂均匀度的一种有效标准，能有效区分同一种药物生物利用的差异，因此是药品质量控制必检项目之一。

除另有规定外，凡检查溶出度或释放度的制剂，不再进行崩解时限的检查。

3. 溶出度测定方法

《中国药典》（2025年版）四部通则收载了九种测定方法：第一法为篮法，第二法为桨法，第三法为小杯法，第四法为桨碟法，第五法为转筒法，第六法为流池法，第七法为往复筒法，第八法为往复架法，第九法为扩散池法。其中，篮法、桨法和往复筒法用于普通制剂、缓释制剂或控释制剂及肠溶制剂的测定；小杯法用于普通制剂、缓释制剂或控释制剂的测定；桨碟法和转筒法用于透皮贴剂的测定；流池法用于缓释制剂或控释制剂及肠溶制剂的测定；往复架法用于缓释制剂或控释制剂、透皮贴剂的测定；扩散池法用于软膏、乳膏、凝胶剂等半固体制剂的测定。

4. 注意事项

① 在规定的取样时间，应在仪器开动的情况下取样。应在1min内完成自6杯内的取样。

② 实验结束后，应用水冲洗篮轴、篮体或搅拌桨、桨碟、转筒、转篮，必要时可用水或其他溶剂超声处理、洗净。

③ 溶出介质必须经脱气处理，气体的存在可产生干扰，尤其对篮法的测定结果。特别需要注意的是如转篮放置不当，也会产生气体附在转篮的下面，形成气泡致使片剂浮在上面，使溶出度大幅度的下降。

④ 在多次取样时，所量取溶出介质的体积之和应在溶出介质的1%之内，如超过总体积的1%时，应及时补充相同体积的温度为37℃±0.5℃的溶出介质，或在计算时加以校正。

⑤ 由于0.1mol/L盐酸溶液对转篮与搅拌桨可能有一定的腐蚀作用，尤其当采用低波长的紫外-可见分光光度法时易产生干扰，应加以注意。

⑥ 加沉降篮的目的是防止被测样品上浮或贴壁，致使溶出液的浓度不均匀，或因贴壁致使部分样品的活性成分难以溶出，只有在品种各论中规定要求使用沉降篮时，方可使用。

【评价考核】

维生素 B_2 片的溶出度检查评分表

项目	内容	分值	得分
接收工作任务	明确工作任务，理解溶出度检查的意义和检查方法	10	
收集信息	掌握溶出度检查流程	5	
	掌握溶出度检查的操作规范及操作要点	5	
制订计划	按照溶出度检查的流程，制订合适的任务计划	5	
	能协同小组成员安排任务分工	5	
	能在实施前准备好需要的试剂和仪器	5	
实施计划	规范安装、调试溶出仪	5	
	溶出仪使用是否规范	5	
	紫外-可见分光光度计使用是否规范	5	
	移液管、容量瓶使用是否规范	2	
	参数设置正确	2	
	药品投放是否正确	2	
	取样过滤是否规范	2	
	溶液稀释是否规范	2	
	吸光度的测定是否规范	5	
	数据记录与计算是否正确	5	
	正确判断溶出度是否符合规定	5	
	溶出度检查结果判断是否正确	5	
质量检查	完成任务，操作过程规范，养成爱岗敬业、低碳环保的职业素养及遵守行业规范的良好习惯	10	
评价反馈	能对自身表现情况进行客观评价	5	
	在任务实施过程中发现自身问题	5	
总分		100	

【巩固提高】

计算题

根据甲硝唑片（规格为 0.2g）的测定方法和测定数据，判断其溶出度检查是否符合规定。

① 溶出条件：以盐酸溶液（9→1000）900mL 为溶出介质，转速为 100r/min，依法操作，经 30min 时取样。

② 测定法：取溶出液适量，滤过，精密量取续滤液 3mL，置 50mL 量瓶中，用溶出介质稀释至刻度，摇匀，照紫外-可见分光光度法（通则0401），在 277nm 的波长处测定吸光度，按 $C_6H_9N_3O_3$ 的吸收系数（$E_{1cm}^{1\%}$）为 377 计算每片的溶出量。

③ 限度：标示量的 80%，应符合规定。

6 片的吸光度：0.452，0.446，0.448，0.458，0.460，0.442。

科学视野

溶出新技术

在药物研发与质量控制领域，溶出仪的技术革新不断推动着行业的进步。如今，新型溶出仪如流通池法溶出仪、智能化流通池法溶出仪等，正以其独特优势，为药物分析带来全新变革。

流通池法溶出仪能精准模拟人体消化道环境，精确控制温度、pH 及转速等实验条件，对传统固体口服制剂及特殊剂型的溶出度都能进行有效分析。智能化流通池法溶出仪更是实现了全流程自动化，从样品准备到数据分析一气呵成，极大程度地降低人为误差，提升测试结果准确性与可重复性，还具备强大的数据处理能力，为药物研发和质量控制提供了有力支持。在药物研发过程中，对溶出仪数据准确性的严格要求，反映出科研工作者严谨认真、实事求是的科学精神，以及对药品质量和患者生命健康高度负责的职业道德。

溶出仪技术的进步有助于提高药物质量，保障公众用药安全。我们在追求技术进步的同时，不能忘记背后的人文关怀和社会责任，让科技在正确的价值观引领下，为人类创造更美好的未来。

任务 6-6 维生素 C 注射液的装量检查

【情境描述】

注射剂在临床使用时，通常需要转移至注射器或与基础输液配伍后使用，药液转移过程中可抽取体积如不能满足要求，则可能引起临床误用，如给药剂量不足。因此注射剂实际装量和最终临床上能够应用到人体身上的量，往往有一定的差异，且必然比实际装量低，为了达到临床用量要求，应进行注射剂的装量检查。

【学习目标】

(1) 能够理解装量检查的概念和检查意义。

(2) 能够查阅《中国药典》，找到装量检查法并使用仪器完成装量检查。

(3) 能够记录并判断装量检查结果。

【任务分组】

班级		日期		组号		教师	
组长		组员					
任务分工							

【信息获取】

问题 1：查阅药典，装量检查的意义是什么？

问题 2：维生素 C 注射液的装量检查，需要准备哪些仪器和试剂？

问题 3：根据装量检查法，写出维生素 C 注射液的装量检查流程。

问题 4：如何判断维生素 C 注射液的装量检查结果是否符合规定？

问题 5：装量检查应注意哪些问题？

1. 仪器和药品准备（表6-13）

表6-13　实验操作仪器设备、试剂清单

主要仪器设备	注射器及注射针头（2mL）
	量筒（量入型）（2mL）
药品试剂	维生素C注射液（2mL：0.5g）

2. 操作方法

标示装量小于等于3mL者，取供试品5支（瓶）；大于3mL至小于10mL者，取供试品3支（瓶）。开启时注意避免损失，将内容物分别用干燥注射器（体积不大于供试品体积的3倍）及21G注射针头（不短于2.5cm）抽尽，排尽气泡，然后缓慢连续地注入经标化的量入式量筒内（使待测体积至少占量筒额定体积的40%，不排出针头中的液体），在室温下检视。测定油溶液、乳状液或混悬液时，应先加温（如有必要）摇匀，再用干燥注射器及注射针头抽尽后，同前法操作，放冷（加温时），检视。

3. 记录与计算

主要记录室温，抽取供试品支数，供试品的标示装量，每支供试品的实测装量。

4. 结果判定

每支（瓶）的装量均不得少于其标示装量。

5. 检验记录（表6-14）

表6-14　装量检查检验记录

检品名称：	检品编号：	
检验项目：	温度：　　　　　湿度：	
测定结果	抽取供试品支数＿＿＿＿＿　　供试品的标示装量＿＿＿＿＿ 实测装量＿＿＿＿＿	
标准规定	每支（瓶）的装量均不得少于其标示装量	
结论	□ 符合规定　　　　　□ 不符合规定	

【相关知识】

1. 装量检查的定义

注射剂装量检查是指按规定方法测得注射剂每瓶（支）的装量与平均装量之间的差异程度。

2. 装量检查的意义

装量检查适用于 50mL 及 50mL 以下的单剂量注射液的装量检查，其目的在于保证单剂量注射液的注射用量不少于标示量，以达到临床用药剂量要求。标示装量为 50mL 以上的注射液及注射用浓溶液按照最低装量检查法（通则 0942）检查，应符合规定。

3. 注意事项

① 所用注射器及量筒必须洁净、干燥并经定期校准；其最大容量应与供试品的标示装量相一致，量筒的体积应使待测体积至少占其额定体积的 40%。

② 注射器应配上适宜号数的注射针头，其大小与临床使用情况相近为宜。

③ 测定油溶液、乳状液或混悬液时，应先加温（如有必要）摇匀，再用干燥注射器及注射针头抽尽后，同前法操作，放冷（加温时），检视。

⊃【评价考核】

维生素 C 注射液的装量检查评分表

项目	内容	分值	得分
接收工作任务	明确工作任务,理解装量检查的意义和检查方法	10	
收集信息	掌握装量检查流程	5	
	掌握装量检查的操作规范及操作要点	5	
制订计划	按照装量检查的流程,制订合适的任务计划	5	
	能协同小组成员安排任务分工	5	
	能在实施前准备好需要的试剂和仪器	10	
实施计划	规范地进行装量检查	10	
	量具选择是否正确	10	
	数据记录是否规范	10	
	装量检查结果判断是否正确	10	
质量检查	完成任务,操作过程规范,养成爱岗敬业、低碳环保的职业素养及遵守行业规范的良好习惯	10	
评价反馈	能对自身表现情况进行客观评价	5	
	在任务实施过程中发现自身问题	5	
	总分	100	

⊃【巩固提高】

单项选择题

（1）标示装量为 2mL 的注射液进行装量检查时，其取样数量为（　　）支。

A. 2 　　　　　　B. 3 　　　　　　C. 4 　　　　　　D. 5

（2）进行注射液装量检查（标示量为 20mL：2g）不可选用的量入式量筒是（　　）mL。

A. 20 　　　　　　B. 25 　　　　　　C. 50 　　　　　　D. 100

任务 6-7　注射用更昔洛韦的装量差异检查

●【情境描述】

　　更昔洛韦本身口服生物利用度较低，制成粉针剂可以配合其他溶剂，提高其在血液中的浓度，从而更好地发挥抗病毒作用。而且粉针剂便于储存和运输，也便于在临床上进行快速溶解和给药，特别适用于需要迅速控制病情的场合。使用该药物要达到其治疗作用，需要保证每瓶药中的药量要均匀一致，这就需要进行装量差异检查。

●【学习目标】

　　(1) 能够理解注射用无菌粉末装量差异检查的概念和检查意义。
　　(2) 能够查阅《中国药典》，找到注射用无菌粉末装量差异检查法并完成装量差异检查。
　　(3) 能够记录并判断注射用无菌粉末装量差异检查结果。

●【任务分组】

班级		日期		组号		教师	
组长		组员					
任务 分工							

●【信息获取】

　　问题1：查阅药典，装量差异检查的意义是什么？
　　问题2：注射用更昔洛韦的装量差异检查，需要准备哪些仪器和试剂？
　　问题3：根据装量差异检查法，写出注射用更昔洛韦的装量差异检查流程。
　　问题4：如何判断注射用更昔洛韦的装量差异检查结果是否符合规定？
　　问题5：装量差异检查应注意哪些问题？

→【工作实施】

1. 仪器和药品准备（表6-15）

表 6-15　实验操作仪器设备、试剂清单

主要仪器设备	分析天平[精度0.0001g(适用于平均装量为0.15g及其以下的粉针剂)或精度0.001g(适用于平均装量在0.15g以上的粉针剂)]
	干燥器
药品试剂	注射用更昔洛韦
	乙醇

2. 操作方法

① 取供试品5瓶（支），除去瓶签（若为纸标签，用水润湿后除去纸屑；若为直接在玻璃上印字标签，用适当有机溶剂擦除字迹），容器外壁用乙醇擦净，置干燥器内放置12 h。

② 待干燥后，除去铝盖，分别编号，依次放于固定位置。轻叩橡皮塞或安瓿颈，使其上附着的粉末全部落下，开启容器（注意避免玻璃屑等异物落入容器中），分别迅速精密称定每瓶（支）的重量，倾出内容物，容器用水、乙醇洗净依次放回原固定位置，在适当的条件下干燥后，再分别精密称定每一容器的重量，即可求出每1瓶（支）的装量和平均装量。

③ 初试中，如有1瓶（支）的装量超过装量差异限度规定时，应另取10瓶（支）复试。注射剂装量差异限度见表6-16。

表 6-16　注射剂装量差异限度表

标示装量或平均装量	装量差异限度
0.05g 及 0.05g 以下	±15%
0.05g 以上至 0.15g	±10%
0.15g 以上至 0.50g	±7%
0.50g 以上	±5%

3. 检验记录（表6-17）

表 6-17　装量差异检查检验记录

检品名称：		检品编号：				
检验项目：		温度：		湿度：		
使用仪器	天平型号：____		编号：____			
测定结果	样品	1	2	3	4	5
	总重/g					
	空瓶重/g					
	装量/g					
	重量差异限度：_____					
	重量差异限度加倍：_____					

标准规定	(1)初试:均未超出允许装量范围,判为符合规定;超过装量差异限度的粉针多于1瓶者,判为不符合规定;初试结果如仅有1瓶(支)的装量差异超过装量差异限度时,应另取10瓶(支)复试; (2)复试:均未超过允许装量范围,判为符合规定;若仍有1瓶(支)或1瓶(支)以上超出时,则判为不符合规定
结论	□ 符合规定　　　　　　□ 不符合规定

【相关知识】

注射用无菌粉末又称粉针,是指药物制成的供临用前用适宜的无菌溶液配制成注射液的无菌粉末或无菌的块状物,可用适宜的注射用溶剂配制后注射,也可用静脉输液配制后静脉滴注。

1. 装量差异检查法概念

注射剂的装量差异检查系指按规定称量方法测得注射剂每瓶(支)的装量与平均装量之间的差异程度。本法适用于橡皮塞铝盖瓶装或安瓿装的注射用无菌粉末的装量差异检查。

凡规定检查含量均匀度的注射用无菌粉末,可不进行"装量差异"检查。

2. 装量差异检查的意义

本项检查的目的在于控制各瓶间装量的一致性,以保证使用剂量的准确。

3. 注意事项

① 开启安瓿装粉针时,应避免玻璃屑落入或溅失;开启橡皮塞铝盖玻璃瓶装粉针时,应先稍稍打开橡皮内塞使瓶内外的气压平衡,再盖紧后称重。

② 用水、乙醇洗涤倾去内容物后的容器时,应避免将瓶外编号的字迹擦掉,以免影响称量结果。

③ 空容器的干燥,一般可于 60~70℃ 加热 1~2h,也可在干燥器内干燥较长时间。

④ 称量空容器时,应注意瓶身与瓶塞(或折断的瓶颈部分)的配对,并将空容器与原橡皮塞或安瓿颈部配对放于原固定位置。

【评价考核】

注射用更昔洛韦的装量差异检查评分表

项目	内容	分值	得分
接收工作任务	明确工作任务,理解装量差异检查的意义和检查方法	10	

项目	内容	分值	得分
收集信息	掌握装量差异检查流程	5	
	掌握装量差异检查的操作规范及操作要点	5	
制订计划	按照装量差异检查的流程,制订合适的任务计划	5	
	能协同小组成员安排任务分工	5	
	能在实施前准备好需要的试剂和仪器	5	
实施计划	规范地进行装量差异检查	10	
	电子天平的使用是否规范	5	
	数据记录是否规范	5	
	平均装量计算是否正确	5	
	差异限度选择是否正确	5	
	差异限度范围计算是否正确	5	
	有效数字的保留是否规范	5	
	装量差异检查结果判断是否正确	5	
质量检查	完成任务,操作过程规范,养成爱岗敬业、低碳环保的职业素养及遵守行业规范的良好习惯	10	
评价反馈	能对自身表现情况进行客观评价	5	
	在任务实施过程中发现自身问题	5	
总分		100	

◆【巩固提高】

计算题

根据下列称量数据,判断该药品装量差异检查是否符合规定。

5瓶的装量检查结果:0.1182g、0.1250g、0.1246g、0.1312g、0.1294g。

任务 6-8　氯化钠注射液的可见异物检查

➲【情境描述】

　　2020年，在山东省流通使用环节药品制剂抽检中，某公司生产销售的硫酸庆大霉素注射液经滨州市食品药品检验检测中心检验，"可见异物"项目不符合国家药品标准规定，被判定为劣药。注射剂中的异物包括非故意存在于溶液中的除气泡外的可移动的不溶性微粒或可见的异物。一旦异物随注射液进入体内可随血液流动却不能被代谢，可能对人体造成难以发现和潜在的严重危害，因此注射剂需要对异物进行严格控制。

➲【学习目标】

　　(1) 能够理解可见异物检查的概念和检查意义。
　　(2) 能够查阅《中国药典》，找到可见异物检查法并使用仪器完成可见异物检查。
　　(3) 能够记录并判断可见异物检查结果。

➲【任务分组】

班级		日期		组号		教师	
组长		组员					
任务分工							

➲【信息获取】

　　问题1：查阅药典，可见异物检查的意义是什么？
　　问题2：氯化钠注射液的可见异物检查，需要准备哪些仪器和试剂？
　　问题3：根据可见异物检查法，写出氯化钠注射液的可见异物检查流程。
　　问题4：如何判断氯化钠注射液的可见异物是否符合规定？
　　问题5：可见异物检查应注意哪些问题？

【工作实施】

1. 仪器和药品准备（表 6-18）

表 6-18　实验操作仪器设备、试剂清单

主要仪器设备	灯检仪
药品试剂	氯化钠注射液

2. 操作方法

取供试品 20 支，除去容器标签，擦净容器外壁，必要时将药液转移至洁净透明的适宜容器内，将供试品置遮光板边缘处，在明视距离（指供试品至人眼的清晰观测距离，通常为 25cm），手持容器颈部，轻轻旋转和翻转容器（但应避免产生气泡），使药液中可能存在的可见异物悬浮，分别在黑色和白色背景下目视检查，重复观察，总检查时限为 20 秒。供试品装量每支（瓶）在 10mL 及 10mL 以下的，每次检查可手持 2 支（瓶）。50mL 或 50mL 以上大容量注射液按直、横、倒三步法旋转检视。供试品溶液中有大量气泡产生影响观察时，需静置足够时间至气泡消失后检查。

3. 记录

记录光照度、检查供试品的数量、异物存在情况。

4. 结果判定

供试品中不得检出金属屑、玻璃屑、长度超过 2mm 的纤维、最大粒径超过 2mm 的块状物以及静置一定时间后轻轻旋转时肉眼可见的烟雾状微粒沉积物、无法计数的微粒群或摇不散的沉淀，以及在规定时间内较难计数的蛋白质絮状物等明显可见异物。

供试品中如检出点状物、2mm 以下的短纤维和块状物等微细可见异物，生化药品或生物制品若检出半透明的小于约 1mm 的细小蛋白质絮状物或蛋白质颗粒等微细可见异物，应符合表 6-19 规定。

表 6-19　非生物制品注射液可见异物结果判定

类别		微细可见异物限度	
		初试 20 支（瓶）	初、复试 40 支（瓶）
注射液	静脉用	如 1 支（瓶）检出，复试； 如 2 支（瓶）或以上检出，不符合规定	超过 1 支（瓶）检出，不符合规定
	非静脉用	如 1~2 支（瓶）检出，复试； 如 2 支（瓶）以上检出，不符合规定	超过 2 支（瓶）检出，不符合规定

5. 检验记录（表 6-20）

表 6-20 可见异物检验记录

检品名称：		检品编号：	
检验项目：		温度：	湿度：
使用仪器	型号：_____	编号：_____	
测试条件	光照度：_____lx	取样数量：_____支	
初检结果			
复检结果			
标准规定	供试品中不得检出金属屑、玻璃屑、长度超过 2mm 的纤维、最大粒径超过 2mm 的块状物以及静置一定时间后轻轻旋转时肉眼可见的烟雾状微粒沉积物、无法计数的微粒群或摇不散的沉淀，以及在规定时间内较难计数的蛋白质絮状物等明显可见异物； 供试品中如检出点状物、2mm 以下的短纤维和块状物等微细可见异物，生化药品或生物制品若检出半透明的小于约 1mm 的细小蛋白质絮状物或蛋白质颗粒等微细可见异物，除另有规定外，应分别符合药典的规定		
结论	□ 符合规定　　　　□ 不符合规定		

◉【相关知识】

可见异物的存在是注射产品召回的原因之一，我国注射剂的上市质量抽检发现可见异物问题并不鲜见，可见异物的检查与控制对保证注射剂、滴眼剂的质量有着重要意义。

1. 可见异物的概念

可见异物是指存在于注射剂、眼用液体制剂和无菌原料药中，在规定条件下目视可以观测到的不溶性物质，其粒径或长度通常大于 $50\mu m$。

2. 可见异物检查的意义

注射剂中可见异物的存在会影响药品的质量，会影响临床使用的有效性和安全性。当可见异物进入血管，会造成微循环障碍，可能引起静脉血管炎、血栓、变态反应等；也可能会间接带来细菌微生物，从而导致热原现象；抑或是血液中的纤维蛋白附着在可见异物上形成血栓，流经心脑血管时，对人体健康造成更严重的危害。

注射剂、眼用液体制剂应在符合药品生产质量管理规范（GMP）的条件下生产，产品在出厂前应采用适宜的方法逐一检查并同时剔除不合格产品。临用前，需在自然光下目视检查（避免阳光直射），如有可见异物，不得使用。

3. 可见异物检查法

有灯检法和光散射法。一般常用灯检法，也可采用光散射法。灯检法不适用的品种，如用深色透明容器包装或液体色泽较深（一般深于各标准比色液 7 号）的品种，应选用光散射法；混悬型、乳状液型注射液或滴眼液不能使用光散射法。

4. 灯检法检查操作环境及条件

灯检法应在暗室中进行。

（1）检查人员条件　远距离和近距离视力测验，均应为 4.9 及以上（矫正后视力应为 5.0 及以上）；应无色盲。

（2）照度要求　用无色透明容器包装的无色供试品溶液，检查时被观察供试品所在处的光照度应为 1000～1500lx；用透明塑料容器包装、棕色透明容器包装的供试品或有色供试品溶液，光照度应为 2000～3000lx；混悬型供试品或乳状液，光照度应增加至约 4000lx。

（3）取样数量

① 注射液。除另有规定外，取供试品 20 支（瓶），按上述方法检查。

② 注射用无菌制剂。除另有规定外，取供试品 5 支（瓶），用适宜的溶剂和适当的方法使药粉完全溶解后，检查。

③ 无菌原料药。除另有规定外，按抽样要求称取各品种制剂项下的最大规格量 5 份，分别置洁净透明的适宜容器内，采用适宜的溶剂及适当的方法使药物全部溶解后，检查。

④ 眼用液体制剂。除另有规定外，取供试品 20 支（瓶），按上述方法检查。临用前配制的滴眼剂所带的专用溶剂，应先检查合格后，再用其溶解滴眼用制剂。

📚 知识拓展

光散射法测定可见异物的原理为当一束单色激光照射溶液时，溶液中存在的不溶性物质使入射光发生散射，散射的能量与不溶性物质的大小有关。本方法通过对溶液中不溶性物质引起的光散射能量的测量，并与规定的阈值比较，以检查可见异物。其检测仪器为光散射仪，结果判定同灯检法。

可见异物可以分为三类：固有异物、内源性可见异物和外源性可见异物。可见异物的检出是一个概率事件，多种因素都会影响到检出的概率。例如，注射剂的类型（液体、固体）、产品的配方（成分的性质和浓度）、异物的属性（大小、形状、材质）、容器或包装材料的品质，以及实施检查的人员和检查条件等因素都可能对检出概率产生影响。

5. 注意事项

① 当制备注射用无菌粉末和无菌原料药供试品溶液时，或供试品的容器不适于检查（如透明度不够、不规则形状容器等），需转移至适宜容器中时，均应在 B 级的洁净环境（如层流净化台）中进行，避免引入可见异物。

② 对于振摇或晃动后极易产生气泡且不易消失的供试品，应放置一定时间直至气泡消失再进行检查。

③ 液体制剂中如有结晶析出，可参照药品使用说明书中溶解结晶方式先处理，再进行可见异物检查。

④ 对于真空处理的供试品，可先用适当的方法破其真空，以便于药物溶解。低温冷藏的品种，应先将其放至室温，再进行溶解和检查。

⑤ 检查时注意气泡通常是向上走的且速度较快，但对于略黏稠的液体来说，气泡会停止不动或向上走得很慢，在这种情况下，应注意区别气泡和可见异物。

⑥ 对于一名检测人员判断不明确的样品，可由 2～3 名检测人员共同进行判断。

⊃【评价考核】

氯化钠注射液的可见异物检查评分表

项目	内容	分值	得分
接收工作任务	明确工作任务,理解可见异物检查的意义和检查方法	10	
收集信息	掌握可见异物检查流程	5	
	掌握可见异物检查的操作规范及操作要点	5	
制订计划	按照可见异物检查的流程,制订合适的任务计划	5	
	能协同小组成员安排任务分工	5	
	能在实施前准备好需要的试剂和仪器	10	
实施计划	规范地进行可见异物检查	10	
	灯检仪的使用是否规范	10	
	记录是否规范	10	
	可见异物检查结果判断是否正确	10	
质量检查	完成任务,操作过程规范,养成爱岗敬业、低碳环保的职业素养及遵守行业规范的良好习惯	10	
评价反馈	能对自身表现情况进行客观评价	5	
	在任务实施过程中发现自身问题	5	
总分		100	

单项选择题

（1）可见异物的粒径和长度通常大于（　　　）。

A. 50μm　　　　　　B. 40μm　　　　　　C. 20μm　　　　　　D. 10μm

（2）适用于无色注射液的光照度为（　　　）lx。

A. 500～1500　　　B. 1000～1500　　　C. 2000～3000　　　D. 4000

任务 6-9　葡萄糖注射液的不溶性微粒检查

⊃【情境描述】

任何液体药品在生产过程中都会产生或多或少的不溶性微粒，国家在这方面也有相应的标准。《中国药典》中规定的液体药品中含有的不溶性微粒直径不能超过 $25\mu m$。但是调查却发现，市场上销售的很多输液药品含有的不溶性微粒直径都超过了这一规定，有的甚至达到 $50\mu m$ 以上。人体最窄处的毛细血管是不超过 $10\mu m$ 的，因此一旦输液药品微粒过大，就会在血管内造成堵塞。

⊃【学习目标】

（1）能够理解葡萄糖注射液的不溶性微粒检查的意义。

（2）能够查阅《中国药典》，找到葡萄糖注射液的不溶性微粒检查法并能完成检查测定。

（3）能够记录并判断葡萄糖注射液的不溶性微粒检查结果。

⊃【任务分组】

班级		日期		组号		教师	
组长		组员					
任务分工							

⊃【信息获取】

问题 1：查阅药典，葡萄糖注射液的不溶性微粒检查的意义是什么？

问题 2：葡萄糖注射液的不溶性微粒检查，需要准备哪些仪器和试剂？

问题 3：写出葡萄糖注射液的不溶性微粒检查流程。

问题 4：葡萄糖注射液的不溶性微粒检查结果的合格标准是什么？

问题 5：葡萄糖注射液的不溶性微粒检查应注意哪些问题？

【工作实施】

1. 原理

当液体中的微粒通过一窄细检测通道时，液体流向垂直的入射光，由于被微粒阻挡而减弱，因此由传感器输出的信号降低，这种信号变化与微粒的截面积大小相关。

2. 仪器和药品准备（表 6-21）

表 6-21　实验操作仪器设备、试剂清单

主要仪器设备	电子天平（精度 0.0001g）
	不溶性微粒检查仪
药品试剂	纯化水
	乙醇
	葡萄糖注射液

3. 操作方法

取本品，用水将容器外壁洗净，小心翻转 20 次，使溶液混合均匀，立即小心开启容器，先倒出部分供试品溶液冲洗开启口及取样杯，再将供试品倒入取样杯中，静置适当时间脱气后，置于取样器上，开启搅拌，使溶液均匀（避免产生气泡），依法测定 3 次，每次取样应不少于 5mL。

4. 数据记录和结论（表 6-22）

表 6-22　葡萄糖注射液的不溶性微粒检验记录

检品名称：	检品编号：		
检验项目：	温度：　　　　　　湿度：		
使用仪器	天平型号：_____　　编号：_____		
测定方法	取本品____支,依法检查(通则 0903,第一法) 　　检查结果:第 1 次 $\geqslant 10\mu m$____粒/mL;$\geqslant 25\mu m$____粒/mL 　　　　　　　第 2 次 $\geqslant 10\mu m$____粒/mL;$\geqslant 25\mu m$____粒/mL 　　　　　　　第 3 次 $\geqslant 10\mu m$____粒/mL;$\geqslant 25\mu m$____粒/mL 　　　　　　　平　均 $\geqslant 10\mu m$____粒/mL;$\geqslant 25\mu m$____粒/mL		
检验结果	每 1mL 中含 $10\mu m$ 及 $10\mu m$ 以上的不溶性微粒数____粒,含 $25\mu m$ 及 $25\mu m$ 以上的不溶性微粒数____粒		
标准规定	标示量为 100mL 或 100mL 以上的静脉注射液,每 1mL 中含 $10\mu m$ 及 $10\mu m$ 以上的不溶性微粒数不得超过 25 粒,含 $25\mu m$ 及 $25\mu m$ 以上的不溶性微粒数不得超过 3 粒		
结论	□ 符合规定　　　　　□ 不符合规定		

1. 不溶性微粒检查法

不溶性微粒检查法有光阻法和显微计数法。

（1）光阻法　通过测量液体中的微粒对光的阻挡程度来检测微粒的大小和数量。需要注意的是，光阻法不适用于黏度过高和易析出结晶的制剂，也不适用于进入传感器时容易产生气泡的注射剂。

（2）显微计数法　当光阻法测定结果不符合规定或供试品不适于用光阻法测定时，应采用显微计数法进行测定。显微计数法通过显微镜直接观察并计数微粒的数量和大小。

2. 葡萄糖注射液的不溶性微粒检查注意事项

（1）仪器的校准　所用仪器应至少 6 个月校准一次。

（2）取样体积　待仪器稳定后，取多于取样体积的微粒检查用水置于取样杯中，称定重量，通过取样器由取样杯中量取一定体积的微粒检查用水后，再次称定重量。以两次称定的重量之差计算取样体积。连续测定 3 次，每次测得体积与量取体积的示值之差应在±5％以内。测定体积的平均值与量取体积的示值之差应在±3％以内。也可采用其他适宜的方法校准，结果应符合上述规定。

葡萄糖注射液的不溶性微粒检查评分表

项目	内容	分值	得分
接收工作任务	明确工作任务，了解不溶性微粒检查	10	
收集信息	掌握不溶性微粒的来源	5	
	掌握不溶性微粒检查操作	5	
制订计划	按照葡萄糖注射液的不溶性微粒检查流程，制订合适的实验计划	5	
	能协同小组成员安排任务分工	5	
	能在任务实施过程中对试剂和仪器做一了解	5	
实施计划	查阅药典和相关资料	10	
	找出葡萄糖注射液的不溶性微粒检查程序的组成	10	
	找出葡萄糖注射液的不溶性微粒检查方法	10	
	找出全程葡萄糖注射液的不溶性微粒检查具体操作	10	
质量检查	操作过程规范，养成爱岗敬业、低碳环保的职业素养及遵守行业规范的良好习惯	10	

项目	内容	分值	得分
评价反馈	能对自身表现情况进行客观评价	10	
	在任务实施过程中发现自身问题	5	
	总分	100	

●【巩固提高】

单项选择题

（1）需做不溶性微粒检查的药品是（　　）。

A. 一般滴眼剂　　　　B. 10%葡萄糖注射液　C. 片剂　　　　　　D. 栓剂

（2）葡萄糖注射液不溶性微粒检查的结果判定标准中，对于标示装量≥100mL的大容量静脉用注射液，每毫升中粒径≥10μm的不溶性微粒数不得超过（　　）。

A. 5 粒　　　　　　B. 10 粒　　　　　　C. 20 粒　　　　　　D. 25 粒

任务 6-10　氯化钠注射液的渗透压摩尔浓度测定

【情境描述】

生物膜，例如人体的细胞膜或毛细血管壁，一般具有半透膜的性质，溶剂通过半透膜由低浓度向高浓度溶液扩散的现象称为渗透，阻止渗透所需要施加的压力，称为渗透压。在涉及溶质的扩散或通过生物膜的液体转运各种生物过程中，渗透压都起着极其重要的作用。因此，在制备注射剂、眼用液体制剂等药物制剂时，必须关注其渗透压。处方中添加了渗透压调节剂的制剂，均应控制其渗透压摩尔浓度。

【学习目标】

（1）能够理解渗透压摩尔浓度测定的意义。
（2）能够查阅《中国药典》，找到渗透压摩尔浓度测定并能完成检查测定。
（3）能够记录并判断渗透压摩尔浓度测定结果。

【任务分组】

班级		日期		组号		教师	
组长		组员					
任务分工							

【信息获取】

问题 1：查阅药典，渗透压摩尔浓度测定的意义是什么？
问题 2：渗透压摩尔浓度测定，需要准备哪些仪器和试剂？
问题 3：写出渗透压摩尔浓度测定流程。
问题 4：渗透压摩尔浓度测定结果的合格标准是什么？

问题 5：渗透压摩尔浓度测定应注意哪些问题？

【工作实施】

1. 原理

在理想的稀溶液中，冰点降低符合 $\Delta T_f = K_f \cdot m$ 的关系。

式中，ΔT_f 为冰点降低值，℃；K_f 为冰点降低常数（当水为溶剂时为 1.86）；m 为重量摩尔浓度，mol/L。

渗透压符合 $P_o = K_o \cdot m$ 的关系。

式中，P_o 为渗透压，Pa；K_o 为渗透压常数；m 为溶液的重量摩尔浓度，mol/L。

渗透压摩尔浓度（mOsmol/kg）计算公式如下：

$$毫渗透压摩尔浓度 = \frac{每千克溶剂中溶解的溶质克数}{分子量} \times n \times 1000$$

式中，n 为一个溶质分子溶解或解离时形成的粒子数。在理想溶液中，例如葡萄糖 $n=1$，氯化钠或硫酸镁 $n=2$，氯化钙 $n=3$，枸橼酸钠 $n=4$。

2. 仪器和药品准备（表 6-23）

表 6-23　实验操作仪器设备、试剂清单

主要仪器设备	渗透压摩尔浓度测定仪
药品试剂	氯化钠
	纯化水
	氯化钠注射液

3. 操作方法

取适量新沸放冷的水调节仪器零点，然后由表 6-24 选择两种标准溶液（供试品溶液的渗透压摩尔浓度应介于两者之间）校正仪器，再测定供试品溶液的渗透压摩尔浓度或冰点降低值。

表 6-24　渗透压摩尔浓度测定仪校正用标准溶液

每 1kg 水中氯化钠的重量/g	毫渗透压摩尔浓度/(mOsmol/kg)	冰点降低温度 ΔT_f/℃
3.087	100	0.186
6.260	200	0.372
9.463	300	0.558
12.684	400	0.744

每 1kg 水中氯化钠的重量/g	毫渗透压摩尔浓度/(mOsmol/kg)	冰点降低温度 ΔT_f/℃
15.916	500	0.930
19.147	600	1.116
22.380	700	1.302

4. 数据记录和结论（表 6-25）

表 6-25　氯化钠注射液的渗透压摩尔浓度测定检验记录

检品名称：	检品编号：		
检验项目：	温度：	湿度：	
使用仪器	渗透压摩尔浓度测定仪型号：＿＿＿＿＿＿＿	编号：＿＿＿＿	
测定方法	取本品，依法检查（通则 0632），渗透压摩尔浓度为＿＿＿＿＿＿＿mOsmol/kg		
检验结果	氯化钠注射液的渗透压摩尔浓度为＿＿＿＿＿ mOsmol/kg		
标准规定	氯化钠注射液的渗透压摩尔浓度为 260～320mOsmol/kg		
结论	□ 符合规定　　　　　□ 不符合规定		

【相关知识】

1. 渗透压摩尔浓度测定仪校正用标准溶液制备

取基准氯化钠试剂，于 500～650℃干燥 40～50min，至干燥器（硅胶）放冷至室温。根据需要，按表 6-24 精密称取适量，溶于 1kg 水中，摇匀，即得。

2. 氯化钠注射液的渗透压摩尔浓度测定注意事项

① 在测定前，需使用适量新沸放冷的纯化水调节仪器零点。

② 选用两种不同浓度的氯化钠基准物质进行仪器校正，确保待测供试品的渗透压摩尔浓度在所选标准溶液之间，再测定供试品溶液的渗透压摩尔浓度或冰点下降值。

③ 除另有规定外，供试品应结合临床用法，直接测定或按各品种项下规定的具体溶解或稀释方法制备供试品溶液，并使其摩尔浓度处于测定范围内。需特别注意的是，供试品溶液经稀释后，粒子间的相互作用与原始溶液有所不同，一般不能简单地将稀释后的测定值乘以稀释倍数来计算原溶液的渗透压摩尔浓度。

【评价考核】

氯化钠注射液的渗透压摩尔浓度测定检查评分表

项目	内容	分值	得分
接收工作任务	明确工作任务，了解渗透压摩尔浓度测定	10	

项目	内容	分值	得分
收集信息	掌握渗透压摩尔浓度的来源	5	
	掌握渗透压摩尔浓度测定的操作	5	
制订计划	按照氯化钠注射液的渗透压摩尔浓度测定流程,制订合适的实验计划	5	
	能协同小组成员安排任务分工	5	
	能在任务实施过程中对试剂和仪器做一了解	5	
实施计划	查阅药典和相关资料	10	
	找出氯化钠注射液的渗透压摩尔浓度测定程序的组成	10	
	找出氯化钠注射液的渗透压摩尔浓度测定方法	10	
	找出全程氯化钠注射液的渗透压摩尔浓度测定具体操作	10	
质量检查	操作过程规范,养成爱岗敬业、低碳环保的职业素养及遵守行业规范的良好习惯	10	
评价反馈	能对自身表现情况进行客观评价	10	
	在任务实施过程中发现自身问题	5	
总分		100	

⊃【巩固提高】

单项选择题

(1)《中国药典》（2025 年版）规定渗透压摩尔浓度测定法采用（　　）。

A. 冰点下降法　　　　　B. 露点测定法

C. 含水量测定法　　　　D. 冷点测定法

(2) 关于渗透压摩尔浓度测定仪的校正,以下说法错误的是（　　）。

A. 需要使用两种浓度不同的标准溶液进行校正

B. 校正用标准溶液通常是氯化钠溶液

C. 校正时可以直接使用仪器显示的渗透压摩尔浓度值

D. 校正时需要确保标准溶液的渗透压摩尔浓度准确无误

药物制剂的常规检查

制剂通则概述
- 片剂通则　重量差异、崩解时限、发泡量(阴道泡腾片)、分散均匀性(分散片)、微生物限度
- 注射剂通则　装量、装量差异、渗透压摩尔浓度、可见异物、不溶性微粒　中药注射剂有关物质、重金属及有害元素残留量、无菌、细菌内毒素或热原
- 胶囊剂通则　水分(中药硬胶囊剂)、装量差异、崩解时限、微生物限度

银杏叶片的重量差异检查
- 重量差异的概念
- 重量差异检查的意义　控制各片重量的一致性,保证用药剂量准确
- 重量差异检查流程
  - 检验仪器:电子天平
  - 操作:称量总重 → 称量每片重量
  - 计算:平均片重及允许片重范围
  - 结果判定:超出重量差异限度的不得多于2片,并不得有1片超出限度的1倍

维生素C片的崩解时限检查
- 崩解时限的概念
- 崩解时限检查的意义　药物溶解和保证生物利用度的关键
- 崩解时限检查流程
  - 检验仪器:崩解仪
  - 操作:安装吊篮 → 调节水位 → 温度达到37℃±1℃ → 供试品6片 → 置玻璃管 → 启动崩解仪检查
  - 结果判定:各片应在15分钟内全部崩解。如有1片不能完全崩解,应另取6片复试,均应符合规定

双嘧达莫片的含量均匀度检查
- 含量均匀度的概念
- 含量均匀度检查的意义　控制每片(个)含量的均一性,保证用药剂量的准确
- 含量均匀度检查流程
  - 操作:取10片 → 分别测定每一个单剂生成分含量
  - 计算:每一个单剂以标示量为100的相对含量 x、平均含量、标准差 S、标示量与均值之差的绝对值 A
  - 结果判定:若 $A+2.2S \leq L$,符合规定;若 $A+S > L$,不符合规定;若 $A+2.2S > L$ 且 $A+S \leq L$,另取供试品20个复试

维生素B₂片的溶出度检查
- 溶出度的概念
- 溶出度检查的意义　评估药物质量、确保疗效一致性
- 溶出度检查流程
  - 检验仪器:溶出仪
  - 仪器调试 → 加溶出介质 → 设置仪器参数 → 启动加热 → 介质温度37℃±0.5℃ → 投放药品 → 取样和滤过 → 测定
  - 计算:每片溶出量和平均溶出量
  - 结果判定:应符合药典规定

维生素C注射液的装量检查
- 装量的概念
- 装量检查的意义　保证单剂量注射液的注射用量不少于标示量,达到临床用药剂量要求
- 装量检查流程
  - 检验仪器:注射器及注射针头、量筒最入型
  - 操作:取样 → 开启 → 转移内容物 → 检视体积
  - 结果判定:每支(瓶)的装量均不得少于其标示装量

注射用更昔洛韦的装量差异检查
- 装量差异的概念
- 装量差异检查的意义　控制注射用无菌粉末装量的一致性,保证用药剂量准确
- 装量差异检查流程
  - 检验仪器:电子天平
  - 操作:取5瓶(支) → 除去瓶签 → 擦净外壁 → 干燥 → 除去铝盖 → 分别编号 → 精密称定每瓶(支)的重量 → 倾出内容物 → 洗净容器 → 干燥后 → 精密称定每一容器的重量
  - 计算:求出每1瓶(支)的装量和平均装量
  - 结果判定:初试中,如有1瓶(支)的装量超过装量差异限度规定时,应另取10瓶(支)复试

氯化钠注射液的可见异物检查
- 可见异物的概念
- 可见异物检查的意义　影响药品的质量,会影响临床使用的有效性和安全性
- 可见异物检查方法
  - 灯检法
  - 光散射法
- 可见异物检查流程(灯检法)
  - 检验仪器:灯检仪
  - 检查人员条件:视力4.9以上(矫正后视力应为5.0及以上),无色盲;
  - 照度要求:用无色透明容器包装的无色供试品溶液:1000~1500lx;用透明塑料容器包装、棕色透明容器包装的供试品或有色供试品溶液:2000~3000lx;混悬型供试品或乳状液:4000lx
  - 操作:仪器开机 → 调整光照度 → 取20支 → 除标签 → 擦净外壁 → 遮光板边缘 → 轻轻旋转和翻转容器 → 分别在黑色和白色背景下目视检查 → 总检查时限为20秒 → 记录现象
  - 结果判定:静脉用注射液如1支(瓶)检出,复试,如2支(瓶)或以上检出,不符合规定;非静脉用注射液,如1~2支(瓶)检出,复试如2支(瓶)以上检出,不符合规定

葡萄糖注射液的不溶性微粒检查
- 不溶性微粒的概念
- 不溶性微粒检查的意义　保证药物质量、预防健康风险
- 不溶性微粒检查方法
  - 光阻法
  - 显微计数法
- 不溶性微粒检查流程(光阻法)
  - 检验仪器:不溶性微粒检查仪
  - 操作:开机预热 → 设置参数 → 取本品 → 水外壁洗净 → 翻转20次 → 开启容器 → 供试品冲洗开启口及取样杯 → 静置脱气 → 搅拌 → 测定3次 → 取平均值
  - 结果判定:标示量为100ml或100ml以上的静脉注射液,每1ml中含10μm及10μm以上的不溶性微粒数不得超过25粒,含25μm及25μm数不得超过3粒

氯化钠注射液的渗透压摩尔浓度测定
- 渗透压摩尔浓度的概念
- 渗透压摩尔浓度测定的意义　评估溶液浓度、确保药品安全
- 渗透压摩尔浓度测定流程
  - 检验仪器:渗透压摩尔浓度测定仪
  - 操作:仪器开机 → 零点校准 → 标准溶液校正仪器 → 测定供试品渗透压摩尔浓度
  - 结果判定:氯化钠注射液的渗透压摩尔浓度为260~320mOsmol/kg

模块七
药物的含量测定

任务 7-1 葡萄糖酸钙的含量测定

○【情境描述】

钙与身体健康息息相关，缺钙可导致儿童佝偻病、青少年发育迟缓、老年人患骨质疏松症等。补钙越来越被人们所重视，因此，许多含钙药品相应而生。葡萄糖酸钙作为一种常见的钙补充剂，主要用于预防和治疗钙缺乏症，其含量是否符合规定，直接关系到药品质量和治疗效果。如果钙含量低于标准，可能无法达到预期的治疗效果；如果钙含量过高，可能会导致高钙血症，带来安全隐患。控制药品中的成分含量，对于保障药品的安全性和有效性具有十分重要的意义，也是药品生产和质量控制的关键环节。

○【学习目标】

（1）能够掌握滴定分析法测定药品含量的原理及分析结果的计算。
（2）能够查阅《中国药典》，利用滴定分析法测定药品的含量。
（3）能够记录并判断药品的含量测定结果。

○【质量标准】

本品为 D-葡萄糖酸钙盐一水合物，含 $C_{12}H_{22}CaO_{14} \cdot H_2O$ 应为 99.0%～101.0%（供注射用），或 98.5%～102.0%（供口服用）。

取本品 0.5g，精密称定，加水 100mL，微温使溶解，加氢氧化钠试液 15mL 与钙紫红素指示剂 0.1g，用乙二胺四乙酸二钠滴定液（0.05mol/L）滴定至溶液自紫色转变为纯蓝色。每 1mL 乙二胺四乙酸二钠滴定液（0.05mol/L）相当于 22.42mg 的 $C_{12}H_{22}CaO_{14} \cdot H_2O$。

● 【任务分组】

班级		日期		组号		教师	
组长		组员					
任务分工							

● 【信息获取】

问题 1：查阅药典，葡萄糖酸钙的含量测定范围是多少？

问题 2：葡萄糖酸钙的含量测定，需要准备哪些仪器和试剂？

问题 3：根据葡萄糖酸钙的含量测定质量标准，写出其含量测定的检验流程。

问题 4：葡萄糖酸钙的含量测定应注意哪些问题？

● 【工作实施】

1. 测定原理

葡萄糖酸钙含有钙元素，可用配位滴定法测定钙元素含量来间接测定葡萄糖酸钙含量。取适量样品溶解，加氢氧化钠试液与钙紫红素指示剂，用乙二胺四乙酸二钠（EDTA-2Na）滴定液滴定至溶液由紫色转变为纯蓝色。此时读出 EDTA-2Na 滴定液使用量，可计算出样品中钙元素的含量，进而计算出葡萄糖酸钙的质量，与取用样品质量相比，可得出样品的葡萄糖酸钙含量。反应式如下：

滴定前：　　　　$Ca^{2+} + H_2In^- \rightleftharpoons CaIn^- + 2H^+$

　　　　　　　纯蓝色　　　　　紫红色

终点前：　　　　$Ca^{2+} + H_2Y^{2-} \rightleftharpoons CaY^{2-} + 2H^+$

终点时：　　　　　　$CaIn^- + H_2Y^{2-} \rightleftharpoons CaY^{2-} + H_2In^-$

　　　　　　　　　紫红色　　　　　　　　　　　纯蓝色

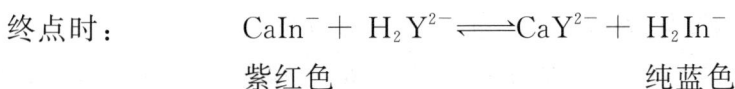

2. 仪器和药品准备（表7-1）

表7-1　实验操作仪器设备、试剂清单

主要仪器设备	酸式滴定管(50mL)、电子天平(0.0001g)、锥形瓶(250mL)、托盘天平、玻璃棒、洗瓶、烧杯(100mL，1000mL)、量筒(10mL、25mL、100mL)、称量瓶、称量纸、滴瓶、试剂瓶、电炉(带石棉网)、铁架台、药匙、温度计、手套、滤纸条等
药品试剂	乙二胺四乙酸二钠、氧化锌(基准试剂)、盐酸、甲基红、95％乙醇、氨水、氯化铵、铬黑 T、盐酸羟胺、氢氧化钠、钙紫红素、无水硫酸钠、葡萄糖酸钙、蒸馏水等
溶液配制	①稀盐酸：取盐酸 234mL，加水稀释至 1000mL，即得； ②0.025％甲基红的乙醇溶液：称取 0.025g 甲基红用 95％乙醇稀释定容至 100mL； ③氨试液：取浓氨溶液 400mL，加水使成 1000mL，即得； ④氨-氯化铵缓冲液(pH10.0)：取氯化铵 5.4g，加水 20mL 溶解后，加浓氨溶液 35mL，再加水稀释至 100mL，即得； ⑤铬黑 T 指示剂(5g/L)：0.5g 铬黑 T＋2g 盐酸羟胺，用 95％酒精溶解定容到 100mL； ⑥氢氧化钠试液：取氢氧化钠 4.3g，加水使溶解成 100mL，即得； ⑦钙紫红素指示剂：取钙紫红素 0.1g，加无水硫酸钠 10g，研磨均匀，即得

3. 操作方法

（1）乙二胺四乙酸二钠（EDTA-2Na）滴定液（0.05mol/L）的配制　取乙二胺四乙酸二钠 19g，加适量的水使溶解成 1000mL，摇匀待标定。

（2）乙二胺四乙酸二钠（EDTA-2Na）滴定液（0.05mol/L）的标定　取于约 800℃灼烧至恒重的基准氧化锌 0.12g，精密称定，加稀盐酸 3mL 使溶解，加水 25mL，加 0.025％甲基红的乙醇溶液 1 滴，滴加氨试液至溶液显微黄色，加水 25mL 与氨-氯化铵缓冲液（pH10.0）10mL，再加铬黑 T 指示剂少量，用本液滴定至溶液由紫色变为纯蓝色，并将滴定的结果用空白试验校正。平行测定 3 次取平均值。

每 1mL 乙二胺四乙酸二钠滴定液（0.05mol/L）相当于 4.069mg 的氧化锌。根据本液的消耗量与氧化锌的取用量，算出本液的浓度，即得。其浓度计算公式为：

$$c_{\text{EDTA-2Na}} = \frac{m}{(V - V_0) \times 10^{-3} \times M_{\text{氧化锌}}}$$

式中　$c_{\text{EDTA-2Na}}$——乙二胺四乙酸二钠滴定液的浓度，mol/L；

　　　m——基准氧化锌的质量，g；

　　　V——供试品消耗滴定液的体积，mL；

　　　V_0——空白消耗滴定液的体积，mL；

$M_{氧化锌}$——基准氧化锌的摩尔质量，81.38g/mol。

（3）葡萄糖酸钙的含量测定　取本品 0.5g，精密称定，加水 100mL，微温使溶解，加氢氧化钠试液 15mL 与钙紫红素指示剂 0.1g，用乙二胺四乙酸二钠滴定液（0.05mol/L）滴定至溶液自紫色转变为纯蓝色。平行测定 3 次取平均值。

每 1mL 乙二胺四乙酸二钠滴定液（0.05mol/L）相当于 22.42mg 的 $C_{12}H_{22}CaO_{14} \cdot H_2O$。

（4）葡萄糖酸钙的含量计算

$$含量(\%)=\frac{F \times T \times V \times 10^{-3}}{m} \times 100\%$$

式中　F——滴定液浓度校正因子，$F = c_{实际} / c_{规定}$；

T——滴定度，22.42mg/mL；

V——供试品消耗乙二胺四乙酸二钠滴定液的体积，mL；

m——葡萄糖酸钙的称样量，g。

4. 数据记录与结果判定（表 7-2）

表 7-2　葡萄糖酸钙的含量测定记录

检品名称：		检品编号：		
检验项目：		温度：	湿度：	
使用仪器	天平型号：_____	编号：_____		

含量测定	1. 滴定液的标定			
	项目	第 1 次	第 2 次	第 3 次
	倾出前(称量瓶＋基准物)质量/g			
	倾出后(称量瓶＋基准物)质量/g			
	取出基准物的质量/g			
	滴定管初始读数/mL			
	滴定管终点读数/mL			
	消耗滴定液体积/mL			
	体积校正值/mL			
	溶液温度/℃			
	温度补正值			
	溶液温度校正值/mL			
	实际消耗体积/mL			
	V_0/mL			
	计算公式			
	滴定液浓度(c)/(mol/L)			
	滴定液平均浓度(c)/(mol/L)			
	相对极差/%			

2. 供试品的含量测定

项目	第 1 次	第 2 次	第 3 次
供试品质量/g			
滴定管初始读数/mL			
滴定管终点读数/mL			
消耗滴定液体积/mL			
体积校正值/mL			
溶液温度/℃			
温度补正值			
溶液温度校正值/mL			
实际消耗体积(V)/mL			
滴定液浓度(c)/(mol/L)			
计算公式			
样品含量/%			
平均含量/%			
相对极差/%			

含量测定(以上为左侧合并单元格)

检验结果	
标准规定	应为 99.0%～101.0%(供注射用),或 98.5%～102.0%(供口服用)
结论	□符合规定　　　□不符合规定

⊃【相关知识】

　　滴定分析法是将已知浓度的滴定液由滴定管滴加到被测药物的溶液中,直至滴定液与被测药物反应完全,然后根据滴定液的浓度和消耗的体积,按化学式计量关系计算出被测药物含量的一种方法。

　　滴定分析法有酸碱滴定法、氧化还原滴定法、配位滴定法、沉淀滴定法、非水滴定法、电位滴定法和永停滴定法等。滴定方式有直接滴定法、间接滴定法、返滴定法和置换滴定法。终点判断方法有指示剂法、电位滴定法和永停滴定法等。

　　滴定分析法适合被测组分的含量在 1% 以上高含量或中高含量组分,具有所用仪器价格便宜,操作简便、快速;测定结果准确、重复性高,相对误差一般在 0.2% 以下等优点。缺点为专属性差,对结构相近的有关物质或其他干扰测定的杂质缺乏选择性,因而常用于原料药和少量制剂的含量测定。

1. 滴定液

滴定液是指在滴定分析中用于滴定被测物质含量的准确浓度的标准溶液。一般为 4 位有效数字，浓度以"mol/L"表示。

滴定液的配制方法有间接配制法和直接配制法两种。其中间接配制法包括基准物质标定和比较标定法，大多数滴定液是通过基准物质标定法，少数采用比较标定法。直接配制法又称容量瓶法，是称取一定量的基准物经过溶解、定量转移后直接计算其浓度。滴定液的配制与标定应按《中国药典》通则 8006 进行。

（1）配制　滴定液配制时应遵循以下规定：

① 溶剂"水"系指蒸馏水或去离子水，在未注明其他要求时，应符合"纯化水"项下的规定。

② 间接配制法时，制成后滴定液的浓度值应为规定值的 0.95～1.05；如不在该范围，应加入适量的溶质或溶剂予以调整。

③ 采用直接配制法时，其溶质应采用"基准试剂"，并按规定条件干燥至恒重后称取，取用量应为精密称定（精确至 4～5 位有效数字），并置 1000mL 量瓶中，加溶剂溶解并稀释至刻度，摇匀。配制过程中应有核对人，并在记录中签名以示负责。

④ 配制浓度≤0.02mol/L 的滴定液时应选用≥0.1mol/L 的滴定液稀释。

⑤ 配制成的滴定液必须澄清，必要时可滤过；并按各该滴定液项下的【贮藏】条件贮存，经下述标定其浓度后方可使用。

（2）标定　标定是根据规定的方法，用基准物质或已标定的滴定液准确测定滴定液浓度（mol/L）的操作过程。应严格遵照《中国药典》四部通则 8006 中各滴定液项下的方法进行标定。

① 标定中所用天平及其砝码、滴定管、量瓶和移液管等均检定合格，其 |校正值/原标示值|≤0.05%。

② 标定工作宜在室温（10～30℃）下进行，并应在记录中注明标定时的室内温度及湿度。

③ 标定工作初标者（一般为配置者）和复标者在相同条件下各做平行试验 3 份。3 份平行试验的相对平均偏差不得大于 0.1%，初标平均值和复标平均值的相对偏差也不得大于 0.1%，标定结果按初、复标的平均值计算。

④ 滴定液标定浓度取 4 位有效数字。

⑤ 每次滴定从滴定管的起始刻度开始，读数应估读到 0.01mL，消耗体积应大于 20mL。

（3）贮藏与使用要求　① 按药典规定条件贮存，一般用带玻璃塞的玻璃瓶贮存，碱性滴定液贮存于聚乙烯塑料瓶中。

② 贴标签时，写明滴定液名称及其标定浓度等信息。

③ 标定浓度的滴定液有效期 3 个月，否则需重新标定。

④ 取用滴定液时，先摇匀再分取适量，取出后不得倒回原瓶。

⑤ 滴定液出现浑浊、沉淀、颜色变化等现象，应重新配制。

2. 滴定度和校正因子

（1）滴定度　滴定度系指每 1mL 规定浓度的滴定液相当于被测药物的质量，常以符号"T"表示，单位为 mg/mL。

（2）校正因子　校正因子系指滴定液的实际浓度与规定浓度的比值，常用"F"表示，一般要求在 0.95～1.05 之间。在《中国药典》中给出的滴定度为滴定液的规定浓度，而在实际工作中，所配制的滴定液浓度不可能刚好与规定的浓度一致，此时就不能直接应用药典上给出的滴定度（T）计算，但只要乘以滴定液的浓度校正因子（F）即可换算成实际的滴定度（T'）。

$$F = \frac{滴定液实际标定的浓度}{滴定液规定的浓度} = \frac{c_{实际}}{c_{规定}}$$

$$T' = F \times T$$

3. 滴定分析法测定药品含量的计算

滴定分析中常用的含量测定方法有直接滴定法和间接滴定法，其中原料药和制剂药的含量测定表示方法也不同，下面以直接滴定法为例，其计算方法如下。

（1）原料药的含量计算

① 不需做空白试验：

$$原料药的含量（\%） = \frac{测得量}{供试品量} \times 100\% = \frac{F \times T \times V \times 10^{-3}}{m} \times 100\%$$

式中　F——滴定液浓度校正因子，$F = c_{实际}/c_{规定}$；

　　　T——滴定度，mg/mL；

　　　V——供试品消耗滴定液的体积，mL；

　　　m——供试品的称样量，g。

② 需做空白试验：

$$原料药的含量（\%） = \frac{测得量}{供试品量} \times 100\% = \frac{F \times T \times (V - V_0) \times 10^{-3}}{m} \times 100\%$$

式中　V_0——空白消耗滴定液的体积，mL；

　　　其他各符号意义同不需做空白试验的原料药含量计算。

（2）制剂的含量计算　制剂的含量按标示量的百分含量表示，下面以片剂和注射剂的含量测定计算公式为例，其他剂型可参照这两种剂型的含量计算。

① 不需做空白试验：

$$片剂标示量（\%）=\frac{每片实测含量}{标示量}\times100\%=\frac{\dfrac{测得量}{供试品量}\times平均片重}{标示量}\times100\%$$

$$=\frac{F\times T\times V\times10^{-3}\times\overline{W}}{m\times S}\times100\%$$

式中　$\overline{W}$——供试品的平均片重，g；

S——标示量，g；

其他各符号意义同原料药含量计算。

$$注射剂标示量（\%）=\frac{实测的浓度}{标示的浓度}\times100\%=\frac{F\times T\times V\times10^{-3}\times\overline{V}}{V_s\times S}\times100\%$$

式中　V_s——供试品的取样体积，mL；

$\overline{V}$——标示装量，mL；

S——标示量，g；

其他各符号意义同原料药的含量计算。

② 需做空白试验：

$$片剂标示量（\%）=\frac{F\times T\times(V-V_0)\times10^{-3}\times\overline{W}}{m\times S}\times100\%$$

$$注射剂标示量（\%）=\frac{F\times T\times(V-V_0)\times10^{-3}\times\overline{V}}{V_s\times S}\times100\%$$

式中各符号意义同原料药含量计算和不需做空白试验的制剂含量计算。

知识拓展

上述原料药含量计算公式中的供试品取用量均不扣除干燥失重或水分。当原料药规定含量按干燥品或无水物计算时，则上述含量计算公式中的供试品取用量应扣除干燥失重或水分。如：$含量（\%）=\dfrac{F\times T\times V\times10^{-3}}{m\times（1-水分或干燥失重百分数）}\times100\%$。

4. 注意事项

① 氧化锌在空气中能缓缓吸收二氧化碳，因此对标定中的基准氧化锌，要经800℃灼烧至恒重。

② 滴定时溶液的 pH 要严格控制，加稀盐酸 3mL 不宜过多，溶解氧化锌完全后，再加水 25mL，以甲基红为指示剂，滴加氨试液以中和多余的稀盐酸，而后再加水 25mL 与氨-氯化铵缓冲液（pH10.0）10mL，才能控制溶液的 pH 为 10 左右。

③ 铬黑 T 在水或醇溶液中不稳定，故规定采用固体粉末状的铬黑 T，而不采用指示液。

④ 乙二胺四乙酸二钠滴定液（0.05mol/L）在标定中滴定至终点时，滴定液要逐滴加入，并充分摇匀，以防终点滴过。

⑤ 滴定液在标定中由于在加入的试剂中可能混杂有金属离子而消耗滴定液，因此需将滴定的结果用空白试验校正。

⑥ 乙二胺四乙酸二钠滴定液应贮于带玻璃塞的玻璃瓶中保存，避免与橡皮塞、橡皮管等接触。

⑦ 葡萄糖酸钙含有钙元素，可采用配位滴定法测定钙元素含量来间接测定葡萄糖酸钙的含量。

◆【评价考核】

葡萄糖酸钙的含量测定评分表

项目	内容	分值	得分
接收工作任务	明确工作任务,理解滴定分析法测定药品含量的原理	10	
收集信息	掌握滴定分析法测定药品含量的流程	5	
	掌握滴定分析法的操作规范及操作要点	5	
制订计划	按照含量测定的流程,制订合适的实验计划	5	
	能协同小组成员安排任务分工	5	
	能在实施前准备好需要的试剂和仪器	5	
实施计划	天平的使用是否规范	5	
	减量称量法是否规范	5	
	滴定管的使用是否规范	5	
	滴定终点判断是否正确	5	
	数据记录是否规范	5	
	滴定液浓度计算是否正确	5	
	含量计算是否正确	5	
	有效数字的保留是否规范	5	
	结果判断是否正确	5	
质量检验	完成实验,操作过程规范,养成爱岗敬业、爱惜仪器的职业素养及遵守行业规范的良好习惯	10	
评价反馈	能对自身表现情况进行客观评价	5	
	在实验实施过程中发现自身问题	5	
总分		100	

计算题

（1）维生素 C 片（规格 0.1g）的含量测定：取本品 20 片，精密称定，总重 2.4802g，研细，精密称取 0.2480g 细粉，置 100mL 量瓶中，加新沸过的冷水 100mL 与稀醋酸 10mL 的混合液适量，振摇使维生素 C 溶解并稀释至刻度，摇匀，迅速滤过，精密量取续滤液 50mL，加淀粉指示液 1mL，立即用碘滴定液（0.05018mol/L）滴定至溶液显蓝色并持续 30 秒钟不褪，消耗碘滴定液 11.03mL，每 1mL 碘滴定液（0.05mol/L）相当于 8.806mg 的维生素 C。计算维生素 C 片的含量。

（2）精密称取阿司匹林 0.4152g，加中性乙醇 20mL 和酚酞指示液 3 滴，用氢氧化钠滴定液（0.09960mol/L）滴定至粉红色且 30s 不褪色，消耗滴定液 22.76mL，已知每 1mL 氢氧化钠滴定液（0.1mol/L）相当于 18.02mg 的阿司匹林，计算阿司匹林的含量。

任务 7-2　甲硝唑片的含量测定

【情境描述】

甲硝唑片是一种常用的抗菌药物，主要用于治疗厌氧菌感染和阿米巴病等。如果含量低于标准，可能无法达到预期的治疗效果；如果含量超标可能会导致药物的疗效增强，增加患者的不良反应风险，同时过量的甲硝唑可能会引起中毒症状，如头痛、恶心、呕吐、眩晕等。因此控制药品含量是否符合国家药品标准，对于保障药品的安全性和有效性具有十分重要的意义，同时也是药品生产和质量控制的关键环节。

【学习目标】

（1）能够掌握高效液相色谱法测定药品含量的原理及分析结果的计算。

（2）能够查阅《中国药典》，掌握用高效液相色谱法测定药品的含量。

（3）能够记录并判断药品的含量测定结果。

【质量标准】

本品含甲硝唑（$C_6H_9N_3O_3$）应为标示量的 93.0%～107.0%。

【含量测定】

照高效液相色谱法（通则 0512）测定。

（1）供试品溶液　取本品 20 片，精密称定，研细，精密称取细粉适量（约相当于甲硝唑 0.25g），置 50mL 量瓶中，加 50% 甲醇溶液适量，振摇使甲硝唑溶解，用 50% 甲醇溶液稀释至刻度，摇匀，滤过，精密量取续滤液 5mL，置 100mL 量瓶中，用流动相稀释至刻度，摇匀。

（2）对照品溶液　取甲硝唑对照品适量，精密称定，加流动相溶解并定量稀释制成每 1mL 中约含 0.25mg 的溶液。

（3）色谱条件　用十八烷基硅烷键合硅胶为填充剂；以甲醇-水（20：80）

为流动相；检测波长为 320nm；进样体积 10μL。

（4）系统适用性要求　理论板数按甲硝唑峰计算不低于 2000。

（5）测定法　精密量取供试品溶液与对照品溶液，分别注入液相色谱仪，记录色谱图。按外标法以峰面积计算。

⊃【任务分组】

班级		日期		组号		教师	
组长		组员					
任务分工							

⊃【信息获取】

问题 1：查阅药典，甲硝唑片的含量测定范围是多少？

问题 2：甲硝唑片的含量测定，需要准备哪些仪器和试剂？

问题 3：根据甲硝唑片的含量测定质量标准，写出其含量测定的检验流程。

问题 4：供试品溶液制备中精密称取细粉适量（约相当于甲硝唑 0.25g）需称取甲硝唑片多少呢？

问题 5：甲硝唑片的含量测定应注意哪些问题？

⊃【工作实施】

1. 测定原理

甲硝唑为硝基咪唑类抗菌药物，由于其分子中含有咪唑环，具有共轭体系结构，因而具有紫外吸收特性，可用紫外检测器检测。其片剂中含有辅料淀粉、聚乙烯吡咯烷酮、硬脂酸镁等，传统的滴定分析终点不易观察；光谱分析不能将其与杂质分离；而高效液相色谱法具有高分离效能、高灵敏度和高分析速度等优点，可以有效地分离和测定甲硝唑片中的有效成分甲硝唑，以及可能的杂质和降解产物，从而作为控制甲硝唑片含量测定的常用方法。该方法以十八烷基硅烷键合硅胶为填充剂和紫外检测器，可以准确地测定甲硝唑的含量，并可以根据外标法计算得到其含量。

2. 检验准备（表7-3）

表7-3 实验操作仪器设备、试剂清单

主要仪器设备	高效液相色谱仪、色谱柱（C₁₈柱）、微量进样器（10μL或25μL）、电子天平、超声波清洗仪、吸量管（5mL）、洗耳球、容量瓶（100mL、50mL）、量筒（500mL）、流动相瓶（500mL）、烧杯（100mL、500mL、1000mL）、锥形瓶（50mL）、漏斗（Φ3.5cm、Φ9cm）、滤纸、一次性注射器（5mL）、胶头滴管、小试管（4mL）、试管架、抽滤装置（1000mL隔膜泵）、微孔滤膜（有机系0.45μm或0.22μm，水系0.45μm或0.22μm）、针筒式滤头（Φ13mm，0.45μm）、研钵、药匙、玻璃棒、废液桶、废物桶、洗瓶（500mL）、滤纸条、抹布、称量瓶、镊子、棉手套、封口膜、笔（黑色签字笔和记号笔）、计算器、毛刷等
药品试剂	甲硝唑片、甲硝唑对照品、甲醇（色谱纯）、纯化水等

3. 操作方法

（1）确定色谱条件 固定相，十八烷基硅烷键合硅胶为填充剂；流动相，甲醇-水（20∶80）；检测波长，320nm；对照品，甲硝唑对照品；进样量，10μL；系统适用性试验，理论板数按甲硝唑峰计算不低于2000。

（2）准备流动相 如为单泵，将甲醇与水按照体积比20∶80混合，然后通过0.45μm有机微孔滤膜过滤，再转入流动相瓶中并做好标记，经超声波清洗仪超声脱气约15min后即制备好流动相。

如为二元及以上泵，将甲醇相用0.45μm有机微孔滤膜过滤，水相用0.45μm水系微孔滤膜过滤，再分别转入流动相瓶中并做好标记。

要求流动相无气泡和颗粒型杂质。

（3）安装色谱柱 按固定相选择色谱柱，本次为十八烷基硅烷键合硅胶柱，流动相流动方向与色谱柱标示方向一致，无漏液。

（4）开机 依次开启高效液相色谱仪各组件的电源开关，计算机电源开关、工作站。

（5）排气 如为单泵，打开排气阀，将流速由小至大，至5mL/min保持约5min，观察柱前管路无气泡时将流速降为0.25mL/min，关闭排气阀，要求柱前管路中无气泡。

如为二元及以上泵，打开排气阀，设置泵A（水）比例为100%，流速由小至大，至5mL/min保持约5min，观察柱前管路无气泡时切换到泵B排气，如有C、D相，依次切换，将流速降为0.25mL/min，关闭排气阀，要求柱前管路中无气泡。

（6）平衡色谱系统 用流动相平衡系统至少30min，观察压力稳定且无异常，基线平衡无波动。

（7）配制对照品溶液 按各药品项下要求配制，称取甲硝唑对照品约0.25g，置50mL量瓶中，加50%甲醇溶液适量，振摇使甲硝唑溶解，用50%甲

醇溶液稀释至刻度，摇匀，滤过，精密量取续滤液 5mL，置 100mL 量瓶中，用流动相稀释至刻度，摇匀。配制 2 份。

（8）配制供试品溶液　取甲硝唑片 20 片，精密称定，研细，精密称取细粉适量（约相当于甲硝唑 0.25g），其中取样量按公式：取样量＝(1±10%)×主药

规定量× $\dfrac{\text{平均片重}}{\text{每片标示量}}$。

将细粉置 50mL 量瓶中，加 50% 甲醇溶液适量，振摇使甲硝唑溶解，用 50% 甲醇溶液稀释至刻度，摇匀，滤过，精密量取续滤液 5mL，置 100mL 量瓶中，用流动相稀释至刻度，摇匀。配制 2 份，并通过 $0.45\mu m$ 或 $0.22\mu m$ 微孔滤膜过滤。

（9）进样　手动进样器：用流动相中有机相清洗微量注射器，使用甲硝唑对照品润洗多次，取 $10\mu L$ 进样体积。将六通阀进样器置于"load"状态，微量注射器垂直插入进样器至底部，缓慢推动活塞杆，将液体全部注入六通阀进样器，并快速扳至"inject"状态。

自动进样器：将供试品置于样品瓶中，置于样品架上，设定好序列、数据等参数。

进样量：对照品 1 连续进样 5 针；对照品 2 连续进样 2 针；供试品 1 连续进样 2 针；供试品 2 连续进样 2 针。

（10）含量计算　打开数据文件，设置积分参数，分别读取对照品、供试品保留时间、峰面积数值，记录原始数据。要求色谱图正常，理论板数、分离度、拖尾因子、灵敏度符合系统适用性试验要求。

$$\text{甲硝唑片标示量}(\%)=\dfrac{c_R\times\dfrac{A_x}{A_R}\times D\times V\times\overline{W}}{m\times S}\times100\%$$

式中　c_R——对照品溶液浓度，g/mL；

A_x——供试品溶液的峰面积；

A_R——对照品溶液的峰面积；

D——供试品溶液的稀释倍数；

V——供试品溶液的初始定容体积，mL；

m——供试品的取样量，g；

$\overline{W}$——供试品的平均片重，g；

S——片剂的标示量，g。

（11）仪器保养　用甲醇清洗系统 30min。如流动相中有缓冲盐，先用 5% 有机溶剂-水冲洗 0.5～1h，再换用纯甲醇或乙腈冲洗 30min。取下色谱柱，密封。

4. 数据记录与结果判定（表7-4）。

表 7-4　甲硝唑片的含量测定记录

检品名称：			检品编号：				

检验项目：			温度：		湿度：		

使用仪器	高效液相色谱仪型号：＿＿＿＿＿＿＿　　　编号：＿＿＿＿＿＿＿ 天平型号：＿＿＿＿＿＿＿　　　编号：＿＿＿＿＿＿＿ 色谱柱固定相类型：＿＿＿＿＿＿＿ 色谱柱编号：＿＿＿＿＿＿＿　　　粒径：＿＿＿＿＿＿＿ 流动相：＿＿＿＿＿＿＿ 流速：＿＿＿＿＿＿＿　　　柱温：＿＿＿＿＿＿＿ 检测波长：＿＿＿＿＿＿＿　　　进样量：＿＿＿＿＿＿＿ 分析方法：＿＿＿＿＿＿＿

含量测定

1. 对照品称量及溶液的色谱数据记录表

对照品配制过程	称取甲硝唑对照品＿＿＿＿＿g，置50mL量瓶中，加50％甲醇溶液适量，振摇使甲硝唑溶解，用50％甲醇溶液稀释至刻度，摇匀，滤过，精密量取续滤液5mL，置100mL量瓶中，用流动相稀释至刻度，摇匀，制得甲硝唑对照品浓度为＿＿＿＿＿＿g/mL。

项目	测定次数						
	1					2	
对照品称样量/g							
对照品含量/%							
对照品浓度/(g/mL)							
进针顺序	1	2	3	4	5	1	2
保留时间(t_R)/min							
理论板数(n)（只记录第一针的数据）							
分离度(R_S)							
峰面积(A)							
平均峰面积							
重复性（RSD）							

2. 供试品称量及溶液的色谱数据记录表

供试品配制过程	取甲硝唑片20片，精密称定总重为＿＿＿＿＿g，研细，精密称取＿＿＿＿＿g，置50mL量瓶中，加50％甲醇溶液适量，振摇使甲硝唑溶解，用50％甲醇溶液稀释至刻度，摇匀，滤过，精密量取续滤液5mL，置100mL量瓶中，用流动相稀释至刻度，摇匀。

项目	测定次数			
	1		2	
供试品称样量/g				
进针顺序	1	2	1	2
保留时间(t_R)/min				
理论板数(n)（只记录第一针的数据）				
分离度(R_S)				
峰面积(A)				
平均峰面积				
含量测定计算公式				
标示量/%				
平均标示量/%				

检验结果	
标准规定	应为标示量的 93.0%～107.0%
结论	□ 符合规定　　　　　□ 不符合规定

⊃【相关知识】

高效液相色谱法系采用高压输液泵将规定的流动相泵入装有填充剂的色谱柱，对供试品进行分离测定的色谱方法。注入的供试品溶液，由流动相带入色谱柱内，供试品溶液中各组分在柱内被分离，并进入检测器而被检测，由数据处理系统记录和处理色谱信号。

1. 系统适用性试验

色谱系统的适用性试验参数通常包括但不限于理论板数、分离度或峰谷比、灵敏度、拖尾因子和重复性等。按各品种正文项下要求，对色谱系统进行适用性试验，必要时可对色谱系统进行适当调整，以符合要求。

（1）色谱柱的理论板数　色谱柱的理论板数（n）用于评价色谱柱的效能。由于不同物质在同一色谱柱上的色谱行为不同，采用理论板数作为衡量色谱柱效能的指标时，应指明测定物质，一般为待测物质或内标物质的理论板数。

在规定的色谱条件下，注入供试品溶液或各品种项下规定的内标物质溶液，记录色谱图，量出供试品主成分色谱峰或内标物质色谱峰的保留时间 t_R 和峰宽（W）或半高峰宽（$W_{h/2}$）（图 7-1），按 $n=16$ $(t_R/W)^2$ 或 $n=5.54$ $(t_R/W_{h/2})^2$ 计算色谱柱的理论板数。t_R、W、$W_{h/2}$ 可用时间或长度计（下同），但应取相同计量单位。

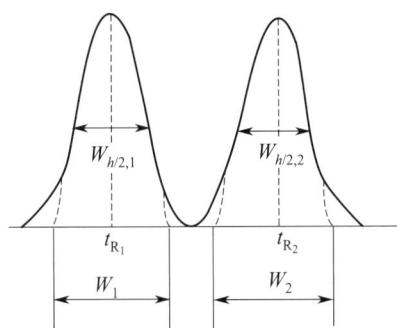

图 7-1　峰宽与半峰宽
计算示意图

（2）分离度　分离度（R_S）用于评价待测物质与被分离物质之间的分离程度，是衡量色谱系统分离效能的关键指标。可以通过测定待测物质与已知杂质的分离度，也可以通过测定待测物质与某一指标性成分（内标物质或其他难分离物质）的分离度，或将供试品或对照品用适当的方法降解，通过测定待测物质与某一降解产物的分离度，对色谱系统分离效能进行评价与调整。

无论是定性分析还是定量测定，均要求待测物质与内标物质或特定的杂质及其他杂质色谱峰之间有较好的分离度。除另有规定外，待测物质色谱峰与相邻色谱峰之间的分离度应不小于1.5。分离度的计算公式为：

$$R_S = \frac{1.18(t_{R_2} - t_{R_1})}{W_{h/2,1} + W_{h/2,2}} \text{ 或 } R_S = \frac{2(t_{R_2} - t_{R_1})}{W_1 + W_2}$$

式中　t_{R_2}——相邻两色谱峰中后一峰的保留时间；

　　　t_{R_1}——相邻两色谱峰中前一峰的保留时间；

　　$W_{h/2,1}$——相邻两色谱峰中前一峰的半高峰宽；

　　$W_{h/2,2}$——相邻两色谱峰中后一峰的半高峰宽；

　　　W_1——相邻两色谱峰中前一峰的峰宽；

　　　W_2——相邻两色谱峰中后一峰的峰宽。

当对测定结果有异议时，色谱柱的理论板数（n）和分离度（R_S）应以半高峰宽（$W_{h/2}$）的计算结果为准。

（3）峰谷比　若待测物质峰与相邻峰之间未达到基线分离，峰谷比（P/V）可作为系统适用性试验参数。图7-2为部分分离两个色谱峰的峰谷比计算示意图，峰谷比值计算公式为：

$$P/V = \frac{H_P}{H_V}$$

式中　H_P——小峰平行外推基线的高度；

　　　H_V——小峰和大峰间曲线最低点平行外推基线的高度。

（4）灵敏度　信噪比（S/N）用于定义系统的灵敏度，按下式计算：

$$S/N = \frac{2H}{h}$$

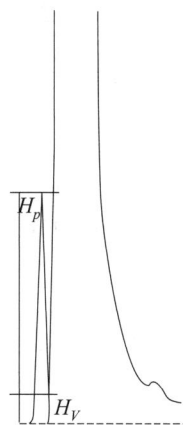

图7-2　峰谷比
　　　计算示意图

在使用规定的参比溶液获得的色谱图中，H 为从目标峰最大值到基线信号的峰高，基线外延距离至少为目标峰半高峰宽的 5 倍；h 为使用空白溶液在距离目标峰至少 5 倍宽范围内观察到的最大和最小噪声的幅度，如图7-3所示。如可能，应平均分布在目标峰的两侧。

通常，定量限的信噪比应不小于10，检测限的信噪比应不小于3。系统适用性试验中可以设置灵敏度试验溶液来评价色谱系统检测低含量成分的能力。

（5）拖尾因子　拖尾因子（T）用于评价色谱峰的对称性。拖尾因子计算公式为：

$$T = \frac{W_{0.05h}}{2d_1}$$

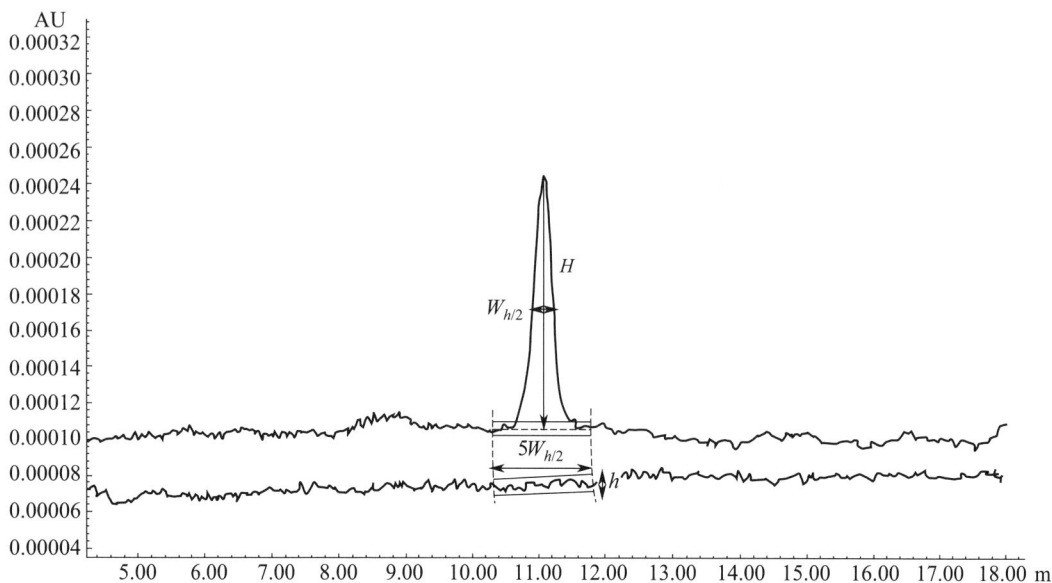

图 7-3　信噪比计算示意图

式中　$W_{0.05h}$——5%峰高处的峰宽；

　　　　d_1——峰顶在 5%峰高处横坐标平行线的投影点至峰前沿与此平行线交点的距离。

拖尾因子计算示意图如图 7-4 所示。

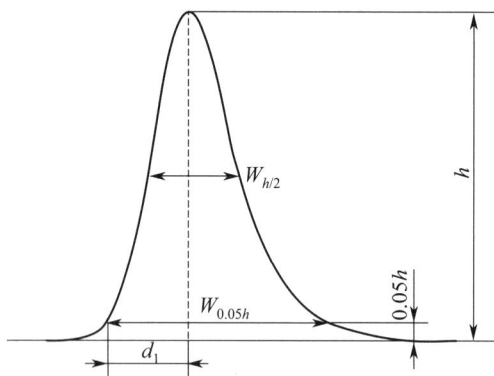

图 7-4　拖尾因子计算示意图

除另有规定外，在检查和含量测定项下，以峰面积作定量参数时，T 值应在 0.8～1.8 之间；以峰高作定量参数时，除另有规定外，T 值应在 0.95～1.05 之间。

以峰面积作定量参数时，一般的峰拖尾或前伸不会影响峰面积积分，但严重拖尾会影响基线和色谱峰起止的判断和峰面积积分的准确性，此时应在品种正文项下对拖尾因子予以规定。

（6）重复性　重复性用于评价色谱系统连续进样时响应值的重复性能。除另有规定外，通常取各品种项下的对照品溶液或其他溶液，重复进样 5 次，其峰响应测量值（或内标比值或其校正因子）的相对标准偏差应不大于 2.0%，如品种项下规定相对标准偏差大于 2.0%，则以重复进样 6 次的数据计算。视进样溶液的浓度和/或体积、色谱峰响应和分析方法所能达到的精度水平等，以满足检测所需的精密度要求为前提，对相对标准偏差的要求可适当放宽或收紧，并在品种项下予以规定。

（7）其他参数　保留时间和相对保留时间常用于评价系统适用性，如在品种项下列出但未明确为系统适用性要求，它们仅作为一种参考。实验得到的相对保留时间与品种项下规定值间的差异应为多少，没有适用的可接受标准。

对于复杂体系，如适用，可在品种项下附对照图谱，通过供试品图谱与对照图谱的比对来评价系统适用性。

上述系统适用性试验及其可接受标准，根据方法验证特别是耐用性试验结果在品种项下描述。如上述的与品种项下描述的系统适用性试验及其可接受标准不同，则以品种项下描述为准。

除品种项下描述的任何其他系统适用性试验及其标准外，不论品种项下描述与否，用于检查或定量分析时，重复性试验应满足本通则或品种项下的要求。在整个分析过程中，色谱系统应满足系统适用性要求，否则实验结果不被接受。

2. 定量分析

（1）内标法　按品种正文项下的规定，精密称（量）取对照品和内标物质，分别配成溶液，精密量取各溶液适量，混合配成校正因子测定用的对照溶液；精密量取适量，进样，记录色谱图。测量对照品和内标物质的峰面积或峰高，按下式计算校正因子：

$$校正因子(f) = \frac{A_s/c_s}{A_R/c_R}$$

式中　A_s——内标物质的峰面积或峰高；

A_R——对照品的峰面积或峰高；

c_s——内标物质的浓度；

c_R——对照品的浓度。

再精密量取各品种项下含有内标物质的供试品溶液适量，进样，记录色谱图，测量供试品中待测成分和内标物质的峰面积或峰高，按下式计算含量：

$$含量(c_x) = f \times \frac{A_x}{A_s'/c_s'}$$

式中　c_x——供试品的浓度；

A_x——供试品的峰面积或峰高；

A_s'——内标物质的峰面积或峰高；

c_s'——内标物质的浓度；

f——内标法校正因子。

采用内标法，可避免因样品前处理和进样体积误差对测定结果的影响。

（2）外标法　按各品种项下的规定，精密称（量）取对照品和供试品，配制成溶液，精密量取各溶液适量，进样，记录色谱图，测量对照品溶液和供试品溶液中待测物质的峰面积（或峰高），按下式计算含量。

① 被测溶液浓度的计算：

$$c_x = c_R \times \frac{A_x}{A_R}$$

式中　c_x——供试品溶液浓度，g/mL；

c_R——对照品溶液浓度，g/mL；

A_x——供试品溶液的峰面积或峰高；

A_R——对照品溶液的峰面积或峰高。

② 原料药的含量计算：

$$原料药含量(\%) = \frac{c_x \times D \times V}{m} \times 100\%$$

式中　D——供试品溶液的稀释倍数；

V——供试品溶液的初始配制体积，mL；

m——供试品的取样量，g；

其他各符号意义同被测溶液的浓度。

③ 制剂的含量计算：

$$片剂标示量(\%) = \frac{c_x \times D \times V \times \overline{W}}{m \times S} \times 100\%$$

式中　$\overline{W}$——供试品的平均片重，g；

S——标示量，g；

其他各符号意义同原料药的含量计算。

$$注射剂标示量(\%) = \frac{c_x \times D \times V \times \overline{V}}{V_s \times S} \times 100\%$$

式中　V_s——供试品的取样量，mL；

$\overline{V}$——标示装量，mL；

S——标示量，g；

其他各符号意义同原料药含量计算。

（3）加校正因子的对照法　测定杂质含量时，可采用加校正因子的对照法。这里定义的校正因子是指单位质量参比物质（包括内标）的色谱响应与单位质量待测物的色谱响应的比值，即用参比物质的色谱响应校正待测物质的色谱响应。需作校正计算的杂质，通常以主成分为参比，也可以供试品中存在的已知杂质或加入的另一成分为参比。

在建立方法时，按各品种项下的规定，精密称（量）取待测物对照品和参比物质对照品各适量，配制待测杂质校正因子的溶液，进样，记录色谱图，按下式计算待测杂质的校正因子。

$$校正因子(f) = \frac{c_A/A_A}{c_B/A_B} = \frac{A_B/c_B}{A_A/c_A}$$

式中　c_A——待测物的浓度，g/mL；

　　　A_A——待测物的色谱响应（峰面积或峰高）；

　　　c_B——参比物质的浓度，g/mL；

　　　A_B——参比物质的色谱响应（峰面积或峰高）。

取供试品溶液稀释作为对照溶液并加校正因子的方法通常被称为加校正因子的主成分自身对照法。

加校正因子的对照法不仅可用于杂质测定，也用于多组分中某些组分的含量测定。

（4）不加校正因子的对照法　测定杂质含量时，若无法获得待测杂质的校正因子，或校正因子对赋值准确性的影响可以忽略，也可采用不加校正因子的对照法。同上述（3）法选择参比物质，配制对照（或对照品）溶液、进样、和计算峰面积的相对标准偏差后，再精密量取供试品溶液适量，进样。除另有规定外，供试品溶液的色谱图记录时间应为主成分色谱峰保留时间的 2 倍，测量供试品溶液色谱图上各杂质的峰面积并与对照（或对照品）溶液主成分的峰面积比较，依法计算杂质含量。

取供试品溶液稀释作为对照溶液但不加校正因子的方法通常被称为不加校正因子的主成分自身对照法。

（5）面积归一化法　按各品种项下的规定，配制供试品溶液，取一定量进样，记录色谱图。测量各色谱峰面积和色谱图上除溶剂峰、试剂峰、样品基质带入峰以外的总色谱峰面积，计算各色谱峰面积占总峰面积的百分率。峰面积归一化法一般不宜用于微量杂质的检查。

（6）校准曲线法　对于复杂药物体系中的成分或待测成分量在较大范围变化的含量测定，可采用标准曲线法。标准曲线法可分为外标法和内标法。

① 外标校准曲线法：精密称取对照品（或工作对照品）适量，或精密量取

对照品储备液适量，配制成不同浓度的系列溶液，精密量取系列溶液各适量，进样，记录色谱图，测量峰响应，用峰响应（或经转换）对浓度绘制标准曲线，通过最小二乘法计算出回归曲线方程。在相同的色谱条件下，再精密量取供试品溶液适量，进样，记录色谱图，测量供试品溶液中待测成分的峰响应，由待测成分的峰响应（或经转换）和回归曲线方程确定供试品溶液中待测成分的量。

② 内标校准曲线法：精密称取对照品（或工作对照品）适量，或精密量取对照品储备液适量，与精密量取的内标溶液混合，配成含等量内标物的不同浓度待测成分的系列溶液，精密量取系列溶液各适量，进样，记录色谱图，测量待测成分和内标物的峰响应比值，用峰响应比值（或经转换）对待测成分浓度绘制标准曲线，通过最小二乘法计算出回归曲线方程。在相同的色谱条件下，再精密量取加有与对照品系列溶液相同量内标物的供试品溶液，进样，记录色谱图，测量供试品溶液中待测成分和内标物的色谱峰响应比值，由待测成分的峰响应比值（或经转换）和回归曲线方程确定供试品溶液中待测成分的量。

如适用，也可使用其他方法如标准加入法、内插法等，并在品种正文项下注明。

3. 注意事项

① 流动相使用前必须脱气，否则容易在系统内逸出气泡，影响泵的工作、色谱柱的分离效率、检测器的灵敏度以及基线稳定性等。

② 安装色谱柱时应使流动相流路的方向与色谱柱标签上箭头所示方向一致，否则会导致色谱柱柱效明显降低。

③ 试验结束后，对色谱柱进行冲洗和保存。如色谱柱需长期保存，反相柱可以贮存于甲醇或乙腈中，正相柱可以贮存于经脱水处理后的正己烷中，并将色谱柱两端密封，以免干燥，室温保存。

【评价考核】

甲硝唑片的含量测定评分表

项目	内容	分值	得分
接收工作任务	明确工作任务,理解高效液相色谱法测定含量测定的原理	10	
收集信息	掌握高效液相色谱法测定药品含量的流程	5	
	掌握高效液相色谱法的操作规范及操作要点	5	
制订计划	按照含量测定的流程,制订合适的实验计划	5	
	能协同小组成员安排任务分工	5	
	能在实施前准备好需要的试剂和仪器	5	

项目	内容	分值	得分
实施计划	天平的使用是否规范	5	
	减量称量法是否规范	5	
	供试品溶液制备是否规范	5	
	对照品溶液制备是否规范	5	
	高效液相色谱仪的使用是否规范	5	
	数据记录是否规范	5	
	含量测定计算是否正确	5	
	有效数字的保留是否规范	5	
	结果判断是否正确	5	
质量检验	完成实验,操作过程规范,养成爱岗敬业、爱护仪器的职业素养及遵守行业规范的良好习惯	10	
评价反馈	能对自身表现情况进行客观评价	5	
	在实验实施过程中发现自身问题	5	
总分		100	

【巩固提高】

1. 单项选择题

(1) 高效液相色谱中最常用的定量方法是（　　　　）。

A. 内标法　　　B. 内标对比法　　　C. 外标法　　　D. 归一化法

(2) 色谱系统的适用性试验通常不包括（　　　）指标。

A. 理论板数　　B. 分离度　　　　　C. 保留时间　　D. 拖尾因子

2. 计算题

(1) 氢化可的松的含量测定：精密称取氢化可的松 0.0104g，加甲醇溶解并定量稀释制成 100mL 供试品溶液，另精密称取氢化可的松对照品 0.0102g，加甲醇溶解并定量稀释制成 100mL 对照品溶液。分别精密量取 20μL 注入高效液相色谱仪，记录色谱图；得供试品峰面积为 158.34，对照品峰面积为 156.29。按外标法以峰面积计算，请计算氢化可的松的含量并判断是否符合规定。

已知《中国药典》规定按干燥品计算，含氢化可的松（$C_{21}H_{30}O_5$）应为 97.0%～103.0%。

(2) 注射用头孢曲松钠的含量测定：取注射用头孢曲松钠（规格：0.5g）5 瓶，称取其总装量为 2.5617g。精密称取注射用头孢曲松钠 0.0233g 置 100mL 量瓶中，加流动相溶解并稀释至刻度，摇匀，作为供试品溶液，另精密称取头孢曲松对照品 0.0263g 置 100mL 量瓶中，加流动相溶解并稀释至刻度，摇匀，作为对照品溶液。分别精密量取 20μL 注入高效液相色谱仪，记录色谱图，得供试品峰面积为 1265.22，对照品峰面积为 1525.78。按外标法以峰面积计算，请计算注射用头孢曲松钠的含量并判断是否符合规定。

已知《中国药典》中规定按平均装量计算，含头孢曲松（$C_{18}H_{18}N_8O_7S_3$）应为标示量的 90.0%～110.0%。

任务 7-3　维生素 B₁₂ 注射液的含量测定

【情境描述】

维生素 B_{12} 是一类含钴的卟啉类化合物，具有很强的生血作用，可用于治疗恶性贫血等疾病。维生素 B_{12} 不是单一的一种化合物，共有七种。通常所说的维生素 B_{12} 是指其中的氰钴胺素，为深红色吸湿性结晶，制成注射液的规格有 6 种。1mL：0.05mg；1mL：0.1mg；1mL：0.25mg；1mL：0.5mg；1mL：1mg；2mL：0.5mg。

维生素 B_{12} 注射液主要用于巨幼细胞性贫血，也可用于神经炎的辅助治疗。如果含量低于标准，可能无法达到预期的治疗效果；如果含量超标可能会导致药物的疗效增强，增加患者的不良反应风险。因此控制药品含量是否符合国家药品标准，对于保障药品的安全性和有效性具有十分重要的意义，同时也是药品生产和质量控制的关键环节。

【学习目标】

（1）能够掌握紫外-可见分光光度法测定药品含量的原理及分析结果的计算。

（2）能够查阅《中国药典》，完成紫外-可见分光光度法测定药品的含量。

（3）能够记录并判断药品的含量测定结果。

【质量标准】

本品含维生素 B_{12}（$C_{63}H_{88}CoN_{14}O_{14}P$）应为标示量的 $90.0\% \sim 110.0\%$。

【含量测定】

照紫外-可见分光光度法（通则 0401）测定。避光操作。

（1）供试品溶液　精密量取本品适量，用水定量稀释制成每 1mL 中约含维生素 B_{12} 25μg 的溶液。

（2）测定法　取供试品溶液，在 361nm 的波长处测定吸光度，按

$C_{63}H_{88}CoN_{14}O_{14}P$ 的吸收系数（$E_{1cm}^{1\%}$）为 207 计算。

⊃【任务分组】

班级		日期		组号		教师	
组长		组员					
任务 分工							

⊃【信息获取】

问题 1：查阅药典，维生素 B_{12} 注射液的含量测定范围是多少？

问题 2：维生素 B_{12} 注射液的含量测定，需要准备哪些仪器和试剂？

问题 3：根据维生素 B_{12} 注射液的含量测定质量标准，写出其含量测定的检验流程。

问题 4：供试品溶液制备中精密量取本品适量，需要量取维生素 B_{12} 注射液多少呢？

问题 5：维生素 B_{12} 注射液的含量测定应注意哪些问题？

⊃【工作实施】

1. 测定原理

维生素 B_{12} 的水溶液在 278nm、361nm 和 550nm 三波长处有最大吸收，其中 361nm 处的吸收最强且干扰因素较少，故将 361nm 作为测定波长，测定其溶液的吸光度 A，采用吸收系数法直接测定其浓度，从而计算出维生素 B_{12} 的百分含量。因此《中国药典》规定在 361nm 的波长处测定吸光度，按维生素 B_{12} 的吸收系数（$E_{1cm}^{1\%}$）为 207 计算含量。

2. 检验准备（表 7-5）

表 7-5 实验操作仪器设备、试剂清单

主要仪器设备	紫外-可见分光光度计、石英比色皿(1 套)、移液管、棕色容量瓶、洗瓶、烧杯、胶头滴管、洗耳球等
药品试剂	维生素 B_{12} 注射液、纯化水等

3. 操作方法

（1）供试品溶液制备　　如以规格 2mL：0.5mg 为例，稀释倍数＝$\dfrac{\text{样品溶液浓度}}{\text{供试品溶液浓度}}=\dfrac{0.5\text{mg}/2\text{mL}}{25\mu\text{g}/\text{mL}}=10$。

供试品溶液制备方案：精密量取维生素 B_{12} 注射液（规格 2mL：0.5mg）5.0mL 置 50mL 棕色量瓶中，用纯化水稀释至刻度，摇匀，制成每 1mL 中约含维生素 B_{12} 25μg 的溶液，平行制备 2 份。或其他 10 倍稀释方案。

（2）仪器预热与参数设置　　打开紫外-可见分光光度计电源，仪器自检通过后预热 30min。

（3）吸收池配对　　使用的吸收池必须洁净。将两只吸收池均盛放蒸馏水，检测波长设定为 220nm，设定一只吸收池透光率为 100%，测定另一只吸收池的透光率，要求两吸收池的透光率差值 $\Delta T\leqslant0.3\%$ 方可配对，否则应进行校正。

（4）盛装空白与供试品溶液　　手持吸收池粗面，将蒸馏水装入一个吸收池中，装入溶液高度为 4/5，用擦镜纸按同一方向擦净吸收池外壁，置于吸收池架上。取已配对的另一只吸收池，用供试品溶液润洗 3 次后同法操作。

（5）检测波长选择　　根据吸收曲线扫描结果，选择最大吸收波长为测量波长，检测波长设置为（361±1）nm。

（6）吸光度测定　　用空白溶剂校正，扣除溶剂影响，测定供试品溶液 1 和 2 的吸光度，要求吸光度在 0.3～0.7 范围内，记录原始数据。

（7）含量计算　　按维生素 B_{12}（$C_{63}H_{88}CoN_{14}O_{14}P$）的吸收系数（$E_{1cm}^{1\%}$）为 207 计算。根据公式：

$$标示量(\%)=\dfrac{\dfrac{A}{E_{1cm}^{1\%}\times l\times100}\times D\times V\times\overline{V}}{V_s\times S}\times100\%$$

式中　A——供试品溶液的吸光度；

$\quad E_{1cm}^{1\%}$——维生素 B_{12} 的百分吸收系数，207mL/(g·cm)；

$\qquad l$——吸收池的厚度，cm；

$\quad 100$——浓度换算因数（系将 g/100mL 换算成 g/mL）；

$\qquad D$——供试品溶液的稀释倍数；

$\qquad V$——供试品溶液的初始配制体积，mL；

$\qquad V_s$——供试品的取样量，mL；

$\qquad \overline{V}$——标示装量，mL；

$\qquad S$——标示量，g。

（8）清场　　用蒸馏水清洗吸收池、容量瓶、移液管等，将仪器关机并复原。

4. 数据记录与结果判定（表 7-6）

表 7-6　维生素 B$_{12}$ 注射液的含量测定记录

检品名称：		检品编号：	
检验项目：		温度：　　　湿度：	
使用仪器	紫外-可见分光光度计型号：_____ 天平型号：_____ 参比溶液：_____	编号：_____ 编号：_____ 检测波长：_____	
含量测定	1. 吸收池的配套检查		
	吸收池 1 透光率/%	吸收池 2 透光率/%	吸收池透光率差/%
	吸收池配套性结论	经测定,该套吸收池_____	
	2. 药品的含量测定		
	供试品溶液的制备	精密量取本品_____mL,用水定量稀释制成每 1mL 中含维生素 B$_{12}$_____ _____μg 的溶液	
	序号	1	2
	供试品取样量/mL		
	定容体积/mL		
	稀释倍数		
	吸光度(A)		
	计算公式		
	标示量/%		
	平均标示量/%		
检验结果			
标准规定	应为标示量的 90.0%～110.0%		
结论	□ 符合规定	□ 不符合规定	

⊃【相关知识】

1. 基本原理

紫外-可见分光光度法是在 190～800nm 波长范围内测定物质的吸光度,用于鉴别、杂质检查和定量测定的方法。紫外-可见分光光度法测定的原理是朗伯-比尔定律,即在一定实验条件下,供试品溶液的吸光度与其浓度和液层厚度成正比,其数学表达式为:

$$A = \lg\left(\frac{1}{T}\right) = Ecl$$

式中　A——吸光度;

　　　T——透光率;

l——液层厚度，cm；

c——溶液浓度，mol/L 或 g/mL；

E——吸收系数，L/(mol·cm) 或 mL/(g·cm)。

吸收系数有两种表示方式：一种为摩尔吸收系数（ε），系指在一定波长下，溶液浓度为 1mol/L，厚度为 1cm 时的吸光度；另一种为百分吸收系数（$E_{1cm}^{1\%}$），系指在一定波长下，溶液浓度为 1%（g/mL），厚度为 1cm 时的吸光度。

2. 仪器组成

紫外-可见分光光度计主要由光源、单色器、样品室、检测器、记录仪、显示系统和数据处理系统等部分组成。其中光源有两种，氘灯用于紫外光区，卤钨灯用于可见光区。单色器通常由入射狭缝、出射狭缝、平行光装置、色散元件，聚焦透镜或反射镜等组成。色散元件有棱镜和光栅两种。吸收池一般有石英和玻璃材质两种，其中石英吸收池适用于紫外光区及可见光区，玻璃吸收池仅用于可见光区。常用的检测器有光电池、光电管、光电倍增管。

3. 含量测定

《中国药典》中紫外-可见分光光度法用于含量测定的方法包括对照品比较法、吸收系数法、计算分光光度法、比色法 4 种，其中前两种最常用。紫外-可见分光光度法测定药品含量时需平行测定 2 份。

（1）对照品比较法　按各品种项下的方法，分别配制供试品溶液和对照品溶液，对照品溶液中所含被测成分的量应为供试品溶液中被测成分规定量的 100%±10%，所用溶剂也应完全一致，在规定的波长处测定供试品溶液和对照品溶液的吸光度后，按下式计算供试品的含量。

① 被测溶液浓度的计算：

$$c_x = c_R \times \frac{A_x}{A_R}$$

式中　c_x——供试品溶液浓度，g/mL；

c_R——对照品溶液浓度，g/mL；

A_x——供试品溶液的吸光度；

A_R——对照品溶液的吸光度。

② 原料药的含量计算：

$$原料药含量(\%) = \frac{c_R \times \dfrac{A_x}{A_R} \times D \times V}{m} \times 100\%$$

式中　D——供试品溶液的稀释倍数；

V——供试品溶液的初始配制体积，mL；

m——供试品的取样量，g；

其他各符号意义同被测溶液的浓度计算。

③ 制剂的含量计算：

$$片剂标示量(\%) = \frac{c_R \times \dfrac{A_x}{A_R} \times D \times V \times \overline{W}}{m \times S} \times 100\%$$

式中 $\overline{W}$——供试品的平均片重，g；

S——为标示量，g；

其他各符号意义同原料药的含量计算。

$$注射剂标示量(\%) = \frac{c_R \times \dfrac{A_x}{A_R} \times D \times V \times \overline{V}}{V_s \times S} \times 100\%$$

式中 V_s——供试品的取样量，mL；

$\overline{V}$——标示装量，mL；

S——为标示量，g；

其他各符号意义同原料药的含量计算。

（2）吸收系数法　按各品种项下的方法配制供试品溶液，在规定的波长处测定其吸光度，再以该品种在规定条件下的吸收系数计算含量。用本法测定时，吸收系数通常应大于100，并注意仪器的校正和检定。该法是目前应用最多、最普遍的方法。

① 被测溶液浓度的计算：

$$c = \frac{A}{E_{1cm}^{1\%} \times l}$$

式中 c——供试品溶液的浓度，g/100mL；

A——供试品溶液的吸光度；

$E_{1cm}^{1\%}$——供试品溶液的百分吸收系数，mL/(g·cm)；

l——吸收池的厚度，cm。

② 原料药的含量计算：

$$原料药百分含量 = \frac{\dfrac{A}{E_{1cm}^{1\%} \times l \times 100} \times D \times V}{m} \times 100\%$$

式中 100——浓度换算因数（系将 g/100mL 换算成 g/mL）；

D——供试品溶液的稀释倍数；

V——供试品溶液的初始配制体积；mL；

m——供试品的取样量，g；

其他各符号意义同被测溶液的浓度计算。

③ 制剂的含量计算：

$$片剂标示量（\%）=\frac{\dfrac{A}{E_{1cm}^{1\%}\times l\times 100}\times D\times V\times \overline{W}}{m\times S}\times 100\%$$

式中　$\overline{W}$——供试品的平均片重，g；

　　　S——标示量，g；

其他各符号意义同原料药的含量计算。

$$注射剂标示量（\%）=\frac{\dfrac{A}{E_{1cm}^{1\%}\times l\times 100}\times D\times V\times \overline{V}}{V_s\times S}\times 100\%$$

式中　V_s——供试品的取样量，mL；

　　　$\overline{V}$——标示装量，mL；

　　　S——标示量，g；

其他各符号意义同原料药的含量计算。

4. 注意事项

① 供试品溶液在用紫外-可见分光光度法检测时需澄清，如不澄清或浑浊，测定前应过滤处理，否则会影响结果的准确性。

② 试验中所用的容量瓶和移液管均应经检定校正、洗净后使用。

③ 使用的石英吸收池必须洁净。当吸收池中装入同一溶剂时，在规定波长测定各吸收池的透光率，如透光率相差在0.3％以下可配对使用，否则必须加以校正。

④ 取吸收池时，手指拿毛玻璃面的两侧。装样品溶液的体积以池体积的2/3～4/5为度，使用挥发性溶液时应加盖，透光面要用擦镜纸由上而下擦拭干净，检视应无残留溶剂。使用后用溶剂及水冲洗干净，晾干，防尘保存，吸收池如污染不易洗净时可用硫酸发烟硝酸（体积比3∶1）混合液稍加浸泡后，洗净备用。

⑤ 称量应按药典规定要求。配制测定溶液时稀释转移次数应尽可能少，转移稀释时所取容积一般应不少于5mL。含量测定时供试品应称取2份，如为对照品比较法，对照品一般也应称取2份。每份结果的相对偏差应在±0.5％以内。

⑥ 供试品溶液的吸光度最好在0.3～0.7之间。

维生素 B₁₂ 注射液的含量测定评分表

项目	内容	分值	得分
接收工作任务	明确工作任务,理解紫外-可见分光光度法测定含量的原理	10	
收集信息	掌握紫外-可见分光光度法测定药品含量的流程	5	
	掌握紫外-可见分光光度法的操作规范及操作要点	5	
制订计划	按照含量测定的流程,制订合适的实验计划	5	
	能协同小组成员安排任务分工	5	
	能在实施前准备好需要的试剂和仪器	5	
实施计划	移液管的使用是否规范	5	
	供试品溶液制备是否规范	5	
	吸收池配对检查是否规范	5	
	检测波长选择是否规范	5	
	紫外-可见分光光度计的使用是否规范	5	
	数据记录是否规范	5	
	含量测定计算是否正确	5	
	有效数字的保留是否规范	5	
	结果判断是否正确	5	
质量检验	完成实验,操作过程规范,养成爱岗敬业、爱护仪器的职业素养及遵守行业规范的良好习惯	10	
评价反馈	能对自身表现情况进行客观评价	5	
	在实验实施过程中发现自身问题	5	
总分		100	

⊃【巩固提高】

计算题

请计算对乙酰氨基酚的含量并判断结果是否符合规定。

取本品约 40mg,精密称定,置 250mL 量瓶中,加 0.4% 氢氧化钠溶液 50mL 溶解后,加水至刻度,摇匀,精密量取 5mL,置 100mL 量瓶中,加 0.4% 氢氧化钠溶液 10mL,加水至刻度,摇匀,照紫外-可见分光光度法(通则 0401),在 257nm 的波长处测定吸光度,按对乙酰氨基酚($C_8H_9NO_2$)的吸收系数($E_{1cm}^{1\%}$)为 715 计算,即得。按干燥品计算,含 $C_8H_9NO_2$ 应为 98.0%~102.0%。

测定数据:① $m=0.0395g$,$A=0.562$,$l=1cm$;② $m=0.0398g$,$A=0.564$,

$l=1$cm。

👁 **科学视野**

光谱学和诺贝尔奖

自从诺贝尔奖设立以来，很多奖项与光谱学研究有关，有的是推动其发展的实验或理论成果，也有的是光谱学促成的新发现。如 1907 年的物理学奖获得者迈克尔逊，发明了迈克尔逊干涉仪，成为光谱精密仪器的一个标志。还有 2005 年的物理学奖获得者霍尔和亨施对基于激光的精密光谱学发展作出了重要贡献。

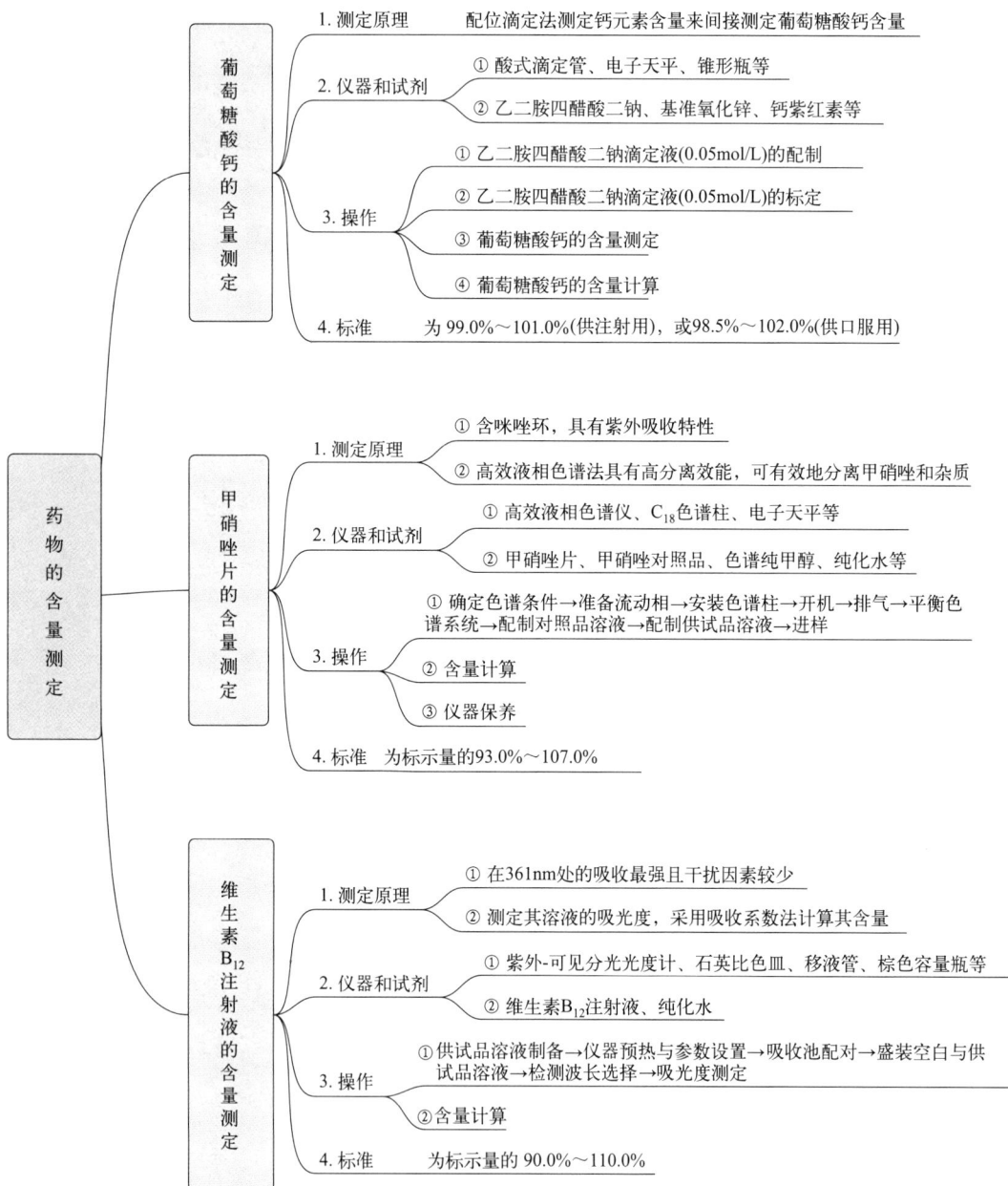

模块小结

葡萄糖酸钙的含量测定
- 1. 测定原理 — 配位滴定法测定钙元素含量来间接测定葡萄糖酸钙含量
- 2. 仪器和试剂
  - ① 酸式滴定管、电子天平、锥形瓶等
  - ② 乙二胺四醋酸二钠、基准氧化锌、钙紫红素等
- 3. 操作
  - ① 乙二胺四醋酸二钠滴定液(0.05mol/L)的配制
  - ② 乙二胺四醋酸二钠滴定液(0.05mol/L)的标定
  - ③ 葡萄糖酸钙的含量测定
  - ④ 葡萄糖酸钙的含量计算
- 4. 标准 — 为99.0%～101.0%(供注射用)，或98.5%～102.0%(供口服用)

甲硝唑片的含量测定
- 1. 测定原理
  - ① 含咪唑环，具有紫外吸收特性
  - ② 高效液相色谱法具有高分离效能，可有效地分离甲硝唑和杂质
- 2. 仪器和试剂
  - ① 高效液相色谱仪、C_{18}色谱柱、电子天平等
  - ② 甲硝唑片、甲硝唑对照品、色谱纯甲醇、纯化水等
- 3. 操作
  - ① 确定色谱条件→准备流动相→安装色谱柱→开机→排气→平衡色谱系统→配制对照品溶液→配制供试品溶液→进样
  - ② 含量计算
  - ③ 仪器保养
- 4. 标准 — 为标示量的93.0%～107.0%

维生素B_{12}注射液的含量测定
- 1. 测定原理
  - ① 在361nm处的吸收最强且干扰因素较少
  - ② 测定其溶液的吸光度，采用吸收系数法计算其含量
- 2. 仪器和试剂
  - ① 紫外-可见分光光度计、石英比色皿、移液管、棕色容量瓶等
  - ② 维生素B_{12}注射液、纯化水
- 3. 操作
  - ① 供试品溶液制备→仪器预热与参数设置→吸收池配对→盛装空白与供试品溶液→检测波长选择→吸光度测定
  - ② 含量计算
- 4. 标准 — 为标示量的 90.0%～110.0%

药物的含量测定

模块八

典型药物分析

任务 8-1　阿司匹林片的质量分析

○【情境描述】

2024 年 12 月，第十批国家组织药品集中带量采购拟中选结果公示后，3 分钱一片的阿司匹林集采价格一出炉，就以"低价"引发了全国关注。那么，3 分钱到底能否生产出一片合格的阿司匹林药品呢？答案是肯定的。正是中国制造业的强大，企业才能够在保证药品质量的同时，低成本大批量生产市场所需。

○【学习目标】

(1) 能够理解阿司匹林的结构和性质的关系。
(2) 能够查阅《中国药典》，找到阿司匹林片的质量标准并设计其检验方案。
(3) 能够完成阿司匹林片的全检。
(4) 能够记录并判断阿司匹林片的检验结果。

○【任务分组】

班级		日期		组号		教师	
组长		组员					
任务分工							

【信息获取】

问题1：查阅阿司匹林的结构，分析其具有的性质。

问题2：查阅药典，阿司匹林片的质量标准包含哪些检验项目？

问题3：阿司匹林片的检验需要准备哪些仪器和试剂？

问题4：如何判断阿司匹林片的质量是否符合规定？

问题5：阿司匹林片的检验应注意哪些问题？

【工作实施】

1. 检验准备（表8-1）

表8-1　实验操作仪器设备、试剂清单

主要仪器设备	电炉、天平、高效液相色谱仪、试管、容量瓶、移液管（5mL）、量筒、滤膜、超声仪、溶出仪、研钵
药品试剂	阿司匹林片、三氯化铁试液、1%冰醋酸、甲醇、阿司匹林对照品（R_1）、水杨酸对照品（R_2）、乙腈（色谱纯）、四氢呋喃、冰醋酸、超纯水、稀盐酸、滤膜

2. 操作方法

（1）性状　本品为白色片。

（2）鉴别　① 取本品的细粉适量（约相当于阿司匹林0.1g），加水10mL，煮沸，放冷，加三氯化铁试液1滴，即显紫堇色。

② 在含量测定项下记录的色谱图中，供试品溶液主峰的保留时间应与对照品溶液主峰的保留时间一致。

（3）检查

① 游离水杨酸。照高效液相色谱法（通则0512）测定。临用新制。

a. 供试品溶液：取本品细粉适量（约相当于阿司匹林0.5g），精密称定，置100mL量瓶中，加溶剂振摇使阿司匹林溶解并稀释至刻度，摇匀，滤膜滤过，取续滤液。

b. 对照品溶液：取水杨酸对照品约15mg，精密称定，置50mL量瓶中，加溶剂溶解并稀释至刻度，摇匀，精密量取5mL，置100mL量瓶中，用溶剂稀释至刻度，摇匀。

c. 溶剂、色谱条件、系统适用性要求与测定法见阿司匹林游离水杨酸项下。

d. 限度：供试品溶液色谱图中如有与水杨酸峰保留时间一致的色谱峰，按外标法以峰面积计算，不得超过阿司匹林标示量的 0.3%。

② 溶出度。照溶出度与释放度测定法（通则 0931 第一法）测定。

a. 溶出条件：以盐酸溶液（稀盐酸 24mL 加水至 1000mL）500mL（50mg 规格）或 1000mL（0.1g、0.3g、0.5g 规格）为溶出介质，转速为 100r/min，依法操作，经 30min 时取样。

b. 供试品溶液：取溶出液 10mL 滤过，取续滤液。

c. 阿司匹林对照品溶液：取阿司匹林对照品适量，精密称定，加溶剂溶解并定量稀释制成每 1mL 中约含 0.08mg（50mg、0.1g 规格）、0.24mg（0.3g 规格）或 0.4mg（0.5g 规格）的溶液。

d. 水杨酸对照品溶液：取水杨酸对照品适量，精密称定，加溶剂溶解并定量稀释制成每 1mL 中约含 $10\mu g$（50mg、0.1g 规格）、$30\mu g$（0.3g 规格）或 $50\mu g$（0.5g 规格）的溶液。

e. 溶剂、色谱条件与系统适用性要求见含量测定项下。

f. 测定法：精密量取供试品溶液、阿司匹林对照品溶液与水杨酸对照品溶液，分别注入液相色谱仪，记录色谱图。按外标法以峰面积分别计算每片中阿司匹林与水杨酸含量，将水杨酸含量乘以 1.304 后，与阿司匹林含量相加即得每片溶出量。

g. 限度：标示量的 80%，应符合规定。

③ 其他。应符合片剂项下有关的各项规定（通则 0101）。

（4）含量测定　照高效液相色谱法（通则 0512）测定。

① 溶剂。1% 冰醋酸的甲醇溶液。

② 供试品溶液。取本品 20 片，精密称定，充分研细，精密称取细粉适量（约相当于阿司匹林 10mg），置 100mL 量瓶中，用溶剂强烈振摇使阿司匹林溶解，并用溶剂稀释至刻度，摇匀，滤膜滤过，取续滤液。

③ 对照品溶液。取阿司匹林对照品适量，精密称定，加溶剂振摇使溶解并定量稀释制成每 1mL 中约含 0.1mg 的溶液。

④ 色谱条件。用十八烷基硅烷键合硅胶为填充剂；以乙腈-四氢呋喃-冰醋酸-水（20：5：5：70）为流动相；检测波长为 276nm；进样体积 $10\mu L$。

⑤ 系统适用性要求。理论板数按阿司匹林峰计算不低于 3000。阿司匹林峰与水杨酸峰之间的分离度应符合要求。

⑥ 测定法。精密量取供试品溶液与对照品溶液，分别注入液相色谱仪，记录色谱图。按外标法以峰面积计算。

本品含阿司匹林（$C_9H_8O_4$）应为标示量的 95.0%～105.0%。

3. 检验记录（表8-2）

表8-2　阿司匹林片检验记录

品名		规格		有效期	
批号		生产单位		取样日期	
批量		检验项目		检验日期	

<table>
<tr><td colspan="6" align="center">检验依据</td></tr>
</table>

性状	外观:本品为_____； 规定:应为白色片； 结论:_____
鉴别	(1)取本品细粉_____g(约相当于阿司匹林0.1g),加水10mL,煮沸,放冷,加三氯化铁试液1滴,即显_____； 结论:_____ (2)在含量测定项下记录的色谱图中,供试品溶液主峰的保留时间应对照品溶液主峰的保留时间_____； 结论:_____
检查	(1)游离水杨酸　照高效液相色谱法(通则0512)测定；临用新制 仪器型号:_____　仪器编号:_____　温度(℃):_____　相对湿度(%):____ 天平型号:_____　天平编号:_____ 溶剂:1%冰醋酸的甲醇溶液 色谱条件:用十八烷基硅烷键合硅胶为填充剂；以乙腈-四氢呋喃-冰醋酸-水(20∶5∶5∶70)为流动相；检测波长为303nm；进样体积10μL； 　流动相制备:分别量取色谱纯乙腈____mL、四氢呋喃____mL、冰醋酸____mL和超纯水____mL,置1000mL烧杯中,用洁净玻璃棒搅拌均匀,超声5min,用孔径不大于0.45μm的滤膜过滤,超声10min； 　供试品溶液制备:取本品细粉_____g(约相当于阿司匹林0.5g),精密称定,置100mL量瓶中,加溶剂振摇使阿司匹林溶解并稀释至刻度,摇匀,滤膜滤过,取续滤液； 　对照品溶液制备:取水杨酸对照品_____mg(约15mg),精密称定,置50mL量瓶中,加溶剂溶解并稀释至刻度,摇匀,精密量取5mL,置100mL量瓶中,用溶剂稀释至刻度,摇匀； 　系统适用性要求:理论板数按水杨酸峰计算不低于5000；阿司匹林峰与水杨酸峰之间的分离度应符合要求； 　测定法:精密量取供试品溶液与对照品溶液,分别注入液相色谱仪,记录色谱图； 　系统适用性试验:理论板数(N)_____；分离度(R)_____；重复性(RSD)_____；

对照品称样量(m_R,mg)	对照溶液峰面积(A_R)	对照溶液平均峰面积($\bar{A}_R$)

供试品称样量 (m_x,g)	20片总重(W,g)	样品中与水杨酸峰保留时间一致的 色谱峰峰面积(A_x)	杂质含量(%)

$$L=\dfrac{\dfrac{A_x}{\bar{A}_R}\times\dfrac{m_R\times10^{-3}}{50}\times\dfrac{5}{100}\times100\times\dfrac{W}{20}}{m_x\times标示量}\times100\%$$

检查

规定:供试品溶液色谱图中如有与水杨酸峰保留时间一致的色谱峰,按外标法以峰面积计算,不得超过阿司匹林标示量的0.3%;

结论:＿＿＿＿＿＿＿

(2)溶出度　第一法

溶出仪型号:＿＿＿＿＿＿＿＿　　　　　编号:＿＿＿＿＿＿＿＿

仪器型号:＿＿＿＿＿＿＿＿＿　　　　　编号:＿＿＿＿＿＿＿＿

天平型号:＿＿＿＿＿＿＿＿＿　　　　　编号:＿＿＿＿＿＿＿＿

溶出条件:以盐酸溶液(稀盐酸24mL加水至1000mL)500mL(50mg规格)或1000mL(0.1g、0.3g、0.5g规格)为溶出介质,转速为100r/min,依法操作,经30min时取样;

供试品溶液配制:取溶出液10mL滤过,取续滤液;

色谱条件:用十八烷基硅烷键合硅胶为填充剂;以乙腈-四氢呋喃-冰醋酸-水(20：5：5：70)为流动相;检测波长为276nm;进样体积10μL;

流动相制备:分别量取色谱纯乙腈＿＿＿＿mL、四氢呋喃＿＿＿＿mL、冰醋酸＿＿＿＿mL 和超纯水＿＿＿＿mL,置1000mL烧杯中,用洁净玻璃棒搅拌均匀,超声5min,用孔径不大于0.45μm的滤膜过滤,超声10min;

配制阿司匹林对照品溶液:精密称取阿司匹林对照品＿＿＿＿g,置＿＿＿＿mL(V_1)容量瓶中,加溶剂溶解并定量稀释至刻度,摇匀;[每1mL中约含0.08mg(50mg、0.1g规格)、0.24mg(0.3g规格)或0.4mg(0.5g规格)]

配制水杨酸对照品溶液:取水杨酸＿＿＿＿g,置＿＿＿＿mL(V_2)容量瓶中,加溶剂溶解并定量稀释至刻度,摇匀;[每1mL中约含10μg(50mg、0.1g规格)、30μg(0.3g规格)或50μg(0.5g规格)]

溶剂、色谱条件与系统适用性要求见含量测定项下;

测定法:精密量取供试品溶液、阿司匹林对照品溶液与水杨酸对照品溶液,分别注入液相色谱仪,记录色谱图。按外标法以峰面积分别计算每片中阿司匹林与水杨酸含量,将水杨酸含量乘以1.304后,与阿司匹林含量相加即得每片溶出量;

系统适用性试验:理论板数(N)＿＿＿＿＿;分离度(R)＿＿＿＿＿;重复性(RSD)＿＿＿＿＿;

对照品的峰面积:

成分	峰面积(A_R)	平均峰面积($\bar{A}_R$)
阿司匹林对照品(R₁)		
水杨酸对照品(R₂)		

供试品的峰面积及溶出量:

编号	峰面积 A_x	溶出量/%
1		
2		
3		
4		
5		
6		

检查

$$溶出量(\%)=\frac{\dfrac{A_x}{\bar{A}_{R_1}}\times\dfrac{m_{R_1}}{V_1}\times V_{介质}}{标示量}+\frac{1.304\times\dfrac{A_x}{\bar{A}_{R_2}}\times\dfrac{m_{R_2}}{V_2}\times V_{介质}}{标示量}\times100\%$$

规定:标示量的80%,应符合规定。

结论:_____

重量差异

天平型号:_____   天平编号:_____

测定法:取供试品20片,依法检查。

20片重:_____g   平均片重:_____g

重量差异限度:_____g

重量差异限度加倍:_____g

测定片重:_____

规定:超出重量差异限度的不得多于2片,并不得有1片超出限度的1倍

结论:_____

含量测定

仪器型号:_____   编号:_____

天平型号:_____   编号:_____

色谱条件:用十八烷基硅烷键合硅胶为填充剂;以乙腈-四氢呋喃-冰醋酸-水(20∶5∶5∶70)为流动相;检测波长为276nm;进样体积10μL;

流动相制备:分别量取色谱纯乙腈____mL、四氢呋喃____mL、冰醋酸____mL和超纯水_____mL,置1000mL烧杯中,用洁净玻璃棒搅拌均匀,超声5min,用孔径不大于0.45μm的滤膜过滤,超声10min;

供试品溶液制备:取本品20片,精密称定,总重____g,充分研细,精密称取细粉①____g、②____g(约相当于阿司匹林10mg)置100mL量瓶中,用溶剂强烈振摇使阿司匹林溶解,并用溶剂稀释至刻度,摇匀,滤膜滤过,取续滤液;

对照品溶液制备:精密称取阿司匹林对照品____g,置100mL容量瓶,加溶剂振摇使溶解并定量稀释至刻度,摇匀;

系统适用性要求:理论板数按阿司匹林峰计算不低于3000;阿司匹林峰与水杨酸峰之间的分离度应符合要求;

测定法:精密量取供试品溶液与对照品溶液,分别注入液相色谱仪,记录色谱图。按外标法以峰面积计算;

系统适用性试验:理论板数(N)_____;分离度(R)_____;重复性(RSD)_____

对照溶液峰面积:

序号	1	2	3	4	5	平均
峰面积 A_R						

项目/样品	1		2	
称样量 m_x/g				
峰面积 A_x				
含量				
相对偏差				
平均含量				

供试品溶液峰面积：

含量测定

$$标示量(\%) = \frac{\dfrac{A_x}{\bar{A}_R} \times \dfrac{m_R}{100} \times 100 \times \dfrac{W_{20}}{20}}{m_x \times 标示量} \times 100\%$$

规定：本品含阿司匹林($C_9H_8O_4$)应为标示量的 95.0%～105.0%；

结论：_____

▶【相关知识】

　　芳酸类药物是指分子结构中含有芳环和羧基的一类化合物。根据结构，可将芳酸类药物分成 3 大类：水杨酸类、苯甲酸类、其他芳酸类。在此重点介绍阿司匹林片的质量分析。

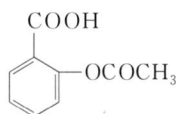

阿司匹林的结构

　　【课堂活动】请根据阿司匹林的结构，推测其性质，给出适宜的鉴别和含量测定方法。

1. 阿司匹林的理化性质

　　（1）性状　为白色结晶或结晶性粉末，在乙醇中易溶，在三氯甲烷或乙醚中溶解，在水或无水乙醚中微溶；在氢氧化钠溶液或碳酸钠溶液中溶解，但同时分解。

　　（2）水解性　含有酯键可发生水解反应，利用水解产物的特性，可用于鉴别。

　　（3）酸性　水解产物为水杨酸和醋酸，显酸性，在中性乙醇溶剂中，可用氢氧化钠滴定液滴定。

　　（4）紫外吸收特性　结构中含有苯环，具有紫外吸收。

　　（5）酚羟基性质　水解产物结构中有酚羟基，可与三氯化铁生成紫堇色物质，用于鉴别。

2. 鉴别试验

（1）显色反应　阿司匹林水解产物水杨酸在中性或弱酸性（pH 4～6）条件下，可与三氯化铁试液反应，生成紫堇色配位化合物。

（2）色谱鉴别　采用和含量测定一样的条件，用高效液相色谱法鉴别，要求供试品溶液主峰的保留时间应与对照品溶液主峰的保留时间一致。

3. 检查

（1）游离水杨酸　由于阿司匹林在潮湿的环境中会逐渐分解产生水杨酸，《中国药典》（2025 年版）规定阿司匹林片需检查游离水杨酸，采用高效液相色谱法检查。

（2）溶出度　取本品 6 片，依照"模块六　药物制剂的常规检查"中片剂的溶出度测定法（第一法）项下和质量标准"溶出度"检查项下操作并判断是否符合规定。

（3）其他　由于阿司匹林片的质量标准中规定做溶出度检查，未做含量均匀度的检查，且不是咀嚼片，也不是分散片和阴道泡腾片，因此按照通则的要求，"其他"项下应该做"重量差异"检查和"微生物限度"检查两个项目。

4. 含量测定

阿司匹林片的含量采用高效液相色谱法（通则 0512）测定。

其含量测定计算公式为：

$$含量(\%) = \frac{\dfrac{A_x}{A_R} \times c_R \times D \times V}{m} \times 100\%$$

式中　A_x——供试品溶液的峰面积；

$\quad\quad A_R$——对照品溶液的峰面积；

$\quad\quad c_R$——供试品溶液的浓度，g/mL；

$\quad\quad V$——供试品的初始配制体积，mL；

$\quad\quad D$——稀释倍数；

$\quad\quad m$——供试品的称样量，g。

📖 **知识拓展**

阿司匹林作为一个百年经典药物，曾经是以解热镇痛、抗炎作用为适应证在全球广泛应用。低剂量的阿司匹林具有明确的抑制血小板聚集的作用，长期服用会引发消化道受损，消化道出血等风险。阿司匹林肠溶片在进入人体后在胃部并不会崩解释放，进入肠道后，才开始崩解释放发生作用，这种剂型大幅度减少药

物对于胃黏膜的直接刺激作用，减少长期服用带来的出血风险。

【评价考核】

阿司匹林片的质量分析评分表

项目	内容	分值	得分
接收工作任务	明确工作任务,理解阿司匹林的结构、性质和分析方法的关系	10	
收集信息	掌握阿司匹林片的检查流程	5	
	掌握阿司匹林片检查的操作规范及操作要点	5	
制订计划	按照片剂检查的流程,制订合适的任务计划	5	
	能协同小组成员安排任务分工	5	
	能在实施前准备好需要的试剂和仪器	5	
实施计划	规范地进行阿司匹林片的质量检验	5	
	鉴别操作是否规范	5	
	检查操作是否规范	5	
	含量测定操作是否规范	5	
	数据记录是否规范	5	
	计算是否正确	5	
	有效数字的保留是否规范	5	
	检验结果判断是否正确	5	
	检验记录及报告书写是否规范	5	
质量检查	完成任务,操作过程规范,养成爱岗敬业、低碳环保的职业素养及遵守行业规范的良好习惯	10	
评价反馈	能对自身表现情况进行客观评价	5	
	在任务实施过程中发现自身问题	5	
总分		100	

【巩固提高】

单项选择题

(1) 阿司匹林水解后，加三氯化铁试液，溶液呈（　　　）。

A. 红色　　　　B. 紫堇色　　　　C. 黄绿色　　　　D. 黄色

(2) 阿司匹林制剂（片、栓剂）中需要检查的杂质是（　　　）。

A. 水杨酸　　　B. 易炭化物　　　C. 溶液澄清度　　　D. 间氨基酚

(3) 阿司匹林在潮湿的空气中易于变质的原因是（　　　）。

A. 氧化变质　　B. 吸收水分　　　C. 吸收二氧化碳　　D. 发生水解

任务 8-2 对乙酰氨基酚片的质量分析

【情境描述】

对乙酰氨基酚俗称扑热息痛、醋氨酚、退热净。1878 年由莫尔斯首次合成，1893 年用于临床，直到 1949 年才得到普遍应用。1960 年中国开始生产，现在临床常用于治疗感冒发热，头痛等症状，因其疗效好，见效快，副作用比非那西丁小，成为解热镇痛类药物中的主要品种之一。

【学习目标】

（1）能够理解对乙酰氨基酚的结构和性质的关系。
（2）能够查阅《中国药典》，找到对乙酰氨基酚片的质量标准并设计其检验方案。
（3）能够完成对乙酰氨基酚片的全检。
（4）能够记录并判断对乙酰氨基酚片的检验结果。

【任务分组】

班级		日期		组号		教师	
组长		组员					
任务 分工							

【信息获取】

问题 1：查阅对乙酰氨基酚的结构，分析其具有的性质。
问题 2：查阅药典，对乙酰氨基酚片的质量标准包含哪些检验项目？
问题 3：对乙酰氨基酚片的检验需要准备哪些仪器和试剂？
问题 4：如何判断对乙酰氨基酚片的质量是否符合规定？
问题 5：对乙酰氨基酚片的检验应注意哪些问题？

1. 检验准备（表 8-3）

表 8-3　实验操作仪器设备、试剂清单

主要仪器设备	天平、研钵、蒸发皿、水浴锅、试管、移液管(1mL、5mL)、减压干燥器、红外分光光度计、玛瑙研钵、红外压片机、高效液相色谱仪、量瓶(10mL、100mL)、溶出仪、量筒(1000mL)、紫外-可见分光光度计、超声仪
药品试剂	乙酰氨基酚片、乙醇、三氯化铁试液、稀盐酸、亚硝酸钠试液、碱性 β-萘酚试液、纯化水、丙酮、KBr(光谱纯)、甲醇(色谱纯)、超纯水、磷酸氢二钠、磷酸二氢钠、10％四丁基氢氧化铵溶液、对氨基酚对照品、对乙酰氨基酚对照品、稀盐酸、0.04％氢氧化钠溶液、滤膜

2. 操作方法

（1）性状　本品为白色片、薄膜衣或明胶包衣片，除去包衣后显白色。

（2）鉴别　① 取本品的细粉适量（约相当于对乙酰氨基酚 0.5g），用乙醇 20mL 分次研磨使对乙酰氨基酚溶解，滤过，合并滤液，蒸干。取残渣约 0.1g 加水溶解后加三氯化铁试液，即显蓝紫色；另取残渣约 0.1g，加稀盐酸 5mL，置水浴中加热 40min，放冷；取 0.5mL，滴加亚硝酸钠试液 5 滴，摇匀，用水 3mL 稀释后，加碱性 β-萘酚试液 2mL，振摇，即显红色。

② 取本品细粉适量（约相当于对乙酰氨基酚 100mg），加丙酮 10mL，研磨溶解，滤过，滤液水浴蒸干，残渣经减压干燥，依法测定。本品的红外光吸收图谱应与对照的图谱（光谱集 131 图）一致。

（3）检查

① 对氨基酚。照高效液相色谱法（通则 0512）测定。临用新制。

a. 供试品溶液：取本品细粉适量（约相当于对乙酰氨基酚 0.2g），精密称定，置 10mL 量瓶中，加溶剂适量，振摇使对乙酰氨基酚溶解，加溶剂稀释至刻度，摇匀，滤过，取续滤液。

b. 对照品溶液：取对氨基酚对照品与对乙酰氨基酚对照品各适量，精密称定，加溶剂溶解并定量稀释制成每 1mL 中各约含 20μg 的混合溶液。

c. 溶剂、色谱条件与系统适用性要求见对乙酰氨基酚有关物质项下。

d. 测定法：精密量取供试品溶液与对照品溶液，分别注入液相色谱仪，记录色谱图。

e. 限度：供试品溶液色谱图中如有与对照品溶液中对氨基酚保留时间一致的色谱峰，按外标法以峰面积计算，含对氨基酚不得过对乙酰氨基酚标示量的 0.1％。

② 溶出度。照溶出度与释放度测定法（通则 0931 第一法）测定。

a. 溶出条件。以稀盐酸 24mL 加水至 1000mL 为溶出介质,转速为 100r/min,依法操作,经 30min 时取样。

b. 测定法。取溶出液适量,滤过,精密量取续滤液适量,用 0.04% 氢氧化钠溶液定量稀释成每 1mL 中含对乙酰氨基酚 5~10μg 的溶液。照紫外-可见分光光度法(通则 0401),在 257nm 的波长处测定吸光度,按 $C_8H_9NO_2$ 的吸收系数($E_{1cm}^{1\%}$)为 715 计算每片的溶出量。

c. 限度。标示量的 80%,应符合规定。

③ 其他。应符合片剂项下有关的各项规定(通则 0101)。

(4) 含量测定　照紫外-可见分光光度法(通则 0401)测定。

① 供试品溶液。取本品 20 片,精密称定,研细,精密称取适量(约相当于对乙酰氨基酚 40mg),置 250mL 量瓶中,加 0.4% 氢氧化钠溶液 50mL 与水 50mL,振摇 15min,用水稀释至刻度,摇匀,滤过,精密量取续滤液 5mL,置 100mL 量瓶中,加 0.4% 氢氧化钠溶液 10mL,用水稀释至刻度,摇匀。

② 测定法。取供试品溶液,在 257nm 的波长处测定吸光度。本品含对乙酰氨基酚($C_8H_9NO_2$)应为标示量的 95.0%~105.0%。

3. 检验记录

根据其检验流程,自行设计。

⊃【相关知识】

芳胺类药物是氨基直接与苯环相连的一类药物,按照它们的结构特点,可分为对氨基苯甲酸酯类药物、酰胺类药物、苯乙胺类药物。在此重点介绍对乙酰氨基酚片的质量分析。

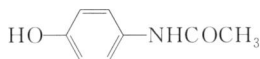

$$HO-\!\!\!\!\!\!-\!\!\!\!\!\!-NHCOCH_3$$

对乙酰氨基酚的结构

【课堂活动】请根据对乙酰氨基酚的结构,推测其性质,给出适宜的鉴别和含量测定方法。

1. 对乙酰氨基酚的理化性质

(1) 性状　本品为白色结晶或结晶性粉末;无臭或微带醋酸臭;遇湿气即缓缓水解。在乙醇中易溶,在三氯甲烷或乙醚中溶解,在水或无水乙醚中微溶;在氢氧化钠溶液或碳酸钠溶液中溶解,但同时分解。

(2) 芳伯氨基特性　含有酰胺基可水解成芳伯氨基,可发生重氮化-偶合反应,可用于鉴别及含量测定。

(3) 酚羟基特性　具有酚羟基，可与铁离子发生呈色反应，可用于鉴别。

(4) 紫外吸收特性　分子中具有苯环结构，所以具有紫外吸收。

2. 鉴别试验

(1) 显色反应　对乙酰氨基酚水解产物水杨酸在中性或弱酸性（pH4～6）条件下，可与三氯化铁试液反应，生成紫堇色配位化合物。

(2) 色谱鉴别　采用和含量测定一样的条件，用高效液相色谱法鉴别，要求供试品溶液主峰的保留时间应与对照品溶液主峰的保留时间一致。

3. 检查

(1) 游离水杨酸　由于对乙酰氨基酚在潮湿的环境中会逐渐分解产生对氨基酚，《中国药典》现行版规定对乙酰氨基酚片需检查游离对氨基酚，采用高效液相色谱法检查。

(2) 溶出度　取本品 6 片，依照"模块六　药物制剂的常规检查"中片剂的溶出度测定法（第一法）项下和质量标准"溶出度"检查项下操作并判断是否符合规定。

(3) 其他　由于对乙酰氨基酚片的质量标准中规定做溶出度检查，未做含量均匀度的检查，且不是咀嚼片，也不是分散片和阴道泡腾片，因此按照通则的要求，"其他"项下应该增做"重量差异"检查和"微生物限度"检查两个项目。

4. 含量测定

对乙酰氨基酚片的含量采用高效液相色谱法（通则 0512）测定。

其含量测定计算公式为

$$含量(\%)=\frac{\dfrac{A_x}{A_R}\times c_R\times D\times V}{m}\times100\%$$

式中　A_x——供试品溶液的峰面积；

　　　A_R——对照品溶液的峰面积；

　　　c_R——供试品溶液的浓度，g/mL；

　　　V——供试品的初始配制体积，mL；

　　　D——稀释倍数；

　　　m——供试品的称样量，g。

📚 知识拓展

对乙酰氨基酚（扑热息痛）是非那西丁的主要代谢产物，属乙酰苯胺衍生物，是目前主要用于解热镇痛的非处方药物（OTC）。主要通过抑制中枢神经系统中前列腺素合成所需要的环氧合酶及阻断痛觉神经末梢的冲动传导而起到退热和镇痛的作用，胃肠道不良反应比布洛芬、阿司匹林少，因此被 WHO 推荐为安全有效的解热药物，并被列入 WHO 基本药物标准清单，是基础公卫体系必备药物之一。对乙酰氨基酚也是我国基药目录中的品种，还广泛用作儿科药物。

⊃【评价考核】

对乙酰氨基酚片的质量分析评分表

项目	内容	分值	得分
接收工作任务	明确工作任务,理解对乙酰氨基酚的结构、性质和分析方法的关系	10	
收集信息	掌握对乙酰氨基酚片的检查流程	5	
	掌握对乙酰氨基酚片检查的操作规范及操作要点	5	
制订计划	按照片剂检查的流程,制订合适的任务计划	5	
	能协同小组成员安排任务分工	5	
	能在实施前准备好需要的试剂和仪器	5	
实施计划	规范地进行对乙酰氨基酚片的质量检验	5	
	鉴别操作是否规范	5	
	检查操作是否规范	5	
	含量测定操作是否规范	5	
	数据记录是否规范	5	
	计算是否正确	5	
	有效数字的保留是否规范	5	
	检验结果判断是否正确	5	
	检验记录及报告书写是否规范	5	
质量检查	完成任务,操作过程规范,养成爱岗敬业、低碳环保的职业素养及遵守行业规范的良好习惯	10	
评价反馈	能对自身表现情况进行客观评价	5	
	在任务实施过程中发现自身问题	5	
总分		100	

⊃【巩固提高】

单项选择题

(1) 对乙酰氨基酚中检查的特殊杂质是（　　　）。

A. 对氨基苯甲酸　　　B. 对氨基酚　　　C. 间氨基酚　　　D. 水杨酸

(2) 芳香第一胺发生重氮化反应的条件是（　　　）。

A. 酸性　　　　　　B. 碱性　　　　　　C. 弱碱性　　　　　　D. 中性

【情境描述】

维生素，是人和动物为维持正常的生理功能而必须从食物中获得的一类小分子有机物质，在人体生长、代谢、发育过程中发挥着重要的作用。维生素 C 就是其中很重要的一种。目前已知维生素 C 在铁的吸收利用、叶酸的代谢、维持免疫功能、抗体及胶原形成、组织修复、保持血管的完整性等方面都具有重要作用，同时维生素 C 还具备抗氧化、抗自由基的作用。维生素 C 又名抗坏血酸，它最著名的用途是用于治疗"坏血病"。

【学习目标】

（1）能够理解维生素 C 注射液的结构和性质的关系。

（2）能够查阅《中国药典》，找到维生素 C 注射液的质量标准并设计其检验方案。

（3）能够完成维生素 C 注射液的全检。

（4）能够记录并判断维生素 C 注射液的检验结果。

【任务分组】

班级		日期		组号		教师	
组长		组员					
任务分工							

【信息获取】

问题 1：查阅维生素 C 注射液的结构，分析其具有的性质。

问题 2：查阅药典，维生素 C 注射液的质量标准包含哪些检验项目？

问题 3：维生素 C 注射液的检验需要准备哪些仪器和试剂？

问题 4：如何判断维生素 C 注射液的质量是否符合规定？

问题 5：维生素 C 注射液的检验应注意哪些问题？

【工作实施】

1. 检验准备（表 8-4）

表 8-4　实验操作仪器设备、试剂清单

主要仪器设备	试管、量筒、水浴锅、电子天平、紫外灯、层析缸、pH 计、紫外-可见分光光度计、移液管（1mL）、容量瓶（500mL、100mL）、灯检仪、注射器及针头、不溶性微粒检测仪、滴定管
药品试剂	维生素 C 注射液、0.1mol/L 盐酸溶液、0.05％亚甲蓝乙醇溶液、维生素 C 对照品、硅胶 GF_{254} 薄层板、乙酸乙酯、乙醇、纯化水、定量点样毛细管（2μL）、标准缓冲液（pH 4.00）、标准缓冲液（pH 9.18）、稀醋酸、氯化钙试液、草酸、丙酮、碘滴定液（0.05mol/L）、淀粉指示液、纯化水

2. 操作方法

（1）性状　本品为无色至微黄色的澄明液体。

（2）鉴别　① 取本品，用水稀释制成 1mL 中含维生素 C 10mg 的溶液，取 4mL，加 0.1mol/L 盐酸溶液 4mL，混匀，加 0.05％亚甲蓝乙醇溶液 4 滴，置 40℃水浴中加热，3min 内溶液应由深蓝色变为浅蓝色或完全褪色。

② 照薄层色谱法（通则 0502）试验。

a. 供试品溶液：取本品适量，用水稀释制成每 1mL 中约含维生素 C 1mg 的溶液。

b. 对照品溶液：取维生素 C 对照品适量，加水溶解并稀释制成每 1mL 中约含 1mg 的溶液。

c. 色谱条件：采用硅胶 GF_{254} 薄层板，以乙酸乙酯-乙醇-水（5：4：1）为展开剂。

d. 测定法：吸取供试品溶液与对照品溶液各 2μL，分别点于同一薄层板上，展开，取出，晾干，立即（1h 内）置紫外光灯（254nm）下检视。

e. 结果判定：供试品溶液所显主斑点的位置和颜色应与对照品溶液的主斑点相同。

（3）检查　① pH。应为 5.0～7.0（通则 0631）。

② 颜色。取本品，用水稀释制成每 1mL 中含维生素 C 50mg 的溶液，照紫外-可见分光光度法（通则 0401），在 420nm 的波长处测定，吸光度不得过 0.06。

③ 草酸。取本品，用水稀释制成每 1mL 中约含维生素 C 50mg 的溶液，精密量取 5mL，加稀醋酸 1mL 与氯化钙试液 0.5mL，摇匀，放置 1 小时，作为供试品溶液；精密称取草酸 75mg，置 500mL 量瓶中，加水溶解并稀释至刻度，摇

匀，精密量取 5mL，加稀醋酸 1mL 与氯化钙试液 0.5mL，摇匀，放置 1 小时，作为对照溶液。供试品溶液产生的浑浊不得浓于对照溶液（0.3%）。

④ 细菌内毒素。取本品，依法检查（通则 1143），每 1mg 维生素 C 中含内毒素量应小于 0.020EU。

⑤ 其他。应符合注射剂项下有关的各项规定（通则 0102）。

（4）含量测定　精密量取本品适量（约相当于维生素 C 0.2g），加水 15mL 与丙酮 2mL，摇匀，放置 5min，加稀醋酸 4mL 与淀粉指示液 1mL，用碘滴定液（0.05mol/L）滴定至溶液显蓝色并持续 30s 不褪。每 1mL 碘滴定液（0.05mol/L）相当于 8.806mg 的 $C_6H_8O_6$。

本品含维生素 C（$C_6H_8O_6$）应为标示量的 93.0%～107.0%。

3. 检验记录

根据其检验流程，自行设计。

【相关知识】

维生素是维持人体正常代谢功能所必需的微量生物活性物质，主要用于机体的能量转移和代谢调节，体内不能自行合成，必须从食物中摄取。按其溶解性质，维生素分为脂溶性维生素和水溶性维生素。脂溶性维生素有维生素 A、E 等，水溶性维生素有维生素 B 族（B_1、B_2 等）、烟酸、叶酸、泛酸、抗坏血酸等。在此重点介绍维生素 C 注射液的质量分析。

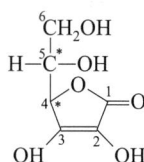

维生素 C 的结构

【课堂活动】　请根据维生素 C 的结构，推测其性质，给出适宜的鉴别和含量测定方法。

1. 维生素 C 的理化性质

（1）性状　维生素 C 为白色结晶或结晶性粉末；无臭，味酸，久置色渐变微黄；本品易溶于水，略溶于乙醇，不溶于三氯甲烷或乙醚。其水溶液显酸性。

（2）旋光性　具有 2 个手性碳原子，有 4 种光学异构体，其中 L（＋）-抗坏血酸活性最强。

（3）酸性　具有烯二醇的结构，显酸性。3 位 C 上的羟基，由于受共轭效应的影响，酸性较强，pKa＝4.17；2 位 C 上的羟基，由于邻位羧基的影响，酸性较弱，pKa＝11.57。所以抗坏血酸一般表现为一元酸，能与 $NaHCO_3$ 作用生成钠盐。

（4）还原性　维生素 C 分子结构中的烯二醇基，具有很强的还原性，能够被很多氧化剂氧化成二酮基而成为去氢抗坏血酸，加氢又可还原为抗坏血酸。此性质可用于鉴别。

（5）水解性质　具有内酯结构，碱性下可水解。

（6）糖的性质　维生素 C 的结构与糖类似，所以维生素 C 还具有糖的性质。

（7）紫外吸收特性　维生素 C 分子结构中具有共轭双键，其稀盐酸溶液在243nm 处有最大吸收，在中性或碱性条件下，最大吸收波长红移至265nm 处。

2. 鉴别试验

（1）化学鉴别　亚甲蓝在氧化态时呈蓝色，而在还原态时颜色变浅或消失。维生素 C 具有还原性，可以将亚甲蓝的氧化态还原成较低的氧化态，这种颜色的变化可以用来判断维生素 C 的存在。

（2）薄层鉴别　薄层色谱法的基本原理是利用混合物中各组分在某一物质中的吸附或溶解性能的不同，或和其他亲和作用性能的差异，使混合物的溶液流经该种物质，进行反复的吸附或分配等作用，从而将各组分分开。通过比较供试品溶液所显主斑点的位置和颜色应与对照品溶液的主斑点的一致性进行组分鉴别。

3. 检查

（1）pH　维生素 C 注射液的 pH 通常在 5 到 7 之间，这是因为其分子中含有酮烯醇结构，导致其水溶液呈强酸性。为了避免注射液酸性对血管的刺激，在实际生产中，通过加入碳酸氢钠等物质来中和部分分子中的醇羟基，从而调整pH，使其更适合临床应用。中国药典规定注射液的 pH 应为 5.0～7.0（通则0631）。

（2）颜色　受空气、温度和光线的影响，酸度过高或过低，维生素 C 分子中的内酯环发生水解，进一步脱羧，脱水生成糠醛并聚合呈色。《中国药典》采用紫外-可见分光光度法，通过测定吸光度来控制维生素 C 注射液中有色杂质的限量。

（3）草酸　草酸又名乙二酸，是一种小分子有机酸，在人体内不容易被氧化分解，容易形成草酸钙结石，因此草酸检查是维生素 C 注射液质量控制中重要的检验项目。《中国药典》中维生素 C 注射液草酸的检验方法为浑浊程度比较法。通过肉眼观察比较供试品溶液生成草酸钙沉淀与草酚标准溶液生成草酸钙沉淀的浑浊程度判断是否符合规定。

（4）细菌内毒素　细菌内毒素是革兰氏阴性菌的细胞壁成分，当细胞死亡或自溶后便会释放出内毒素，如果被大量注射进入血液时可引起发热、微循环障碍、内毒素休克及播散性血管内凝血等反应，又叫"热原反应"。因此，在注射剂中需严格控制细菌内毒素。

（5）其他　由于维生素C注射液的质量标准中规定做细菌内毒素检查，因此按照通则的要求，"其他"项下应该做"装量"检查、"可见异物"检查、"不溶性微粒"检查和"无菌"检查。

4. 含量测定

维生素C的含量测定可采用碘量法、2,6-二氯靛酚法、紫外-可见分光光度法和高效液相色谱法等。《中国药典》采用碘量法测定维生素C原料药、片剂、泡腾片、泡腾颗粒、注射液的含量。

其含量测定计算公式为

$$含量(\%)=\frac{V \times T \times F \times 10^{-3} \times 每支装量}{V_s \times 标示量} \times 100\%$$

式中　V_s——供试品的取样量，mL；

　　　V——滴定液的消耗体积，mL；

　　　T——滴定度，mg/mL；

　　　F——浓度校正因数，$F=\dfrac{c_{实际}}{c_{规定}}$，$c_{实际}$为滴定液的实际浓度（mol/L），$c_{规定}$为滴定液的规定浓度（mol/L）。

知识拓展

维生素C注射液为维生素的水溶液，极不稳定，易化成脱氢抗坏血酸，脱氢抗坏血酸水解成2,3-二酮-L-古洛糖酸，此化合物再被水解成草酸及丁糖酸。维生素C注射液处方中需加入抗氧剂亚硫酸氢钠，用于减缓维生素C注射液氧化降解。《中国药典》采用碘量法测定含量，该法原理为维生素在醋酸酸性条件下可被碘定量氧化，根据消耗的碘滴定液的体积来计算维生素C的含量。在测定时需加丙酮2mL以消除注射液中含有的抗氧剂亚硫酸氢钠对测定的影响。

【评价考核】

维生素C注射液的质量分析评分表

项目	内容	分值	得分
接收工作任务	明确工作任务,理解维生素C的结构、性质和分析方法的关系	10	
收集信息	掌握维生素C注射液的检查流程	5	
	掌握维生素C注射液检查的操作规范及操作要点	5	

项目	内容	分值	得分
制订计划	按照注射液检查的流程，制订合适的任务计划	5	
	能协同小组成员安排任务分工	5	
	能在实施前准备好需要的试剂和仪器	5	
实施计划	规范地进行维生素C注射液的质量检验	5	
	鉴别操作是否规范	5	
	检查操作是否规范	5	
	含量测定操作是否规范	5	
	数据记录是否规范	5	
	计算是否正确	5	
	有效数字的保留是否规范	5	
	检验结果判断是否正确	5	
	检验记录及报告书写是否规范	5	
质量检查	完成任务，操作过程规范，养成爱岗敬业、低碳环保的职业素养及遵守行业规范的良好习惯	10	
评价反馈	能对自身表现情况进行客观评价	5	
	在任务实施过程中发现自身问题	5	
总分		100	

➔【巩固提高】

计算题

维生素C注射液含量测定数据如下：供试品的称样量为4mL，碘滴定液的浓度为0.05003mol/L，供试品消耗滴定液的体积为22.31mL，本品的规格为2mL：0.1g。计算其含量。

◉ 科学视野

从柳树皮到阿司匹林

在人类与疾病漫长的斗争历史中，许多伟大药物的诞生都源于自然的启示，阿司匹林便是其中之一。早在数千年前，人类就注意到了柳树皮的药用价值。古希腊医学家希波克拉底曾记载，用柳树皮煮水可缓解疼痛和发热。在古代中国、埃及等文明中，也有类似用柳树皮治病的经验。那时候，人们虽不知柳树皮发挥作用的具体成分，但依靠经验传承，将这一自然疗法延续下来。

18世纪，科学研究的浪潮涌起，科学家们开始探寻柳树皮疗效背后的秘密。

1828 年，法国药剂师勒鲁首次从柳树皮中提取出一种名为水杨苷的物质。之后，经过不断研究，发现水杨苷在人体内会转化为水杨酸，正是水杨酸发挥着解热、镇痛和抗炎的作用。然而，水杨酸对胃肠道刺激较大，患者服用后常有不适反应。

为了解决这一问题，科学家们继续深入研究。1897 年，德国拜耳公司的化学家费利克斯·霍夫曼在尝试改良水杨酸的过程中，成功合成了乙酰水杨酸，也就是我们现在熟知的阿司匹林。这一合成不仅保留了水杨酸的药用功效，还大大降低了对胃肠道的刺激，使药物的安全性和耐受性大幅提高。

阿司匹林的诞生，是人类医学史上的一座里程碑。它从传统草药经验出发，经过科学的层层剖析与创新，最终成为全球广泛应用的药物。这一过程体现了人类对自然的敬畏与探索，以及科学不断追求进步、造福人类的使命。直到今天，阿司匹林依然在临床上发挥着重要作用，用于解热镇痛、预防心血管疾病等，它见证了医学从古老智慧到现代科学的伟大跨越。

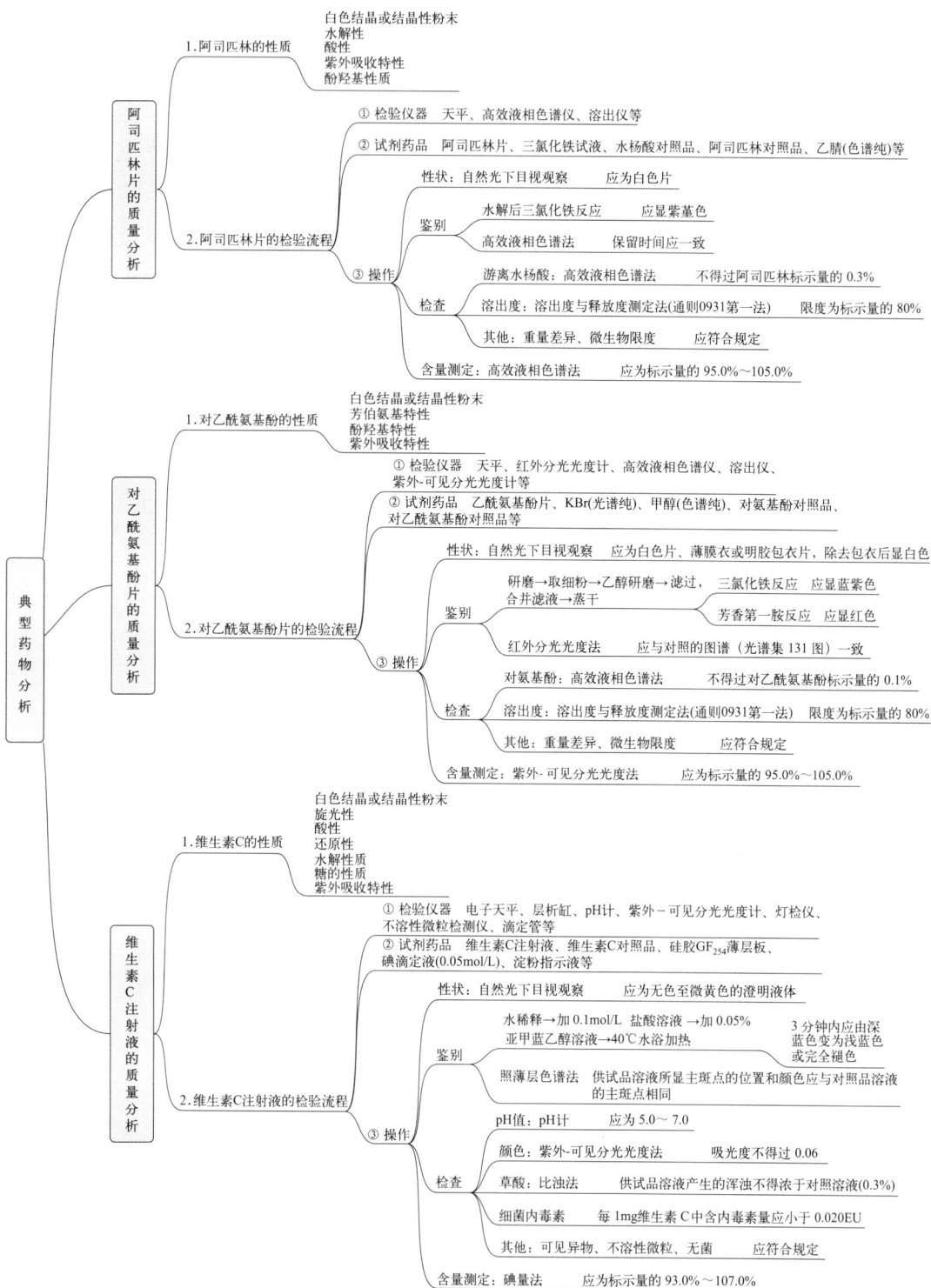

典型药物分析

阿司匹林片的质量分析

1.阿司匹林的性质
- 白色结晶或结晶性粉末
- 水解性
- 酸性
- 紫外吸收特性
- 酚羟基性质

2.阿司匹林片的检验流程
- ① 检验仪器 天平、高效液相色谱仪、溶出仪等
- ② 试剂药品 阿司匹林片、三氯化铁试液、水杨酸对照品、阿司匹林对照品、乙腈(色谱纯)等
- ③ 操作
  - 性状:自然光下目视观察 应为白色片
  - 鉴别
    - 水解后三氯化铁反应 应显紫堇色
    - 高效液相色谱法 保留时间应一致
  - 检查
    - 游离水杨酸:高效液相色谱法 不得过阿司匹林标示量的0.3%
    - 溶出度:溶出度与释放度测定法(通则0931第一法) 限度为标示量的80%
    - 其他:重量差异、微生物限度 应符合规定
  - 含量测定:高效液相色谱法 应为标示量的95.0%～105.0%

对乙酰氨基酚片的质量分析

1.对乙酰氨基酚的性质
- 白色结晶或结晶性粉末
- 芳伯氨基特性
- 酚羟基特性
- 紫外吸收特性

2.对乙酰氨基酚片的检验流程
- ① 检验仪器 天平、红外分光光度计、高效液相色谱仪、溶出仪、紫外-可见分光光度计等
- ② 试剂药品 乙酰氨基酚片、KBr(光谱纯)、甲醇(色谱纯)、对氨基酚对照品、对乙酰氨基酚对照品等
- ③ 操作
  - 性状:自然光下目视观察 应为白色片、薄膜衣或明胶包衣片,除去包衣后显白色
  - 鉴别
    - 研磨→取细粉→乙醇研磨→滤过,合并滤液→蒸干 三氯化铁反应 应显蓝色紫色
    - 芳香第一胺反应 应显红色
    - 红外分光光度法 应与对照的图谱(光谱集131图)一致
  - 检查
    - 对氨基酚:高效液相色谱法 不得过对乙酰氨基酚标示量的0.1%
    - 溶出度:溶出度与释放度测定法(通则0931第一法) 限度为标示量的80%
    - 其他:重量差异、微生物限度 应符合规定
  - 含量测定:紫外-可见分光光度法 应为标示量的95.0%～105.0%

维生素C注射液的质量分析

1.维生素C的性质
- 白色结晶或结晶性粉末
- 旋光性
- 酸性
- 还原性
- 水解性质
- 糖的性质
- 紫外吸收特性

2.维生素C注射液的检验流程
- ① 检验仪器 电子天平、层析缸、pH计、紫外-可见分光光度计、灯检仪、不溶性微粒检测仪、滴定管等
- ② 试剂药品 维生素C注射液、维生素C对照品、硅胶GF$_{254}$薄层板、碘滴定液(0.05mol/L)、淀粉指示液等
- ③ 操作
  - 性状:自然光下目视观察 应为无色至微黄色的澄明液体
  - 鉴别
    - 水稀释→加0.1mol/L 盐酸溶液→加0.05% 亚甲蓝乙醇溶液→40℃水浴加热 3分钟内应由深蓝色变为浅蓝色或完全褪色
    - 照薄层色谱法 供试品溶液所显主斑点的位置和颜色应与对照品溶液的主斑点相同
  - 检查
    - pH值:pH计 应为5.0～7.0
    - 颜色:紫外-可见分光光度法 吸光度不得过0.06
    - 草酸:比浊法 供试品溶液产生的浑浊不得浓于对照溶液(0.3%)
    - 细菌内毒素 每1mg维生素C中含内毒素量应小于0.020EU
    - 其他:可见异物、不溶性微粒、无菌 应符合规定
  - 含量测定:碘量法 应为标示量的93.0%～107.0%

巩固提高参考答案

模块一

任务 1-1　略

任务 1-2　1. (1) C　(2) B；2. A-④　B-①　C-③　D-⑤　E-②。

任务 1-3　E。

模块二

任务 2-1　略

任务 2-2　1. 质量追溯、不良事件调查、产品性能研究；2. (1) C　(2) B。

模块三

任务 3-1　(1) C　(2) B。

任务 3-2　1. (1) $\rho_t=\dfrac{m}{V}$，物质的质量，g；物质的体积，cm^3 或 mL；试样在 20℃时的密度，g/cm^3 或 g/mL　(2) 密度瓶法、密度计法、韦氏天平法 (3) 韦氏天平法；2. (1) A　(2) C　(3) C。

任务 3-3　(1) A　(2) B　(3) C。

任务 3-4　1. (1) C　(2) A　(3) D　(4) E　(5) E　(6) C　(7) D (8) D；2. (1) ①确定物质浓度：不同浓度的溶液在偏振光的作用下会产生不同的旋光度，因此通过测量旋光度，可以反推出溶液中物质的精确浓度，为后续的实验和研究提供准确的数据支持。②鉴别物质：某些特定的化学物质具有独特的旋光性质，测量其旋光度可以帮助科研人员快速识别出物质种类。这在药品检测、食品工业以及化学工业等领域尤为重要，能够保证产品的质量和安全性。③研究物质性质：通过测量不同条件下的旋光度，可以深入了解物质的光学活性、构型及其与外部环境的关系。这对于理解物质的基本性质、探索新的应用领域以及开发新的材料都具有重要的指导意义。(2) 物质的旋光度与测定光源、测定波长、溶剂、浓度和温度等因素有关。

模块四

任务 4-1　1. B；2. 显紫堇色。

任务 4-2　(1) B　(2) A。

任务 4-3　1. 光源、样品室、检测器；2. (1) E　(2) A　(3) C (4) D。

任务 4-4　1. C；2. (1) 10～40　(2) 110，30；3. 略

任务 4-5 （1）C （2）A （3）B （4）A。

模块五

任务 5-1 2.0mL。

任务 5-2 （1）B （2）A。

任务 5-3 （1）B （2）B。

任务 5-4 1.B；2.8.0%。

任务 5-5 1.C；2.0.11%，不合格。

任务 5-6 0.001%。

任务 5-7 0.002%。

任务 5-8 0.81%，合格。

任务 5-9 1.（1）B （2）C；2.古蔡氏法、二乙基二硫代氨基甲酸银法

任务 5-10 略。

模块六

任务 6-1 维生素 C 片：重量差异、崩解时限、微生物限度。异烟肼片：重量差异、微生物限度。

任务 6-2 符合规定。

任务 6-3 （1）C （2）B。

任务 6-4 $x_1 = 97.3$，$x_2 = 101.3$，$x_3 = 99.8$，$x_4 = 100.3$，$x_5 = 99.3$，$x_6 = 98.8$，$x_7 = 96.8$，$x_8 = 95.8$，$x_9 = 97.8$，$x_{10} = 102.8$；$\bar{X} = 99.0$，$A = 1.0$，$S = 2.15$；$A + 2.2S = 5.73 < 15.0$，符合规定。

任务 6-5 溶出量为标示量$_1$% $= 89.92\%$，溶出量为标示量$_2$% $= 88.73\%$，溶出量为标示量$_3$% $= 89.12\%$，溶出量为标示量$_4$% $= 91.11\%$，溶出量为标示量$_5$% $= 91.51\%$，溶出量为标示量$_6$% $= 83.55\%$，平均溶出量为标示量% $= 89.0\%$，符合规定。

任务 6-6 （1）D （2）D。

任务 6-7 符合规定。

任务 6-8 （1）A （2）B。

任务 6-9 （1）B （2）D。

任务 6-10 （1）A （2）C。

模块七

任务 7-1 （1）97.5% （2）98.4%。

任务 7-2 1.（1）C （2）C；2.（1）99.4%，符合规定 （2）95.9%，符合规定。

任务 7-3 　对乙酰氨基酚的含量为 99.3%，结果符合规定。

模块八

任务 8-1 　(1) B 　　　(2) A 　　　(3) D。

任务 8-2 　(1) B 　　　(2) A。

任务 8-3 　98.29%。

参考文献

[1] 中国食品药品检定研究院.中国药品检验标准操作规范 2019 年版 [M].北京：中国医药科技出版社，2019 年.

[2] 国家药典委员会.中华人民共和国药典：一部 [M].2025 年版.北京：中国医药科技出版社，2025.

[3] 国家药典委员会.中华人民共和国药典：二部 [M].2025 年版.北京：中国医药科技出版社，2025.

[4] 国家药典委员会.中华人民共和国药典：三部 [M].2025 年版.北京：中国医药科技出版社，2025.

[5] 国家药典委员会.中华人民共和国药典：四部 [M].2025 年版.北京：中国医药科技出版社，2025.

[6] 王炳强.药物分析 [M].4 版.北京：化学工业出版社，2020.

[7] 王炳强.全国职业院校技能竞赛"药品检测技术"赛项指导书 [M].北京：高等教育出版社，2018.

[8] 张佳佳.药品质量检测技术 [M].北京：中国医药科技出版社，2021.

[9] 李家庆.药物分析技术 [M].北京：中国医药科技出版社，2015.

[10] 刘郁，岳金方.药品检验技术 [M].北京：化学工业出版社，2023.

[11] 国家食品药品监督管理总局执业药师资格认证中心.国家执业药师考试指南　药学专业知识（一） [M].北京：中国医药科技出版社，2024.

[12] 杭太俊.药物分析 [M].8 版.北京：人民卫生出版社，2016.

[13] 王文洁，张亚红.药物检测技术 [M].2 版.北京：中国医药科技出版社，2021.

入病房,强迫体位,查体欠合作,心、肺未见异常,下腹平坦,右下腹压痛(+),反跳痛(-),移动性浊音(-)。

妇科检查:(未婚　肛查)外阴未婚未产型,阴道口可见鲜红血迹,量中等。子宫前位,大小正常,活动可,右侧附件区可触及一直径 6 cm×5 cm 的包块,边界清,囊实感,欠活动,有明显压痛;左附件未触及异常。

1.初步诊断

右侧卵巢囊肿蒂扭转

2.诊断依据

突然下腹剧烈绞窄性疼痛,为卵巢囊肿蒂扭转的典型临床症状。右下腹压痛(+),右侧附件区可触及包块,边界清,囊实感,欠活动,有明显压痛,提示可能为右侧卵巢囊肿。

3.鉴别诊断

流产　黄体破裂　异位妊娠　急性阑尾炎等

4.进一步检查

①急诊盆腔 B 超检查、血常规。
②HCG 测定、肿瘤标志物检查。

5.治疗原则

①卧床休息,严密观察生命体征,禁食,注意腹痛情况。
②蒂扭转一经确诊,应尽快行手术治疗。
③术后行支持、对症及抗感染治疗。

参考文献

[1] 王卫平,孙锟,常立文.儿科学[M].9 版.北京:人民卫生出版社,2018.

[2] 万学红,卢雪峰.诊断学[M].9 版.北京:人民卫生出版社,2018.

[3] 陈灏珠,钟南山,陆再英.内科学[M].9 版.北京:人民卫生出版社,2018.

[4] 龙明,张松峰.外科学[M].8 版.北京:人民卫生出版社,2018.

[5] 王泽华,王艳丽.妇产科学[M].8 版.北京:人民卫生出版社,2019.